넥스트 이노베이션

넥스트 이노베이션

초판 1쇄 발행 2020년 9월 9일

지은이 김언수, 김봉선, 조준호
펴낸이 박상진
편집 김제형
제작 오윤제
관리 황지원
디자인 한수정

펴낸곳 진성북스
출판등록 2011년 9월 23일
주소 서울특별시 강남구 영동대로 85길 38, 10층
전화 02)3452-7762
팩스 02)3452-7761
홈페이지 www.jinsungbooks.com
네이버 포스트 post.naver.com/jinsungbooks

ISBN 978-89-97743-51-3   (03320)

진성북스는 여러분들의 원고 투고를 환영합니다. 간단한 개요와 취지 등을 이메일로
보내주세요. 당사의 출판 컨셉에 적합한 원고는 적극적으로 책으로 만들어 드리겠습니다.

한국기업, 글로벌 최강 만들기 프로젝트 ①

넥스트 이노베이션

혁신방법을 혁신하라!

김언수, 김봉선, 조준호 지음

서문

혁신은 누구나 이루고 싶어하지만 어렵다고 한다. 혁신(革新: 가죽 혁, 새 신)의 한자가 말해주듯이 가죽을 뜯어내는 듯한 고통을 거쳐야 가능한 것이어서 더 어렵다고 인식하는 것인지도 모른다. 그러다 보니 혁신은 어떤 천재적인 사람이 이제까지는 세상에 없던 무엇인가를 찾아내고 만들어내야만 가능하다고 생각할 수도 있다. 그렇다면 평범한 대다수의 조직은 할 수 있는 것이 없다. 이 책은, 혁신은 그런 것이 아니며 주변에 깔려 있는 혁신의 재료들을 잘 믹스하기만 하면 가능하고old+old=new, 따라서 우리 모두가 해낼 수 있는 것이라고 제안한다.

이 책은 'how to'에 관한 책이 아니다. 5부를 중심으로 그런 내용도 일부 있기는 하지만, 혁신적인 아이디어를 만들어내는 스텝-바이-스텝 절차를 알려주는 책은 아니다.

이 책의 주 목적은 '이제까지 혁신이라고 생각했던 것들이 과연 그러한가'를 다시 생각해보게 하는 것이다. 혁신에 대해서 '얼마나 혁신적인가'에 대한 의견을 모으는 가이드도 제시하려고 한다. 결국, '성공하는 혁신을 만들려면 무엇을 어떻게 해야 할 것인가'에 대한 인사이트를 독자 스스로 찾아내게 만드는 것이 궁극적인 목적이다. 내용을 깊이 이해하고 생각해본다면 혁신 아이디어를 만드는 스스로의 사고생성 시스템을 구축하는 데 도움이 될 수 있을 것이다.

현재까지 우리가 이루어낸 혁신을 파악하고, 급변하는 기술 및 시장 환경에 적합한 새로운 혁신의 유형 및 구축방법에 대하여 공감대를 이루기 위해서는 몇 가지 조건이 있다.[1]

첫째, 공통의 언어를 생성하는 것이다. 우선 우리 회사 내에서 혁신에 대한 공통의 언어를 사용할 수 있어야 한다. 이를 위해 혁신의 유형을 Type 1, Type 2 그리고 Type 3으로 분류하였다. 자세한 분류 기준과 해당 사례는 본문에서 다룰 것이다.

둘째, 다른 유형의 혁신 프로젝트는 다른 프로세스를 통해서 관리해야 한다. 새 프로젝트를 실행에 옮기는 주체인 사람 또한 혁신의 유형에 따라 필요한 사고의 틀이나 행동양식이 달라야 한다. 혁신의 주체가 되는 리더의 역할에 대해서도 생각해본다.

셋째, 혁신의 성공과 실패 사례를 통해 혁신 아이디어를 얻을 수 있다. 위에서 언급한 혁신의 세 가지 유형에 맞는 사례를 소개할 것이다. 혁신의 결과물이 어떻게 나오게 되었는지 그 과정에서의 특이점이 무엇이었는지에 초점을 맞추고자 한다. 뿐만 아니라 실패 사례도 함께 실었다. 단순히 교훈을 배우기보다는 실패한 사례를 찾고 이것을 창조적으로 다시 사용하기 위한 관점을 얻기 위해서다.

그런데 어떤 것이 혁신인가 혁신적인가 하는 문제는 현재 시점에서도 판단하기 어렵다. 하물며 과거의 사례가 혁신이었느냐에 대한 판단은 정확한 합의에 이르기가 거의 불가능하다. 시대와 시간에 따라서 동일한 혁신도 보는 관점이 다를 수 있다. 그 당시에는 혁신적이었던 것들이 지금은 별거 없어 보일 수도 있기 때문이다.

또한 혁신은 상대적이기도 하다. 그 전 무엇 또는 그 전 누구보다 혁신적 이었느냐를 판단하면 이야기가 또 달라진다. 비디오 대여업체 블록버스터 Blockbuster의 사업 모델은 그 전에 산재해 있던 동네 비디오 대여점들과 비교해볼 때 분명한 혁신이었다. 그 블록버스터는 더 혁신적인 넷플릭스에 의해 대체되었고, 넷플릭스의 DVD 배달DVD-by-mail 사업 모델은 지금의 비디오 스트리밍video streaming 모델로 대체되었다. 블록버스터를 무너뜨릴 당시의 넷플릭스 사업 모델은 이제는 더 이상 혁신적이지 않다.

여기서 혁신 유형의 기준을 제시하여 다양한 사례들을 깔끔하게 위치시 키는 것이 얼마나 어려운 일인가를 알 수 있다. 이동통신 분야에서 한때를 풍미했던 모토로라Motorola 레이저RAZR는 제품의 기능이나 면면이 새롭고 눈길을 끌었지만 그냥 더 멋진 셀룰러폰에 지나지 않았다. 잠시의 성공(4년의 기간 동안 수십억 달러에 달하는 매출)은 있을지언정 정말 혁신적이라고 하기는 힘들다. 그에 비해 아이폰iPhone은 제품 자체뿐 아니라 우리의 생활방식, 문화, 비즈니스를 수행하는 방식 등 모든 영역에 변화를 가져왔다. 진정한 혁신이라 할 수 있다. 물론 이제 아이폰조차 더 이상 혁신적이지 않다.

기업조직에서 일하는 분들을 대상으로 강의를 하다 보면, "그런 우량기업들 사례만 말고, 우리 같은 가진 것 없는 회사들이 써먹을 수 있는 전략이라든가 그런 것을 알려달라"고 주문하는 이들이 있다. 그런 경우 다음의 질문을 한번 생각해볼 것을 권유한다.

①그 회사들이 처음부터 현재의 우량기업이었겠는가

②그 회사들이 지금의 우량기업이 되기까지 어떤 과정을 겪었겠는가

③그 회사들이 지금의 우량기업이 되기 위해서 다른 회사들이 이미 하고 있는 것들을 따라 했겠는가 아니면 남들이 하지 않는 것들을 해서 오늘에 이르렀겠는가

현재 대부분의 회사들은 고만고만하게 적당히, 남들과 그다지 다르지 않게, 남들이 하는 것을 하면서, 내가 하는 것은 남들도 다 하는 상황에서 살아나가고 있다고 생각한다. 우리가 듣고 공부하고 그렇게 되고 싶어하는 기업들의 사례는 월등한 성과를 내는 상위 1~2%의 경우이고, 그들은 뭔가 다르게 하기 때문에 그런 탁월한 성과를 내는 것이다. 여기서, 각 회사들은 열망aspiration 수준을 어떻게 잡을지부터 먼저 결정하는 것이 순서인 것 같다. 괜히 소화하지 못할 욕심을 내다가 오히려 그나마 잘 돌아가던 조직을 혼란에 빠트리는는 우를 범하지 않는 것이 좋을 것이다. 그런 경우라면 여기서 이 책을 손에서 놓는 것이 시간과 에너지의 낭비를 줄이는 길이다.

그러나 우리도 우량한 혁신 기업이 되고 싶다고 마음먹었다면 많은 기회 비용을 지불하고 실패를 거쳐야 할 것임을 미리 각오하는 것이 좋겠다. 뭔가를 특출나게 잘하려면 한계점까지 또 그 이상으로 자신을 밀어붙여야 된다. 스포츠의 경우, 취미로 하는 사람, 아마추어, 프로 그리고 올림픽 메달리스트는

그 목표와 노력의 수준이 다르다. 남들보다 월등한 수준에 이르려는 목표를 가지고 노력하다 보면 심하게 실패하거나 넘어지게 되고 그만큼 크게 다치기도 한다. 그러면서 배우고 발전하며 수준이 높아지게 된다. 넘어질 때마다 포기하지만 않는다면 희망은 있다.

이 책에서는 혁신의 본질, 혁신의 유형, 각종 혁신의 사례들, 다양한 혁신을 일으키기 위한 약간의 방법론들, 혁신을 위한 조직 환경과 디자인, 혁신과 관련해 개인이 할 수 있는 것들, 향후의 혁신 방향 및 그와 관련된 정부와 정책의 역할까지 폭넓게 논의한다.

시간이 없는 독자들을 위해 가장 핵심적이라 할 두 파트만 꼽으라면 '2부 혁신 유형 매트릭스' 와 '3부 혁신 사례 포지셔닝' 부분을 추천하고 싶다. 혁신을 학문적으로 연구하는 연구자라면 추가적으로 마지막 부분 <부록 5 혁신 유형 2×2 매트릭스 도출 과정>도 도움이 될 것이다.

이 책을 통해 여러분의 조직 내에서 혁신에 관한 공통의 언어를 생성하고, 새로운 혁신 프로젝트에 맞는 구체적인 도구와 프로세스를 활용하는 방법을 개발하기 바란다. 나아가 여러 혁신 성공 및 실패 사례를 통해 다양하고 창의적인 혁신 아이디어를 얻고 실행에 옮긴다면 분명 좋은 성과를 얻을 수 있으리라 믿는다.

2020년 8월 저자일동

차례

6부 미래 혁신, 정부와 정책의 역할

시작하기 전에: 자가진단

우리 회사가 처한 사업 환경이 혁신을 요구하는 환경인지 그렇지 않은지, 회사는 내부적으로 얼마나 혁신 기업이 갖추어야 할 요건을 갖추고 있는지 먼저 진단해보자. 세 가지 진단을 하게 될 텐데 이 진단 기준들은 이미 있는 진단 방법을 그대로 사용하거나, 일부는 저자들이 항목을 삭제, 통합, 조정하여 점수 부가 체계를 수정한 것들이다.

진단은 넓은 범위에서부터 점차 범위를 좁혀나가도록 배열했다. 첫 번째 진단에서는 우리 회사의 내부와 외부 환경이 혁신을 얼마나 요구하는 환경인지를 진단한다. 두 번째로는 우리 회사 내부에만 초점을 맞추어 사람, 제도, 환경, 문화 등이 얼마나 혁신적인지를 진단한다. 마지막 세 번째로는 혁신에 있어서 가장 중요한 요소로 꼽히는, 조직 내•외부를 넘나드는 협업 능력과 외부 아이디어에 대한 개방성 정도를 진단해본다.

여기서 높은 점수가 나온다면 더 이상 이 책을 읽지 않아도 되리라 본다. 혁신을 생각하지 않아도 되는 환경에 있거나, 아니면 회사가 이미 충분히 혁신적이어서 책에서 논의하려고 하는 것을 이미 잘하고 있는 셈이니 말이다.

진단 #1 우리 회사 내외부 혁신 환경

혁신에 대해 논하고 혁신을 위한 환경을 만들 고민을 하기 전에 우선 현재 우리의 혁신 환경은 어떠한지 살펴볼 필요가 있다. 혁신 환경에 대한 필요성이 높은지 낮은지 파악한 후에 이에 맞는 환경을 구축해야 할 것이다. 즉, 외부 및 내부 환경이 혁신에 대한 필요성의 정도에 따라 다르게 대응할 필요가 있기 때문이다. 혁신 환경에 대한 필요성이 높을수록 더 많은 자원 배분이 이루어져야 하고, 더욱 구조화된 접근이 필요하며, 조직 자율성이 높아야 한다. 반대로 조직 내외의 환경이 이미 자연스러운 혁신 환경이라면 그대로 놔두는 것이 좋을 것이다.

이 책의 후반부에 있는 <부록 1>로 가서 진단을 해보자. 외부 환경에 대한 항목 3개, 내부 환경 항목 3개, 모두 6개의 항목을 체크해보면 된다.

회사 차원에서 상급 관리자의 직접적인 관여가 필요한 경우는 다음과 같다. 성숙 단계의 산업에 속해 있거나, 느린 변화 속도, 높은 자산집약도, 여러 부서의 참여로 인해 협력의 중요성이 높거나, 혁신에 익숙하지 않은 조직이거나, 혁신적 인재가 부족할 때이다. 전체 점수가 -30 ~ -20 수준으로 나왔다면 이미 외부 환경이 혁신을 요구하고 있고 내부적으로도 혁신을 감당하기에 문제가 없는 상태다.

우리 회사 내부 혁신 환경과 문화

이제 <부록 2>에 있는 우리 회사의 혁신성에 대한 평가를 해보자.

여기서는 사람, 프로세스, 철학, 리더와 관련한 15가지 질문 모두에 대한 점수를 더한다. 총점이 68점(90% 수준) 이상이면 당신의 회사나 팀의 혁신 역량이 매우 높고, 총점이 60~68점(80~90% 수준)이면 높은 편, 53~60점(70~80% 수준) 사이이면 중간이고, 점수가 45점(60%) 이하이면 낮은 수준임을 의미한다. 진단 #1에서 이미 혁신성이 높은 환경으로 평가되었다면 이 진단에서도 높은 점수가 나와야 정상이다. 그러나 이번 진단에서는 첫 번째 진단에서는 잡히지 않던 좀더 세부적인 우리 회사의 강약점을 파악할 수 있을 것이다.

진단 #3 **우리 회사의 협업 능력과 외부 개방성**

이제 <부록 3>에 있는 우리 회사의 개방성을 평가해보자. 진단 #2의 '프로세스' 섹션을 보면 눈을 우리 조직 외부로 돌려 바깥에서 오는 아이디어를 비유를 통해 적용하고 통합함으로써 혁신을 이루는 것이 중요함을 알 수 있다. 이 책에서도 혁신으로 이끄는 환경을 생각해볼 때 이 점을 강조하게 될 것이다.

진단 #3에서는 1~4점을 배정하는 16가지 항목에 총 64점까지 줄 수 있다. Type 1을 넘어서 Type 2와 Type 3 혁신을 이루려는 기업이라면 64점 만점에 42점(65% 수준)을 넘어야 한다.[2]

이렇게 세 가지 진단을 해봐서 '진단 #1'에서 점수가 -30 ~ -20 사이가 나오고, '진단 #2'에서 68점 이상, 그리고 '진단 #3'에서 42점 이상이 나오는 회사라면 이미 잘하고 있다는 의미다.

그렇지 않다면, 세 가지 진단 항목들을 자세히 보고 약한 것으로 드러난 영역이 어떤 것들인지 메모해두기를 권한다. 그리고 이제부터 논의할 혁신의 유형들을 읽고 우리 회사의 혁신 히스토리와 현황을 점검해보는 것이 다음 순서다. 마지막으로, 높은 수준의 혁신이 활발하게 이루어지는 혁신적인 기업이 되기 위해 보강해야 할 요소들을 논의할 때 진단 결과 약점으로 나왔던 영역과 관련된 요소들에 관심을 가지고 책을 읽는 것이 도움이 될 것이다.

자, 그러면 이 책의 본론으로 들어가보도록 하자.

1부

혁신의 개념과 속성

혁신이란 무엇인가?

혁신이라는 단어가 본격적으로 과학과 산업에 적용되기 시작한 것은 19세기 산업혁명 시대부터라고 한다. 혁신이라는 용어의 기원에는 여러 가지 설이 있는데, 새롭다new라는 뜻의 라틴어 '노비타스novitas'에서 유래되었다는 설이 있다. 이와 연결되는 또 하나의 설명은 혁신의 어원이 라틴어 '이노바티오넴innovationem'에서 유래되었다는 것이다. 그 뜻은 'to renew or change', 즉 이미 있는 것을 새롭게 바꾼다는 것이다. 즉 혁신은 이전에 아예 없는 것을 만드는 것이 아니고, 이전에 없던 것으로 보이는 것이라도 뿌리를 따라가면 이미 있던 것들을 새롭게 통합하고 바꾼 결과라는 것이다.

이 책에서도 혁신은 그 전에 있던 무엇인가로부터 힌트를 얻어서 나오는 것이라는 'old+old=new'라는 견해를 중심으로 한다. 이것은 혁신이란 이미 있는 것들의 새로운 조합(Innovation is carrying out of new combinations)이라고 한 슘페터Schumpeter의 견해와도 일치한다.[3] 혁신의 아이콘으로 알려진 고 스티브 잡스Steve Jobs도 같은 말을 했다. 즉 우리 전에 있던 사람들이 이룬 것들을 활용해서 뭔가를 더하는 것이 혁신(take advantage of the work that's been done by others before us and add something)이라고 했으니까.[4]

흥미롭게도 'novation'이라는 용어가 16세기 유럽에서 법률용어로 쓰였다는 기록이 있는데, 그 의미 역시 계약을 고친다는 뜻이었다고 한다. 캐나다 역사학자 브누아 고딘Benoit Godin의 2015년 연구에 의하면 17세기 영국에서 당시 종교적 영향력을 가지고 있던 성공회의 교리에 도전한 헨리 버튼Henry Burton이라는 사람이 'innovator'라는 죄명으로 판결을 받았는데, 그 의미는 혁신가가 아니라 이단아였다. Innovator에게 내려진 형벌은 종신형이었고 한쪽 귀를 잘랐다고 한다.[5] 이제나저제나 혁신가들은 평균적인 사람들이 보기에는 이단아처럼 보이는 것 같다. 그래서 더욱 혁신이 어려운 것이기도 하다.

혁신은 이전보다 훨씬 나은 뭔가를 만들어내는 것이다. 그런데 그 다르거나 새로운 정도에는 차이가 있을 것이다. 2004년 모토로라Motorola는 당시로선 획기적인 레이저RAZR 폰을 공개했다. '디자인과 엔지니어링의 일대 혁신'이라고 선언한 레이저는 항공기급 알루미늄, 내장 안테나, 화학적 에칭 기법 키패드, 두께 13.9mm에 불과한 폰으로 출시 이후 5,000만 대 이상이 판매되었다. 여러 면에서 새로운 것들이 적용된 멋진 제품이었다. 그런데 4년 후 CEO 에드워드 잰더Ed Zander는 자리에서 물러나게 된다. 당시 주가는 레이저 출시 이후 기간 평균 주가의 50%에 불과했다. 경쟁사들도 레이저의 기능과 특징들을 쉽게 따라잡았고 그만큼 혁신적인 폰들을 출시했다.[6]

혁신에는 레이저 같은 제품 수준에서의 혁신도 있지만, 산업 전체의 구조

모토로라 레이저 폰

와 흐름을 바꾸고 더 나아가서 사회 전체의 구조와 흐름을 바꾸는 혁신도 있다. 전구가 그랬고, 마이크로웨이브 오븐, 팩스, 아이튠즈iTunes가 그랬다. 이런 혁신들은 비즈니스를 하는 방식은 물론 우리의 생활방식까지 바꾸고 다른 회사들의 비즈니스 모델까지도 바꾸게 만든다.

1장

혁신의 또 다른 복병이자 기회,
보완재와 생태계

뭔가 독특한 것을 만들어내고 우수한 성능, 편리함 등등 좋은 조건을 갖춘 제품이나 서비스를 만들어냈다 하더라도 사업화되어 돈이 만들어지기까지 혁신에는 넘어야 할 산들이 많다. 아마존Amazon보다 훨씬 전에 온라인 서점 사업을 시도한 회사가 있었다. 아이디어는 아마존과 다를 것 없었지만 차이점은 아마존이 인터넷의 활용도가 폭발적으로 성장하는 현상에 착안하여 사업을 시작한 것과 달리, 그 당시 컴퓨터와 통신 인프라가 전혀 자리를 잡지 못한 상황이었다는 점이다. 고객들에게 컴퓨터 단말기 같은 것을 무상으로 제공하고 서비스를 이용하도록 하는 생각까지 했지만, 온라인 통신망이 받쳐주지 못해 결국 사업은 실패로 끝나고 말았다. 총알을 아무리 잘 만들어도 총이 없으면 무용지물이다. 총알을 던져서 사람을 죽일 수는 없다(엄청 강하게 정확하게 던지면 그럴 수도 있으려나?). 미사일을 아무리 잘 만들어도 미사일 발사대가 없으면 무용지물이다. 그래서 전쟁 시에는 미사일을 파괴하기보다 미사일 발사대를 먼저 파괴하려고 한다.

전기차가 사업성을 갖기 위해서는 충전소가 충분히 포진되어야 하고, PC는 하드웨어 부품과 소프트웨어들이 제각기 상호보완적으로 자리를 잡아야 한다. 엄청나게 혁신적인 게임이 개발되더라도 그것을 실감나게 구현할 그래픽칩이 받쳐주지 않으면 소용이 없다. 이러한 보완의 관계는 원재료나 부품에서 최종 소비자에게까지 이르는 가치사슬 안에서 한 단계도 구멍이 나지 않는 연계성이 있어야 할 때도 있다.

미국의 전기·방송 회사 RCA는 라디오를 개발했지만 그것을 통해 사람들이 즐길 콘텐츠가 필요했고, 또한 통로가 필요했다. RCA는 NBC 방송국을 만들었다. 미국의 다국적 반도체 및 통신장비 기업 퀄컴Qualcomm은 CDMA 통신기술을 개발(칩과 소프트웨어가 퀄컴 기술의 실체)했지만, 그 기술을 일반인들이 사용하기까지 거쳐야 할 많은 단계들이 해결되지 않으면 사업성이 없었다. 최종 소비자를 설득하기 전에 전화회사들을 설득해야 했고, 중계기와 단말기도 CDMA 기술을 다룰 수 있는 것들이 라인업되어야 했다. 퀄컴은 중계기와 단말기에 이르는 가치사슬의 모든 단계를 스스로 커버하면서 신기술의 효과성과 신뢰성을 증명해 보였고 통신회사들이 모여들기 시작하고 장비들이 다른 회사들에 의해 개발되면서 시장이 정착되자 중계기는 에릭슨에 기술을 넘기고 단말기는 다른 회사들이 개발하게 하면서 발을 빼고 본업인 소프트웨어와 칩으로 돌아갔다. 새로운 화학섬유를 개발한 회사가 초반에 의류 제조까지 했던 것도 같은 맥락이다.

아무리 우수한 혁신을 우리가 했다 하더라도 그 혁신이 실제로 활용되고 사용자에게 전달되기 위해 필요한 주변적인 환경이 조성되지 않으면 소용이 없다는 데 혁신의 또 다른 어려움이 있다. 한편, 그러한 환경까지 조성할수 있는 혁신은 엄청난 파급효과와 함께 세상을 바꿔놓을 수도 있다. 그러한 환경은 우리의 혁신을 강화해줄 보완재와의 관계이기도 하고 그런 보완관계들을 모아놓은 것이 우리가 흔히 생태계eco-system라고 부르는 환경일것이다. 하드웨어로서의 아이폰iPhone 자체는 디자인을 제외하고는 기술적으로 그리 획기적인 혁신이라고 하기 힘들다. 아이폰이 나온 2007년 훨씬 이전에 한국의 전자회사들도 스마트폰에 대한 논의와 연구를 진행 중이었다. 통신기기와 컴퓨터, 카메라, 전자수첩 등의 기능이 모두 통합되는 기기가 나오는 것은 확실한데 정확하게 어떤 모습을 가질지가 불분명했을 뿐이다. 아이폰이 세상을 바꿔놓은 혁신으로 받아들여지는 것은 하드웨어뿐 아니라음반회사들을 설득하여 음원을 쪼개놓은 아이튠즈와 앱스토어 등 보완적인 인프라가 맞아떨어졌기 때문이다.

2장

혁신의 범위와 혁신 포트폴리오

모든 것을 한꺼번에 다 혁신할 수는 없고, 그럴 필요도 없다. 선택적인 혁신이 필요할 것이다. 기존의 방식 중 변화하는 시대에 필요한 역량에 부합하는 것은 유지하고, 부적합한 역량은 과감히 버려야 한다. 현재까지 잘 해온 것은 잊어야 한다. 4차 산업혁명이 진행되는 동안, 그리고 그 후에도 계속해서 필요한 역량인지를 생각해봐야 한다.

최근 들어 전기자동차 회사 테슬라Tesla의 CEO 엘론 머스크Elon Musk가 겹치기로 창업한 회사 '스페이스X'가 로켓을 지구 궤도 밖으로 쏴 올리고 분리되는 보조 추진로켓booster rocket을 예전처럼 버리지 않고 고스란히 다시 땅에 착륙하게 하는 데 성공했다. 아직 기술적으로 완전한 상태는 아니지만 성공해서 일상화된다면 앞으로 로켓 운용에 상당한 비용을 절약하게 된다고 한다.

그러나 적어도 아직까지는 로켓을 쏴 올릴 때 처음 땅을 출발한 그 큼직한 로켓 전부가 우주로 날아가는 것이 아니다. 1단 추진로켓을 이용해서 어느 높이만큼 올라간 후 그 소명을 다한 추진로켓은 버린다. 무게만 더할 뿐 그 역할을 다했기 때문이다. 그리고 2단 추진로켓으로 다시 더 높이 올라가면서 그 추진로켓도 버린다. 최종적으로 로켓 앞쪽에 있는 작은 부분만이 우주로 날아 올라가게 된다. 고비용의 추진로켓이 아까워서 버리지 않고 그것들을 매단 채로 우주로 날아 올라가려 한다면 전체의 노력이 무산되고 만다.

조직도, 개인도, 지금 여기까지 오게 만들어준 그 무엇(제품, 사업, 문화, 습관 등)이 있을 것이다. 그러나, 현실적으로 쉽지는 않지만, 상황에 따라서는 바로 그 성공의 공로자들을 버릴 수 있어야 더 높은 곳으로 갈 수 있다. 모든 것을 버려야 한다는 것이 아니라 버릴 것과 계속 가지고 갈 것들을 구분해야 한다는 말이다. 어떤 연구에 의하면 제약산업에서 특허를 의도적으로 주기적으로 버리고 가는(만료된 특허를 갱신하지 않거나 특허를 타사에 매각) 회사들이 더 많은 차세대 특허와 더 영향력 있는 특허를 만들어내는 것으로 보고된 바 있다.[7]

따라서 혁신에도 우선순위가 있어야 한다. 모든 조직은 한정된 자원으로 운영되기 때문이다. 우리 상황에 맞는, 그리고 우리가 원하는 혁신의 포트폴리오를 구축해야 한다. 그러려면 이 책에서 설명하는 혁신의 세 가지 유형 중 어떤 것을 얼마큼 추구할 것인지를 결정해야 한다. 이것은 규모와 임팩트가 큰 그러나 그만큼 위험성이 높은 혁신을 추구할 것인가, 아니면 규모가 작고 임팩트는 작되 실현 가능성은 높은 혁신을 추구할 것인가의 선택이다.

소비재 회사들은 하이테크 회사들이나 제약 등 헬스케어 회사들에 비해서는 R&D 투자규모가 적은 편이기는 하지만 일부 글로벌 기업들은 한 해 10억 달러 이상을 투자하기도 한다. 그런데 그중에 얼마나 성과를 올리고 있을까?

전 세계 2,500개 다양한 산업에 속한 기업들을 대상으로 한 연구에서 R&D 투자와 기업 성장 간의 관계에 대해서 분석했다. 매출 10억 달러 (단순하게 환율 1:1000으로 계산해서 약 1조 원) 이하의 기업들을 제외한 나머지 기업들을 대상으로 매출과 R&D 투자비, 인건비, 자본적 지출capital expenditure, 마케팅 비용 등 변수들 간 관계를 분석했다.

소비재산업 전체 차원에서는 R&D 투자가 매출로 연결되지 않았다. 오히려 마케팅에 대한 투자가 매출을 올리는 주된 동력으로 나타났다. 대조적으로 제약산업에서는 R&D와 마케팅 모두 매출 증가와 강한 관계가 있었다.

개별 기업 수준으로 내려가서 분석했을 때는 R&D 투자의 규모가 크냐 작냐에 따라 상반된 결과나 나왔다. 즉 20억 달러 이상의 R&D 예산을 가진 P&G를 포함한 대형 기업들은 R&D 투자와 매출 사이에 유의미한 관계가 발견되지 않았지만, 상대적으로 투자규모가 작은 회사들(Henkel, L'Oreal, Beiersdorf, Reckitt Benckiser 등)에게서는 R&D와 매출 사이에 유의한 관계가 있는 것으로 나타났다.

이러한 통계적인 결과를 좀 더 파고 들어가서 R&D 패턴과 경험 많은 연구개발 분야 임원들을 심층 인터뷰로 분석한 후 나온 결과는 다음과 같다.

R&D 예산이 아주 큰 회사들은 전반적으로 돈이 많이 들고 스케일이 큰 혁신을 추구하면서 판도를 뒤집을 만한 블록버스터급의 제품들을 노리며, 그래서 그런 프로젝트들이 R&D 예산의 대부분을 흡수한다는 것이다. 문제는 이런 고위험-고수익 전략이 결과를 만들어내지 못하는 경우가 많다는

것이다. 지난 15년간 매년 평균 2조 원 이상을 R&D에 쏟아부은 P&G는 성공한 혁신보다 실패한 것이 훨씬 더 많다고 한다.

대조적으로 영국의 옥시레킷벤키저Reckitt Benckiser(우리나라에서는 가습기 살균제 사건으로 이미지가 추락된 회사)는 그다지 야심차거나 화려하지는 않지만 실속 있는 혁신을 이루고 있는 것으로 나타났다. 이런 접근방법을 로렌츠식 전략Lorenzian strategy이라고 칭하는데, 작은 액션이 애초에 상상할 수 없는 큰 이벤트로 발전한다는 나비효과를 제안한 MIT 수학자 에드워드 로렌츠Edward Lorenz의 이름을 딴 것이다. 규모가 더 큰 경쟁자만큼 주머니가 두둑하지 않은 레킷벤키저는 당연히 대규모 혁신보다는 작은 규모의 혁신, 그리고 가장 가치 있는 브랜드들을 대상으로 소비자들이 가치 있게 생각하면서 조금 더 돈을 낼 만한, 주변적인 개선을 하는 데 투자를 집중한다. 예를 들어, 피니시Finish라는 식기 세척제 브랜드가 있는데 처음 제품이 출시된 후 10여 년 뒤에 린스 물질을 첨가하고 이름을 피니시투인원Finish 2-in-1으로 바꾸었다. 몇 년 후에는 다시 소금 성분을 추가하고 이름을 피니시쓰리인원 Finish 3-in-1으로 바꿔 출시했다. 현재 이 제품은 광택제까지 추가해서 그 이름이 피니시올인원Finish All-in-1이 되어 있다. 이렇게 한 가지씩 추가하는 개선작업을 할 때마다 매출과 이윤도 따라 증가해왔다고 한다.

작은 혁신으로 성공한 또 다른 예로는 포장(패키지) 혁신이 있다. 맥도날드는 2004년 매장에서 판매하는 우유 포장을 바꿨는데, 종이팩에서 옛날 우유병을 연상케 하는 반투명 플라스틱병으로 포장만 바꿨는데 1년 만에 매출이 3배 뛰었다. 케첩으로 잘 알려진 하인즈Heinz는 케첩을 짜내기 편하도록 기존의 용기가 거꾸로 서 있게 한 병을 출시하여 상당한 매출 신장 효

거꾸로 서있는 하인즈 케첩 병

과를 봤다.

이 연구에서는 가끔 성공한다는 대규모 R&D 기업의 혁신이 한 번 성공하면 얼마나 큰 임팩트를 미치는지에 대한 정보는 없다. 어쨌든, 회사마다 주어진 재정적인 능력과 문화에 따라(전통적으로 소비재 회사는 R&D보다는 마케팅이 영향력이 큰데, 소규모 R&D 회사 중에서 작은 혁신들을 선호하는 회사들은 화학이나 제약 쪽에 뿌리를 두고 있는 회사들이었다고 한다) 혁신에 대한 접근법은 달라진다는 것이 연구결과이다.[8][9]

야심찬 큰 스케일의 혁신이냐 작고 점진적인 혁신이냐 하는 주제는 새로운 것은 아니다. 흥미롭게도 2007년 <하버드 비즈니스 리뷰Harvard Business Review> 논문에서는 대부분 회사들이 작은 혁신에 너무 많은 투자를 하고 있어서 큰 혁신(게임 체인저)에 더 투자를 해야 한다고 하고 있다.[10] 혁신과 사업적인 성과 사이의 관계도 시대에 따라 변하는 것인지도 모르겠다.

결국, 회사의 입장에서는 너무 크고 위험한 혁신 프로젝트만 운영한다거나 아니면 소형 프로젝트만 추구할 것이 아니라 단기간에 바로 효과를 볼 수 있는 단타quick win 혁신, 중기, 그리고 장기적인 프로젝트들 사이에 어떻게 밸런스를 맞추는가 하는 것이 더 중요할 것이다. 또한 그 과정에서 제품 혁신뿐 아니라 디자인과 포장 혁신, 공급사슬 혁신, 사업 모델 혁신까지도 열린 눈으로 검토할 필요가 있다.

그러기 위해서는 전략적인 판단이 우선되어야 한다. 즉 궁극적으로 회사에게 중요한 이윤profit을 내줄 수 있는 혁신을 해야 하는데, profit=price-cost이므로 이 공식에 임팩트를 줄 수 있는 혁신 프로젝트들을 선정하고 추구해야 할 것이다. 전략의 가장 핵심은 '어디서 싸운다', '어떻게 이긴다' 하는 요소이므로 '이길 수 있는 곳'을 정하는 전략적 판단을 먼저 한 후 어떤 혁신을 추구할 것인지를 정하는 것이 올바른 순서일 것이다(혁신 포트폴리오 구축의 기반이 되는 전략적 방향 설정에 대한 자세한 설명은 <부록 4> 참조).

3장

기획 시스템과 혁신 프로세스:
우연과 사고

혁신의 프로세스는 논리적인 기획 기법으로는 감당하기 어려운 과정이다. 그렇다고 방향성 없이 이것저것 해보고 그때그때 대응해보자는 접근법은 시행착오와 낭비가 너무 심할 것이다.

어떤 회사들은 혁신을 위한 경쟁 과정에서 명확한 전략 혹은 프로젝트 선택이나 관리에 관한 정교한 프로세스 없이 무모하게 신제품 개발에 집착하는 경우가 있다. 주어진 자원과 역량을 기준으로 효과적으로 다룰 수 있는 것보다 너무 많은 수의 프로젝트를 시작하고, 회사가 보유한 자원의 성격이나 목표에는 부합하지 않는 프로젝트를 선택해서 시간과 자원과 에너지를 쏟아붓기도 한다. 혁신은 규칙이나 계획에 제약을 받지 않는 자유분방한 과정이어야 하는 것은 맞다. 그러나 아무렇게나 좌충우돌하기만 한다고 혁신이 일어나는 것도 아니다. 오히려 많은 연구결과에 따르면 혁신은 명확히 정의된 혁신전략과 관리 프로세스를 가지고 있는 경우 더욱 성공적일 수 있다.[11] 혁신 프로세스의 단계에 따라 아이디어를 개발하고 모양을 잡기 위해 그야말로 자유분방하게 창의성을 살려야 하는 초기 단계가 있고, 아이디어가 결정되고 상업화를 향해 가는 단계에서는 체계적인 실행 시스템이 필요하다.

혁신의 프로세스는 방향성을 가지고 유한한 자원을 어디에 배분할 것인지의 구도 하에(이것이 전략이 되겠다) 진행하면서 처음 계획을 세울 때는 고려하거나 예측하지 못했던 새로운 사건이나 기술, 정보 등을 지속적으로 수용해나갈 수 있어야 한다. 즉 혁신 프로세스는 계획된 것 외 우연serendipity과 사고accident도 그 안에 담을 수 있는 것이어야 한다.

우리가 속한 조직을 생각해보자. 흔히 조직을 기계에 비유하기도 하고, 인체에 비유하기도 한다. 그런데 기계보다는 인체가 더 적당한 비유인 듯하다. 어느 한 곳을 건드리면 그것으로 끝나지 않고 다른 의도하지 않은 곳으로 줄줄이 파급효과가 퍼지는 것도 그렇고, 어떤 것에 익숙해지면 습관과 루틴이 생기면서 거기서 벗어나지 않으려는 습성이 생기는 것도 기계보다는 인체에 더 가깝다.

조직을 손발을 척척 맞추며 돌아가는 기계가 아니라 '쓰레기통Garbage Can'에 비유한 이론이 오래 전에 있었다.[12] 조직은 우리가 생각하는 것처럼 어떤 문제가 생기면 사람들이 모여서 그 해결책을 찾는 그런 과정을 거치는 것이 아니라, 문제와 해결책과 사람들이 어지럽게 뒤섞여 있는 상황이라는 것이다. 어떨 때는 문제도 없는데 해결책이 먼저 기다리기도 한다. 사람들이 어떤 선택을 하고 의사결정을 하는 과정은 우연에 의해 이루어질 때도 있다.

혁신은 깔끔한 기계가 아닌 이렇게 다소 혼란스러운 조직 현실에서 일어날 가능성이 많다. 많은 솔루션들이 조직 내외부에 이미 기다리고 있을 수 있다는 사실, 그것을 알아차리고 통합만 하면(old+old) 의외의 혁신(new)이 일어날 수도 있다는 사실을 아는 것이 중요하다. 그리고 어떻게 하면 이미 주변에서 우리를 기다리고 있는 솔루션들을 지나치지 않고 통합할 수 있게 하는 환경, 제도 등을 정착시킬 것인가를 고민하는 것이 중요하다.

우리에게 너무나 잘 알려진 3M의 혁신적인 제품 포스트잇Post-it의 개발 스토리는 문제를 기다리는 해결책a solution with a problem; a solution waiting for a problem의 전형적인 예로 볼 수 있다.[13]

1968년 3M의 과학자 스펜서 실버Spencer Silver 박사는 초강력 접착제를 개발하려고 노력 중이었다. 그런데 그 반대로 점성이 떨어지면서 재사용할 수 있는 물질이 나와버렸다. 일종의 불량품이 나온 것이다. 실버 박사는 장장 5년 동안 회사 내부는 물론 외부에서도 세미나를 통해 자신의 발명품이 어딘가에 쓸모가 있으리라는 것을 설득하려고 노력했다. 1974년이 되어서야 3M의 동료직원인 아트 프라이Art Fry가 그 아이디어에 관심을 가졌다. 자신의 성경책 갈피에 끼워 표시(bookmark)할 것을 찾고 있었기 때문이다. 그냥 종이는 자꾸 흘러 떨어졌고, 테이프는 점성이 너무 강해서 얇은 성경책 종이가 찢겨나갔다. 실버 박사의 발명품은 딱 맞는 물질이었다. 프라이는 3M의 잘 알려진 내부 프로젝트 개발 프로세스를 통해 지원을 받아 개발에 성공했다. 처음 포스트잇 제품의 색깔이 노란색이었던 것도 우연이었다. 재료로 쓸 종이쪽지를 포스트잇 개발팀의 옆에 있던 다른 팀한테 얻었는데 그 팀이 가진 종이가 노란색밖에 없었다는 것이다.

어떻게 이런 사고accident가 일어날 수 있었을까? 아이디어를 셀링하려는 사람, 회사 내에 어떤 아이디어들이 개발되고 있는지를 알 수 있는 공간과 기회, 아이디어를 개발할 수 있게 해주는 사내 제도(소속 조직과 상사를 건너뛸 수 있게 한, 혁신 아이디어를 실패하더라도 내지 않으면 안 되는 제도, 자원의 배분, 정기적으로 과거의 실패한 혁신을 재검토하는 제도, 보통 조직 같으면 커리어상의 자살 행위 같은, 자신의 팀장에게 거부당한 아이디어를 들고 다른 팀장에게 도움을 요청할 수 있는 문화), 이 중에 우리 회사와 겹치는 요소는 몇 개나 있나? 이런 환경이 되어야 old+old=new의 혁신이 일어날 수 있다.

따라서 혁신을 일으킬 수 있는 프로세스의 모습은 우리가 흔히 하는 논리적이고 다소 경직된 기획planning과 그때그때 즉흥적으로 일을 진행시켜 나가는 방법의 혼합형이 될 것이다. 너무 논리적으로만 접근하는 것은, 원래 계획대로 그대로 되지도 않거니와(설정한 목표까지 일직선으로 그대로 가는 예는 없다), 그야말로 부정적인 의미에서의 자기충족적 예언self-fulfilling prophecy 이 일어날 수 있다. 예를 들어, 10년 후 어떤 기술의 혁신과 발전을 이룬다는 목표를 세우고 그것을 달성하기 위해 매진하는데(수치적으로 10% 성장이라고 하자) 그 사이 처음에는 예측 못했던 획기적인 기술 발전이 있어서 10년 후 애초보다 훨씬 높은 목표(130%)를 달성할 수 있는 상황이 되었는데도 새로운 기술과 정보를 반영하지 않고 처음 목표(10% 성장)를 달성하는 데 집착하는 부작용이 일어날 수 있는 것이 논리적이고 공식적인 기획 시스템의 맹점이다. 실제 미국 정부 차원에서 핵융합 기술 로드맵을 그리고 추진하는 과정에서 이런 문제가 발생했다고 한다.[14]

모토로라의 이리듐Iridium 프로젝트도 경직된 기획 시스템의 문제점을 보여준 사례다. 모토로라는 1980년대 말에 이리듐이라는 자회사를 만들었다. 지구 저궤도에 77개의 인공위성을 띄우면 휴대전화 기지국을 설치하지 않고도 세계 어디든 단일 가격으로 이동전화 서비스를 제공할 수 있다는 판단을 한 것이다. 이리듐 위성 시스템은 결국 실패한다. 회사가 위성을 발사하고 있을 당시 이미 휴대전화 기지국 설치 비용은 급격히 떨어지고 있었고, 네트워크 속도는 몇 십, 몇 백 배씩 개선되고 있었으며, 단말기 크기와 가격도 급속히 떨어지고 있었다. 그런데도 모토로라는 12년 전에 만들어진 이리듐 사업계획의 비즈니스 가정을 업데이트하지 않고 밀어붙였다.[15]

전통적인 기획 시스템이 너무 경직되었다며 그 반대로 유연성만을 목표로 '아무런 사전 계획과 방향 설정 없이 되는대로 해보자'는 접근방법은 결국 전략적 표류로 끝날 가능성이 높다.

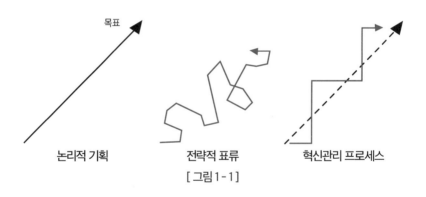

목표

논리적 기획   전략적 표류   혁신관리 프로세스
[그림1-1]

결국, 가장 바람직한 접근방법은 목표와 방향은 명확하게 정하되 그 과정에서는 가장 최신의 정보를 반영하여 유연성을 허용하는 방법으로, 필요하면 목표조차도 지속적으로 수정해나갈 수 있어야 한다. 그렇다고 방향성 자

체를 완전히 바꾼다는 의미는 아니다. 사실 이런 접근방법이 가장 현실적이고 실제 조직에서도 모두 이런 식으로 일들이 진행되게 하는 것이 가장 효과적이다. 모토로라의 이리듐 프로젝트는 이렇게 접근하지 않고 너무 경직된 기획의 접근법을 사용해서 문제가 생긴 경우다. 급격히 발전하는 기술의 변화를 지속적으로 반영하면서 프로젝트를 관리하지 않았기 때문에 애초의 계획과 목표는 원래 의도대로 달성되어도 시장에서는 쓸모가 없게 된 것이다.

단순한 비유를 해보자면, 이 책을 쓰는 과정도 마찬가지였다. 책에 어떤 내용을 담고 싶다는 목표를 세우고, 기초적인 리서치를 바탕으로 처음에는 상당히 구체적인 목차를 구성했다(논리적 기획). 그러나 책을 진행하는 과정에서 새로운 정보와 새로운 아이디어가 지속적으로 나왔고, 처음에는 생각하지 못했던 관련 자료나 연구들이 이미 많이 있다는 것도 알게 되었으며, 그런 정보들을 어떻게 통합할 것인지에 대한 아이디어들이 떠올랐다. 이렇게 새로운 정보를 더하는 과정에서 애초의 목차를 그대로 지키면서 억지로 내용을 끼워넣는 것보다는 구성과 목차 자체를 독자가 읽기 좋고 원하는 정보를 얻는 데도 도움이 될 수 있도록 어느 정도 수정해나갈 필요가 있다는 것을 알게됐다. 그러나 처음 목표로 세웠던 '이런이런 내용들을 담는다'는 지향점은 잊지 않고 계속 크로스체크를 해나가면서 내용 구성을 수정해나갔다. 결과물은 처음 상상했던 것과는 상당히 다르지만 그렇다고 해서 담고자 한 내용을 놓친 것은 없다. 책을 쓰는 과정에서 애초의 목차를 지키고자 내용을 억지로 배열했다면 최소한 지금 이 책보다는 훨씬 재미 없고 전달도 잘 안 되는 결과물이 나왔을 것(자기충족적 예언의 실현)이 확실하다.

존재하지 않는 새로운 시장은 분석할 수 없다. 이럴 때는 공급업체와 고객이 함께 그 시장을 발견하는 과정을 거쳐야 한다. 따라서 경영자들이 파괴적 기술 변화에 대응하는 전략 및 계획은 학습과 발견의 계획이어야 한다.[16]

이제 본론으로 들어가보자. 혁신의 유형에는 어떤 것들이 있으며, 그 기준은 무엇이고, 어떤 사례들이 있는가?

핵심 요약

- 혁신은 기존에 있는 것을 새롭게 조합하는 것이다(old + old = new).
- 혁신을 생각할 때는 보완재와 생태계도 함께 생각해야 한다. 아무리 혁신적이고 우수한 제품이나 서비스가 개발되어도 보완적인 제품과 서비스의 생태계가 형성되어 있지 않으면 사업적인 성공은 어렵다.
- 한정된 자원으로 성과를 내야 하는 이 세상의 모든 조직과 사람은 혁신도 우선순위를 정하고 포트폴리오를 구성해야 한다. 또한, 정기적으로 과거의 것은(아무리 성공적이었더라도) 버리면서 앞으로 나갈 필요가 있다.
- 스케일이 큰 혁신과 스케일이 작은 혁신은 그 효과가 상황과 사업에 따라 다르다.
- 혁신은 논리성logic과 상상력imagination이 합쳐질 때 가능하다. 따라서, 엄격한 기획시스템으로 감당하기 힘들다. 그렇다고 무작정 시행과 착오를 거치는 과정만으로도 부족하다. 혁신은 방향성은 있으되 실험과 실패를 수용하는 유연한 프로세스를 거쳐야 한다

2부

혁신 유형 매트릭스

혁신의 유형부터
이해하자

우리 회사가 이제까지 이루어온 혁신은 어떤 것일까? 그리고 앞으로 우리가 이루어야 할 혁신은 어떤 것들일까? 이러한 질문에 답하기 위해서는 우리 회사 나름의 혁신 유형에 대한 정의가 필요할 것이다.

혁신의 유형을 분류하기 위한 기준은 고객 축과 기술 축을 통합해서 판단해야 한다. 첫 번째 기준은 고객이 느끼는 가치가 얼마나 급진적 revolutionary인가 하는 것이다(Y축). 두 번째 기준은 고객에게 주는 가치를 창출하기 위한 방법이 얼마나 급진적인가 하는 것이다(X축).

회사가 현재까지 주로 수행하고 있는 혁신의 유형과 앞으로 추구해야 될 혁신의 유형을 내부적으로 논의하는 데 유용하게 쓰기 위해서는 X축과 Y축이 동시에 통합되어야 한다. 두 축 모두 혁신을 정의함에 있어서 중요하기 때문이다. Y축이 중요한 이유는, 혁신과 비즈니스의 성공은 결국 사는 사람, 고객의 판단과 수용성에 달렸기 때문이다. 아무리 기술적으로 편리하고 급진적이며 전에 없던 것을 만들어내더라도 고객이 그 효용을 느끼지 못하거나 특히 지불하는 가격 대비 가치를 느끼지 못한다면 그 혁신은 성공할 수 없다. X축은 혁신 효과의 지속성과 관련이 있을 것이다. 즉 가치 창출 방식이 더 급진적일수록 단순히 제품의 혁신이 아니라 시스템과 생태계까지도 변화시키기 때문에 쉽게 모방 당하지 않을 것이다. 따라서 이 축이 급진적일수록 지속적인 경쟁우위를 누릴 수 있는 가능성이 높아질 것이다(두 축을 어떻게 정하게 되었는지, 그 결과 혁신 유형 구분이 어떻게 이루어지게 되었는지에 대한 자세한 설명은 <부록 5: 혁신 유형 2×2 매트릭스 도출 과정> 참조).

1장

Y축(수요 사이드):
고객이 느끼는 가치의 급진성 정도

이것은 고객에게 제안하는 가치 제안이 얼마나 급진적인가 하는 것이다. 즉 목표 고객이나 고객에게 제공하는 가치 및 솔루션 그리고 고객의 문제해결을 도와주는 정도customer-job-to-be-done 등이 기존에 비해 얼마나 급진적인가 하는 것이다. 이것은 차별화가 높을수록, 즉 비슷한 제품이 없을수록 급진적이다. 세상에 없던 것이거나 있기는 하지만 기존에 비해 어마어마한 성능의 향상을 가져와서 고객이 느끼는 가치가 클수록 급진성의 정도가 큰 것이다. 가격이 획기적으로 낮춰지는 것도 해당될 수 있다.

사람들 중에는 높은 가격을 지불하더라도 월등한 성능이나 품질, 편리함 등을 원하는 사람도 있고, 낮은 가격을 가장 가치 있게 여기는 사람도 있다. 따라서 이 고객의 가치라는 축은 모든 사람에게 적용되는 절대적인 것이라기보다 혁신의 타깃이 되는 고객들이 어떻게 받아들이느냐 하는 이슈이다.

이 Y축이 관리가 어려운 이유는, 혁신성이 높을수록 사는 사람들조차 자신이 그러한 니즈가 있는지를 모르는 경우가 많기 때문이다. 회사들이 이미 하고 있는 것의 연장선상에 있는 것을 하려는 경향이 강한 것처럼, 고객들도 자신이 경험해본 것을 토대로 원하는 것을 말할 수는 있지만 존재하지 않는 제품이나 서비스에 대한 의견을 주기는 힘들다. 오래 전 소니Sony의 공동 창업자 모리타 아키오는 "고객은 자신들이 무엇을 원하는지 모른다"라고 하면서 그들에게 물어봐도 새로운 아이디어를 주지 못한다고 했었다. Y축의 위쪽으로 갈수록 고객들이 원하는 가치를 찾아낸다기보다 회사가 먼저 혁신을 만들고 고객들이 따라오도록 설득하는 것이 순서가 맞을 것이다.

피터 드러커는 "고객들은 우리가 판다고 생각하는 것을 사는 경우가 별로 없다"라고 했다. 회사는 드릴을 판다고 생각했는데 고객들이 사는 것은 드릴이 아니라 '구멍'이라는 것이다. 고객은 사는 것이 아니라 문제를 해결하고 싶어한다Customers don't buy, they want to solve problems.[17][18]

고객이 이렇게 물어본다면 뭐라고 답할지를 생각해보라. "내가 왜 당신 회사와 거래를 해야 하는가?Why should I do business with you?" 이에 대한 답은 내가 생각하는 것과 고객이 생각하는 것이 다를 수가 있다.

국내 기업 오토스가 고객의 해결과제customer-job-to-be-done을 잡아내어 성공한 사례를 살펴보자.

산업용 눈 보호구 중에서도 자동전자용접면 시장점유율 18%로 세계 1위를 달리는 한국 기업이 있다. 오토스라는 회사다. 오토스의 대표 브랜드 중 하나인 '이지스AEGIS'는 혁신성, 심미적 우수성, 상품성, 기능성, 디자인 측면 모두에서 뛰어난 제품이라는 평을 받으며 세계 3대 디자인 어워드인 독일의 'IF'와

'레드닷', 미국의 'IDEA' 상을 모두 수상해 그랜드슬램을 달성하기도 했다.

오토스의 자동전자용접면 제품이 나오게 된 배경은 바로 '작업자의 입장에서 생각하기'였다. 기존 제품들은 용접 시에 제품을 썼다 벗었다를 반복해야 하기 때문에 불편을 느끼는 사람들이 많았다. 이러한 불편을 없애기 위해 오토스는 용접 시 발생하는 빛을 자동으로 인식해서 안면 보호유리의 색상 변화를 통해 눈을 보호할 수 있는 제품을 개발했다. 이때 작동하는 센서의 속도는 0.0004초로 상당히 안전하게 용접작업을 할 수 있는데, 세계 최고의 속도라고 한다. 착용감도 개선했다. '이지스'의 제품은 윗머리 밴드와 뒷머리 밴드 모두 사용자의 두상에 따라 조정할 수 있도록 해 어느 누가 사용하더라도 편한 착용감을 느낄 수 있게 했다.

'고객의 입장에서 누구나 편안하고 안전한 제품' 개발을 목표로 하는 오토스는 작업자의 피로도를 높이고 생산성을 떨어뜨리는 기존의 렌즈를 지속적으로 보완하고, 근로자 업무량 자동기록, 현재시간 표시, 타이머, 다국어 변환 기능 등을 넣어 인공지능AI 시대의 흐름도 따라가려고 하고 있다.[19]

2장

X축(공급 사이드):
고객가치를 창출하기 위한 방식의 급진성 정도

이것은 고객이 원하는 문제해결을 달성하기 위한 방식이 얼마나 급진적인가 하는 것이다. 한편, 이러한 가치 창출 방식에 있어서 급진성은 여러 가지 차원에서 설명될 수 있을 것이다. 우선 수익공식 측면에서는 얼마나 원가를 낮추고 성능이나 품질을 높일 수 있었는가 하는 것이다. 또한 기존의 가치 실현 방식과는 차원이 다른 새로운 비즈니스 모델을 제안하는 경우 더욱 급진적일 것이다. 예를 들면 새로운 플랫폼 비즈니스를 제안하는 경우가 이에 해당될 것이다. 이를 위해서는 당연히 가치 창출 방식이 급진적일 수 있기 때문이다. 또한 다음에 자세히 설명하게 될, 가치 제안을 실현하기 위한 활동지도activity map상에서 특정 가치를 실현하기 위한 하위 활동들 간의 연결성이 많이 변할수록 더욱 급진적이라고 볼 수 있다. 즉 가치 실현을 위해 필요한 인프라를 구축하기가 얼마나 어려운지를 생각해보면 될 것이다.

혁신 포인트:
제품, 가격, 가치사슬, 비즈니스 모델, 사업 생태계, 플랫폼

혁신을 통해 고객에게 월등한 가치를 전달해줄 수 있는 포인트는 그 임팩트의 크기에 따라 작게는 제품 수준에서의 혁신, 같은 제품이라도 획기적인 비용 절감을 통해 획기적으로 낮은 가격을 제공할 수 있는 혁신부터 영향력이 더 큰 가치사슬의 혁신, 가치 활동의 혁신, 비즈니스 모델 혁신, 플랫폼 혁신까지 다양할 수 있다.

가치사슬 혁신

제품이나 서비스가 만들어지고 소비자의 손에 들어가기까지의 가치사슬의 흐름이나 구조를 바꿈으로써 일어나는 혁신은 제품 레벨에서의 혁신이나 동일한 제품을 만드는 프로세스 수준의 혁신에 비해 Type 2나 Type 3 혁신으로 연결될 가능성이 높다.

일본의 오레노 레스토랑Oreno Restaurant은 프렌치 레스토랑으로 시작해서 이탈리안 레스토랑, 한식 레스토랑, 일식 레스토랑으로까지 확장한 레스토랑 기업이다. 미슐랭 스타 수준의 셰프가 최고의 식자재로 수준 높은 음식을 제공하는데, 가격이 엄청나게 저렴하다. 경쟁 레스토랑의 1/5에 불과한 수준이다. 예를 들어, 고급 식재료의 대명사인 '캐비어 병째로' 메뉴는 우리 돈 1만 원 정도이고, 우리나라 웬만한 레스토랑에서는 최소한 3만 원 정도는 받을 달팽이 요리(Escargot with mushroom, Bourgogne style)도 580엔(우리 돈 6천 원 정도 수준)에 불과하다.

어떻게 최고의 고급 식재료를 쓰면서 가격을 그렇게 낮출 수 있는가? 일단 이 레스토랑들은 예약을 받지 않고, 사람들이 줄을 서서 기다렸다 들어간다. 그리고 차분히 앉아서 2~3시간 먹는 것이 아니라 서서 먹는 입석제로 운영된다. 이렇게 하면 같은 공간에 더 많은 테이블을 놓아 사람들로 채울 수 있고, 보통의 고급 레스토랑의 경우 한 테이블당 기본 1일 1회전으로 운영되는 데 비해 오레노 레스토랑들은 하루에 3.5회전이 가능하다. 주어진 공간당 매출이 훨씬 높은 것이다.

오레노 레스토랑의 식재료 원가율은 60%로 보통 레스토랑들의 30%에 비해 두 배 높다. 이렇게 최고급의 원재료에 투자하는 대신 규모의 경제를 통해서 이윤을 내는 것이다.[20]

피자 비즈니스는 동네마다 있는 작은 피자가게를 기업화한 피자헛 등 기업형 사업들이 나오면서 산업화되었다. 그리고 편하게 원하는 장소에서 먹을 수 있는 도미노Domino's로 대표되는 배달 서비스 모델이 그 뒤를 이었다. 피자 비즈니스에서는 더 이상의 혁신이 없을 듯했지만, 최근 4차 산업 관련 기술의 발달을 이용한 혁신이 일어나고 있다.

미국 캘리포니아 주 마운틴뷰에서 2015년 창업한 줌피자Zume Pizza는 주문을 받은 후 피자 반죽을 펴고 피자 소스를 바르는 작업은 로봇이 한다. 주문받은 대로 토핑을 놓는 작업은 사람이 하고, 그리고 회사 자동화 오븐에서 일단 초벌구이를 한다. 그리고 나서, 5G GPS를 장착한 특수 오븐이 내장된 배달 트럭에서 주문자에게 가는 동안 거리와 시간을 계산해서 목적지에 도착할 때쯤 피자 굽기가 완성된다. 그리고 특수 제작된 자동 절단 시스템과 피자 용기를 이용해서 즉석에서 구운 것 같은 피자를 고객에게 배달

특수 오븐이 내장된 줌 피자의 배달 트럭

한다. 주문에서 배달로 이어지는 가치사슬 부분의 혁신을 일으킨 것으로 볼 수 있겠다. 2019년 후반 기업가치 40억 달러로 평가된 이 회사는 2020년 들어오면서 피자 배달이라는 사업을 접고, 다른 식품 회사들을 상대로 포장과 자동 생산 및 배달 시스템을 개발해주는 사업으로 전환했다.

기존에 존재하던 제품이나 서비스의 배달 부분을 혁신한 것으로 볼 수 있는 또 하나의 예로 헨리더덴티스트Henry the Dentist가 있다. 치과 서비스의 딜리버리 방식 변화로 고객(치과 환자)의 가치를 대폭 증진시킨 것인데, 헨리더덴티스트는 2017년 창업해서 2020년 현재 미국 동부 뉴저지 주와 펜실베니아 주 위주로 서비스를 하고 있다. 미국에서 비싸기로 유명한 치과보험을 보유한 사람들의 50% 이상이 바쁘다는 이유로 일 년에 한 번도 치과를 가지 않았다는 통계에서 착안했다고 한다. 이 사업은 B2B 모델이다. 회사와 계약하고 회사 사옥 앞마당이나 주차장으로 치과의원 서너 개 정도 시설이 들어가는 버스를 보낸다. 회사 직원들은 점심 시간이나 쉬는 시간에 잠시 치과 진료를 받는다. 2019년 기준 70여 개 주요 기업고객들과 계약을 했고, 주요 보험회사들과도 거래하고 있다.

가치 활동의 재배열을 통한 혁신

DIYDo-It-Yourself 가구의 세계적인 리더인 스웨덴의 이케아. [그림]에서와 같이 이케아가 고객에게 내놓는 가치 제안은 스칸디나비아 스타일의 가구를 싼값에 살 수 있고 바로 조립해서 사용할 수 있다는 것이다. 그런데 이러한 가치 제안이 제대로 현실화되고 고객에게 전달되려면 여러 가지 하부 가치 활동들이 이러한 가치 제안을 받쳐주는 쪽으로 운영되어야 하고 또 서로 맞물려 있어야 한다. 가치 제안과 가치 활동들의 관계를 그림으로 표현한 것을 활동지도activity map라고 한다.

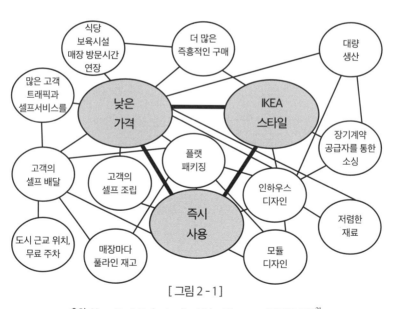

[그림 2 - 1]

출처: Magretta, J. Understanding Michael Porter: p. 151 내용 번역[21]

제품 디자인에서는 쉬운 조립을 위해 모듈화를 했다. 기존의 가구 회사들은 이미 조립된 완제품을 판다. 이것은 둘 중에 하나를 선택해야 되는 문제다. 이케아는 스타일링과 비용을 통제하기 위해 자체 디자이너를 보유하고 있다. 예를 들어, 어떤 제품 라인에 맞는 30달러짜리 커피 테이블을 디자인하라는 식으로 명확한 목표를 부여받은 디자이너들은 비용을 고려한 재료까지 생각하면서 디자인을 하게 된다. 이케아는 또한 다양한 디자인과 재질을 사용하는 가구들을 만드는 경쟁사들과 달리 스칸디나비아 스타일로 제한을 하고 있다. 그러다 보니 규모의 경제가 생겨서 중앙에서 관리하는 글로벌 공급체인으로 제조를 아웃소싱하고 재료를 구매하는 데도 협상력이 생기면서 비용을 낮출 수 있다.

고객이 사가는 제품은 모듈화되어 있지만 완제품을 다양한 세팅에서 직접 보고 만져보면서 구매 결정을 할 수 있도록 하려면 완벽한 실내공간을 재현한 대형 매장이 필요하다. 이케아는 고속도로에 근접한 교외지역에 위치함으로써 부동산 비용을 낮추고 동시에 충분한 무료 주차공간을 확보한다. 고객들이 직접 자신의 차로 짐을 옮겨야 하기 때문에 꼭 필요한 항목이다. 또한 매장과 연결된 거대한 창고에는 모든 제품의 재고를 충분히 확보하고 있다. 가구를 쇼룸에서 보고 주문하면 공장에서 만들어져 집에 배달되기까지 며칠 혹은 몇 주씩 시간이 걸리고 혹시 하자가 있는 제품이 오면 다시 돌려보내고 다시 기다렸다 제품을 받게 되는 기존의 방식과는 다르게 원하는 제품을 곧바로 쓸 수 있게 해주는 데 필요한 요소다.

실내공간을 재현해놓은 대신 매장 내 영업사원은 없다. 그만큼 비용이 낮아진다. 모든 제품에 가격, 크기, 재질 등 정보를 담은 큰 태그를 부착하여 의사결정을 돕고, 플랫팩Flat pack 포장을 함으로써 많은 양의 재고를 창고에 보관할 수 있다. 완전히 조립한 가구에 비해 플랫팩을 하는 경우 같은 공간에 6배 많이 쌓아둘 수 있다고 한다. 또한 조립과 배달은 고객에게 아웃소싱함으로써 비용을 절감한다. 매장 내 카페테리아와 무료 어린이 케어 공간과 놀이공간들도 모두 고객들이 조금이라도 더 매장에 머물면서 구매 결정을 즉흥적으로 내리고 바로 사갈 수 있게 도와준다. 이러한 이케아의 전략은 이케아의 타깃 고객이 '돈보다 시간이 많은 사람, 지갑이 얇은 사람들'이기 때문에 작동하는 것이다.[22][23]

즉, 이케아의 혁신은 단순한 제품 수준의 변형이 아니라, 타깃 고객이 월등한 가치를 느끼는 제품+서비스를 제안하고 그것이 가능하게 하는 기존과는 다른 가치 활동들을 유기적으로 엮었기 때문에 성공할 수 있었던 것이다. 단순한 가구라는 제품 중심으로 이케아를 바라보면 기존의 가구 회사와 별다를 것 없이 단지 깔끔하고 보기 좋은 가구를 만드는 회사로 볼 수 있겠지만, 이렇게 X축의 활동지도가 획기적으로 달라졌다는 점이 이케아를 혁신적인 회사로 만들고 70년을 버티면서 40조 원 이상의 매출을 올리며, 무엇보다 이케아를 그대로 따라 하는 회사가 아직 없다는 사실을 설명해줄 수 있는 것으로 보인다.

이와 같이, 가치 활동들의 재배열과 조합을 통해 같은 제품이라도 월등한 제품이나 가격으로 제공할 수 있게 되거나, 완전히 새로운 제품이나 서비스를 제공할 수 있는 혁신이라면 고객이 느끼는 가치도 획기적으로 높아질 수 있고 지속 가능성도 더 높아질 것이다.

비즈니스 모델 혁신

아마도 임팩트가 상당히 강력한 혁신은 비즈니스 모델의 혁신일 것이다. 단순히 새로운 제품이나 서비스를 새로운 가치 제안으로 내놓는 것에 그치지 않고, 가격과 비용의 구조를 새로 바꾸어 수익 모델을 새롭게 하고, 새로운 가치 제안과 수익 모델을 실현하는 데 필요한 자원과 역량, 프로세스와 시스템까지도 모두 바꾸어놓기 때문이다. 그 결과, 고객 자신조차 이전에 모르던 가치를 제공하고, 경쟁자들이 따라오기도 쉽지 않게 만들어서 최소한 Type 2, 더 나아가서는 Type 3 혁신으로 연결될 가능성이 높다.

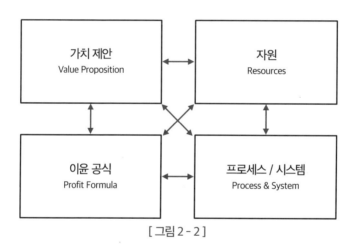

[그림 2 - 2]

캡슐커피 영역을 개척한 스위스 네슬레Nestlé의 네스프레소Nespresso를 생각해보자. 네스프레소 하면 캡슐커피와 그것을 수용하는 커피 기계를 생각하게 된다. 그런데 자세히 살펴보면 네스프레소는 단순한 제품이 아니다. '기계-캡슐-부티크숍'의 삼각관계를 형성한 비즈니스 모델이다.

네스프레소는 1976년 에릭 파브르Eric Favre라는 네슬레 직원이 발명했다. 처음에는 스위스 시장에 진입했다가 시원찮은 성적을 올렸고, 1980년대 후반 일본과 유럽 일부 시장에서 조금씩 사업을 확장하다가 1990년 들어가면서 의미 있는 성과를 올리기 시작했다. 첫 부티크숍은 2000년 프랑스 파리에서 오픈했다. 네스프레소의 기계-캡슐-서비스의 삼각 사업은 2010년까지 1,700개의 특허가 걸려 있었다고 하며, 2012년부터 특허가 풀리

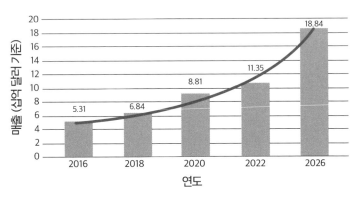

[그림 2 - 3] 캡슐 커피머신 시장

기 시작했다. 캡슐은 네스프레소가 독점적으로 생산•판매했고, 기계는 많은 회사들에게 라이선스를 줬다. 우리가 주변에서 많이 볼 수 있는 Krups, Philips, DeLonghi 등 브랜드가 그것들이다. 네스프레소 클럽Nespresso Club 과 매장 등 네스프레소 비즈니스 모델의 서비스 부분은 하드웨어 쪽의 특허가 끝날 때 브랜드의 이미지와 프리미엄 가격을 유지하는 장기적인 방어책으로 준비를 했다고 한다.[24] 커피 기계의 AS를 받기 위해 매장을 방문해

네스프레소 캡슐 커피머신

보면 잘 정비된 온라인과 오프라인이 연계된 서비스 프로세스와 오프라인 매장과 온라인 서비스 직원들의 친절하고 프로페셔널하고 세심한 서비스에 감탄하게 된다. 애플스토어의 지니어스 바Genius Bar 서비스를 연상하게 만든다. 네스프레소는 네슬레의 사업 중 하나이기 때문에 사업 단위의 재무적인 성과 자료를 찾기가 쉽지 않은데, 2011년 연차보고서Annual report에 의하면 해당 회계연도 1년 동안 20%의 성장을 보이며 30억 스위스 프랑CHF(약 3조 8천억 원)의 매출 실적을 올린 것으로 나온다.[25]

거기에 더하여 네스프레소는 최상 품질의 커피 원두를 사용하는데, 아프리카와 남미의 커피재배 농가의 기술력을 높이기 위해 기반시설을 갖춘 클러스터를 조성한 후 이곳에 커피 소농가들을 입주시켰다. 입주한 소농가들에 대해서는 고품질의 커피를 재배할 수 있도록 교육을 하고 필요한 자금도 지원함으로써 성공적인 공유가치창출CSV의 예로도 꼽힌다.[26]

플랫폼 혁신

넷플릭스의 DVD 배달DVD-by-mail 비즈니스 모델은 그 이전 블록버스터의 비디오 렌털 모델을 대체한 비즈니스 모델이지만, 또한 플랫폼이기도 하다. 정확하게는 플랫폼 중개 네트워크Platform-mediated networks, PMN로서, 이 플랫폼은 그 임팩트가 강력하다.

여기서 네트워크는 '노드node'라고 불리는 네트워크 사용자들이 서로 연결된 시스템을 말하며, 이러한 플랫폼을 통한 거래가 중개자 없는 일대일 거래보다 더 효율적이기 때문에 힘을 발휘한다.

예를 들어, 경매 사이트 이베이eBay도 전형적인 플랫폼이다. 물건을 경매에 부쳐 팔고자 하는 사람들과 사고자 하는 응찰자들이 직접 거래하기보다 각종 컴포넌트들로 구성되어 개인간 거래보다 훨씬 편리하고 신뢰할 만한 서비스를 제공하는 플랫폼이 중간에 개입하는 것이다.

플랫폼 비즈니스의 특징 중 가장 두드러지는 것이 선두 진입자가 시장을 독식하는 WTAWinners Take All 현상이다. 단일 플랫폼이 사업을 장악하는 조건들은 선두 진입한 플랫폼의 네트워크 효과가 긍정적이고 강해서 빠른 시간에 규모가 커지면 발생하는데, 작은 규모sub-scale 플랫폼은 특정 거래 파트너와 연결되는 유일한 통로를 제공하지 않는 한 힘쓸 수 없게 되고, 이메일을 사용할 때 여러 개를 사용하는 경우가 잘 없는 것처럼 사람들이 보통 복수의 플랫폼을 사용하지 않고(즉, 멀티 호밍multi-homing 비용이 높을 때), 새로운 플랫폼을 만들어도 차별화된 내용에 대한 수요가 제한적일 때 승자독식 현상이 생긴다. 특정 세그먼트에 독특한 니즈가 있어서 단일 플랫폼으로 모든 세그먼트를 커버하기가 어렵거나 비용이 높을 때만 경쟁 플랫폼도 생존이 가능하다.

그래서 플랫폼의 혁신이 비즈니스 모델의 혁신과 더불어 가장 강력하며 경쟁자가 따라잡기 힘든 혁신의 형태가 될 가능성이 높은 것이다.[27]

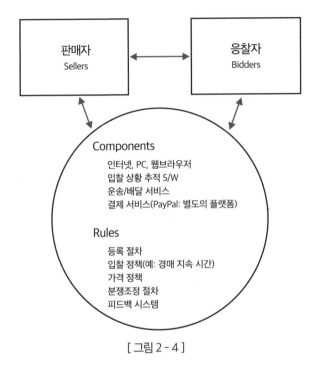

[그림 2 - 4]

Eisenmann, Thomas R. 2006. Managing Networked Business: Course Overview for Educators.
Havard Business School Course Overview Note, 807-104. (Revised October 2007.) 내용 번역

3장

혁신 유형 2×2 매트릭스

이러한 두 가지 축을 기준으로 하면 다음 페이지와 같은 2×2 매트릭스가 구성된다. 고객이 받아들이는 가치가 기존의 제품이나 서비스와 비교해 연장선상에 있으면서 약간의 개선이 이루어지고, 그러한 가치를 만들고 전달하기 위한 방법이 기존의 방법과 비교해 개선이 이루어진 정도일 경우 Type 1 혁신으로 정의한다. 정반대 쪽에 위치한 Type 3 혁신은, 고객이 느끼는 가치도 예전에는 없던 것이거나 기존에 느끼던 가치라도 몇 배 높은 가치를 느낄 수 있고, 고객가치를 창출하는 방법도 단순한 제품이나 서비스의 수준이 아니라 가치사슬이나 비즈니스 모델과 생태계까지 새롭게 구성한 경우다. Type 1과 Type 3의 중간쯤 위치에는 Type 2 혁신이 있는데, 고객가치가 대폭 개선되었지만 가치 창출의 방법은 기존과 그다지 많이 다르지 않은 경우와, 고객가치는 크게 개선되지 않았지만 가치 창출 방법이 변혁적으로 변한 경우 두 가지가 있는 것으로 보았다.

두 가치 축이 기존에 비해 적게 또는 크게, 많이 변했는지 여부를 가르는 10%라는 컷오프 포인트는 엄격하게 수치상으로 10% 이하, 이상이라는 의미가 아니라(현실적으로 그러한 계산은 힘들므로) 상징적인 의미다. 즉 두 자릿수 이상의 임팩트가 있는가 하는 것은 기존에 있던 제품이나 서비스 혹은 가치 창출 활동 시스템과 얼마나 연장선상에 있는가, 아니면 완전히 다른 수준과 내용의 또는 획기적으로 더 높은 수준의 변화를 수반한 혁신인가 하는, 어느 정도는 주관적이고 추상적일 수밖에 없는 기준이다.

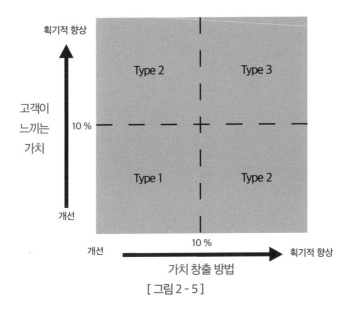

[그림 2 - 5]

그래도 이 10%라는 수치가 전혀 현실적인 근거가 없는 것은 아니다. 예를 들어, 화학회사 바스프BASF는 기존의 프로세스를 디지털화했을 때 기대되는 수익성의 증가분을 EBIDTA 5~10%로 예상했다고 한다. 그런데 전체 업무와 공정을 데이터 기반으로 전환할 때는 EBIDTA 10~20%의 상승이 예상되고 아예 디지털 비즈니스 모델을 채택하게 되면 EBIDTA 20~30%의 상승을 기대할 수 있다고 했다. 물론 이러한 두 자릿수 이상의 성과 개선(Y축)을 위해 바스프는 X축에 많은 투자를 했다. 직원들이 큐리오시티Quriosity라고 명명한 자체 슈퍼컴퓨터를 도입했는데 가장 유망한 폴리머 구조를 계산해줄 수 있다고 한다. 1초당 1,000조 번의 수학연산 처리 단위인 페타플롭스Petaflops 기준으로 1.75페타플롭스의 연산속도를 지닌 세계의 슈퍼컴퓨터 중 65위에 해당하는 성능을 보유하고 있다고 한다. 즉 바스프의 경우 Y축으로도 10% 이상의 개선을 이룬 것이다.

그런데 어떤 혁신이 이루어졌을 때 그 혁신이 고객 및 사회 그리고 회사 자체에 주는 효용적인·사업적인 임팩트의 크기를 고려할 때는 이렇게 4가지 영역으로 깔끔하게 분류가 되기보다는 다음 그림과 같이 가장 왼쪽 아래 기존과 크게 다를 것 없는 위치에서 변화와 임팩트가 가장 큰 오른쪽 위 꼭지점을 향하여 방사형으로 포지셔닝을 시키는 다음 그림과 같은 구분의 기준이 더 현실적일 듯하다.[28]

여기서 한 가지 짚고 넘어가야 할 것이 있다. 바로 개선Improvement과 혁신Innovation의 관계가 상당히 애매할 수 있다는 점이다.

Type 1 혁신에서도 그림의 왼쪽 아래 구석 부분은 사실 아주 초보적인 혁신 또는 '개선'에 그치는 경향이 있을 것이다. 개선의 정도가 상당한 정도의 가치를 더하는 것이라면 그때부터 혁신이라고 부를 수 있을 것이다. 호롱불에서 양초로, 그리고 다시 전구로 발전하는 궤적을 상상해보자. 호롱불을

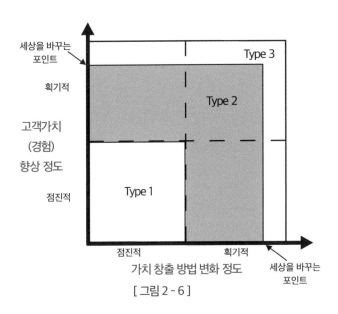

[그림 2 - 6]

구성하는 심지를 만드는 재료와 크기, 모양, 불이 밝게 타오르게 하는 데 필요한 기름의 종류와 농도, 그리고 기름과 심지를 수용하는 용기와 나머지 받침대 차원에서 호롱불이 더 오래 밝게 연기 없이 깨끗하게 타오를 수 있게 하는 수많은 개선이 이루어질 수 있을 것이다. 아주 초보적인 호롱불을 조금씩 개선해나가다가 월등하게 안정된 상태의 호롱불로 이전하는 포인트를 Type 1 혁신으로 넘어가는 포인트로 생각할 수 있다.

　Type 1에서 Type 2로 넘어가는 포인트 역시 명확하게 규정하기는 쉽지 않다. 여기서 다시 호롱불을 개선하다가 액체 기름을 고체로 대체하고 심지의 재료를 바꾸어 더 길게 만들어 고체 연료와 일체로 양초를 만들어 밝기, 안전성, 수명, 편리성 등이 획기적으로 발전하는 것이 Type 1에서 Type 2 혁신으로 넘어가는 포인트로 생각할 수 있을 것이다.

좀 더 현실적인 예를 생각해보자. 회사에서 쓰는 용어 중에 '현장 개선'이 있다. 자신이 맡은 영역에서 개선을 이루어내는 것을 말한다. 이러한 현장 개선을 아무리 해도 획기적인 혁신으로 연결되기는 쉽지 않다.

예를 들어, 디스플레이 모듈을 만드는 사업부를 생각해보자. 원가 경쟁력을 높이기 위해 구매 단계에서 획기적으로 비용을 절감해보려고 한다. 현재 제품 스펙과 사이즈가 30가지라고 하자. 그만큼 한 사이즈의 수량은 작을 수밖에 없다. 극단적으로 사이즈 유형을 1가지로 줄인다면 구매력이 획기적으로 높아질 것이다. 그런데 구매부서 혼자서 아무리 노력해도 근본적인 제품 구색의 대폭적인 단순화와 그 결과로 나오는 주문 물량규모가 달라지지 않는 한 비용 절감은 한 자릿수 퍼센트에 그치거나 원재료 시장의 시황에 따라 오히려 비용이 올라갈 수도 있다.

이제 구매부서가 제품 스펙을 10가지로만 줄여도 재료 및 부품 공급자에게 주문수량을 대폭 증가시켜 규모의 경제를 통해 단가를 30% 낮춰줄 수 있다는 피드백을 받았다고 하자. 이것은 구매부서가 할 수 있는 것이 아니라, 기술 파트에서 해결해줘야 할 것이다. 문제는 고객이 뭐든 해달라는 대로 해주고 싶어하는 영업 파트에서 반대할 가능성이 있다는 점이다. 구매, 개발, 영업이 모여서 의논해본 결과 어떤 조건을 갖추고 10가지 제품을 만든다면 고객사에게 영업을 하는 데 큰 문제가 없을 것이며 필요한 시간은 2년 정도라는 결론을 도출한다면 원재료 구매 단가가 획기적으로 떨어지면서 우리 제품의 비용구조가 혁신적이라 할 만큼 떨어질 수 있다.

즉, 현장 개선으로는 이런 두 자릿수 이상의 혁신을 일으키기 힘들며, 그러한 혁신을 일으키기 위해서는 다기능적cross-functional인 협업이 필요할 것이다. 따라서 하는 일을 혼자서 개선하느냐, 다기능적으로 큰 그림에서 접근하면서 손발을 맞추어 획기적으로 개선하느냐에 따라 '(현장) 개선'과 '혁신'의 구분이 가능할 것이다.[29] 호롱불에서 양초로, 또는 양초에서 전구로 발전하는 과정에서는 어떤 한 부문의 현장 개선 노력만으로는 점프하기 힘들 것이다. 중요한 것은, 지금 우리가 하고 있는 혁신 노력이 개선인지 혁신인지에 대한 판단을 너무 후하게 하지 말아야 한다는 것이다.

한편, 양초의 밝기와 수명과 편리성을 아무리 개선하더라도 전구가 되지는 못한다. 즉 양초에서 전구로 점프하는 포인트가 Type 3의 포인트가 되는 것으로 생각하면 되겠다. 재료와 작동 원리가 완전히 다른 전구라는 제품 자체의 혁신뿐만 아니라 전구가 불을 밝히기 위해서는 전기도 있어야 되고 전력망도 있어야 하는 등 전반적인 환경이 조성이 되어야 한다.

따라서 Type 2와 Type 3을 구분하는 기준은 '이제까지 없던 것new to the world'으로 세상을 바꿀 만한 수준에 해당하는 혁신을 Type 3으로 분류하기로 한다. 그러기 위해서는 X축 가치 창출 방법이 공정을 획기적으로 개선하거나 가치사슬을 새로 구성하는 차원을 넘어서 새로운 비즈니스 모델이나 플랫폼을 만들어야 한다.

혁신의 유형을 Type 1, 2, 3으로 부르는 것보다 그 속성을 간단명료하게 설명하는 명칭을 만드는 것이 좋을 수도 있다. Type 1 혁신은 현재의 사업이나 제품/서비스 영역 안에서 일어나는 혁신일 것이므로 '전장유지형 혁신Battlefield-sustaining Innovation', Type 2 혁신은 '전장확장형 혁신Battlefield-expanding Innovation', 그리고 Type 3 혁신은 기존의 사업 질서를 뒤집는 혁신이라는 의미에서 '전장파괴형 혁신Battlefield-destroying Innovation' 또는 단순히 '뉴투더월드 혁신New-To-The-World Innovation'이라고 부를 수도 있겠다. 그런데 Type 1, 2, 3의 의미를 일단 이해만 하면 조직 내 커뮤니케이션과 설명의 간략함을 위해서는 Type 1, 2, 3이라는 단순한 용어를 사용하는 것이 더 효과적일 수도 있다는 점을 실제 임원 및 관리자들과의 워크숍을 통해 확인하였다. 이에 따라 이 책에서는 Type 1, 2, 3을 사용하면서 내용을 전개해가도록 한다. 다시 한 번 혁신의 세 가지 유형의 의미를 정리해보면 다음과 같다.

Type 1 : 유지형 혁신Battlefield-sustaining Innovation

Type 2 : 확장형 혁신Battlefield-expanding Innovation

Type 3 : 파괴형 혁신Battlefield-destroying Innovation

: 뉴투더월드 혁신New-To-The-World Innovation

이제 Y축과 X축의 의미에 대해 좀 더 자세하게 알아보자.

혁신 유형 매트릭스의 특징

이상, 우리가 제안하는 혁신 유형 분류 기준에 따르면 Type 1은 주로 기존 기업들의 존속적인 혁신 사례, Type 2는 확장적이면서 혁신의 정도가 획기적인 예에서 주로 나오는 기업 사례, Type 3은 급진성의 정도가 파괴적이고 기하급수적인 혁신 사례들이 대부분 여기에 속한다.

아래에서는 우리가 제안하는 혁신 유형 매트릭스에 여러 가지 사례들을 설명하면서 어떤 타입에 해당하는지 포지셔닝을 시켜볼 것이다. 독자는 우리가 제안하는 혁신 유형 매트릭스와 거기 위치시킨 많은 사례들에 대해 포지셔닝에 있어 견해가 같은지 생각해보면서 읽어보면 좋을 듯하다. 회사 내에서도 관련자들이 모여서 우리가 제안한 포지셔닝에 대해 토론해보고, 자사의 과거, 현재, 미래 혁신들도 포지셔닝시키며 논의를 해보는 것이 실무적인 시사점도 있을 것으로 생각된다.

각 혁신에 대한 사례와 상세한 설명으로 들어가기 전에 몇 가지 고려해야 할 사항을 생각해보자.

X축과 Y축의 관계

여기서 한 가지 짚고 넘어가야 할 것이 있다. 혁신은 기존의 것들과 다르기만 하거나 막연하게 더 좋다는 정도로는 사업적인 성과로 연결되기가 쉽지 않다. 여기서 생각해볼 개념이 혁신의 스윗 스팟이다. 새로운 제품이나 서비스가 고객에게 주는 오퍼링offering(우리말로 정확한 번역이 쉽지 않다. 단순한 제품이나 서비스를 말하는 것도 아니고, 고객의 어떤 니즈를 채워주겠다는 가치 제안과 더 가까운 개념으로 보면 되겠다. 여기서는 그냥 오퍼링으로 표현하도록 한다)이 어떻게 포지셔닝되어야 성공할 수 있는가 하는 개념이다.

어떤 제품이나 서비스, 비즈니스 모델이 혁신적이 되려면 일단 그것이 고객에게 혁신적이어서 뭔가 가치가 있어야 한다. 즉 그것을 구매함으로써 얻는 '가치 내지 니즈 충족 - 지불하는 비용, 즉 가격'이 플러스가 되어야 하고 그 차이가 클수록 좋다. 거기서 멈춰서는 안 된다. 우리(회사)에게도 가치가 있어야 한다. 즉 '판매하는 가격 - 그러한 혁신을 만들어내기 위해 들어간 비용'이 플러스가 되어야 하고 그 차이가 클수록 좋다.

우리의 혁신 유형 2×2 매트릭스의 두 축과 관련하여 블루오션 전략에서 제안하는 가치혁신Value innovation의 개념도 연관이 있다. 가치혁신이란 문자 그대로 혁신인데 가치가 있는 혁신을 말한다. 가치혁신은 혁신과 구매자가 받아들이는 가치나 효용utility, 가격, 그리고 회사가 그 혁신을 위해 발생시킬 비용 등이 부등식의 관계로 정렬되어야 가능하다.[30]

즉, 이 세 가지 요소 사이의 관계는 '가치>가격>비용'의 부등식을 이루어야 한다.

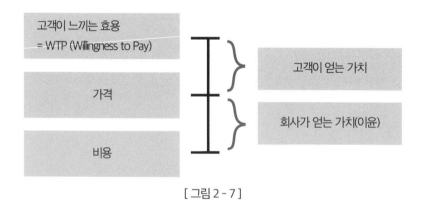

[그림 2 - 7]

여기서 '가치'란 구매자와 회사에 주는 평균 수준보다는 월등한 가치를 말한다. 구매자가 가치 있게 받아들이지 않는다면(느끼는 효용 - 지불하는 가격) 당연히 회사에도 돌아오는 것이 없을 것이다(회사에게 가치는 '가격 - 비용' 사이의 간격). 아무도 사지 않을 테니까.

위 세 가지 요소 중에서 비용만 낮추는 혁신도 진정한 혁신이라 할 수 없다. 예를 들어, 제조부문 혁신으로 비용을 낮추는 것은 하위 시스템 레벨에서 일어나는 혁신으로 회사의 가격과 비용의 간격을 넓혀줄 수 있을지는 모르지만 구매자의 효용이나 가치 제안에는 변화가 없다. 그리고 경쟁자들에게 따라잡히기도 쉬울 것이다.

'가치'와 '혁신'은 항상 붙어 다녀야 한다는 것인데, 혁신이 없는 가치란 (즉, 그다지 새로울 것이 없는 가치) 기존의 것에 비해 점진적인 수준에서만 가치를 만든다는 의미로, 개선된 가치를 제공하기는 하지만 시장에서 월등한 위치를 점하도록 해줄 정도는 아니라는 것이다. 반대로, 가치가 빠진 혁신은 미래에 신시장을 열어줄 수는 있을지 모르지만 너무 기술 중심적인 혁신이어서 구매자가 바로 받아들이거나 값을 지불할 수 있는 수준을 너무 앞서가는 것을 말한다.

그래서 우리의 X축 너무 오른쪽으로 가면(Y축은 아래쪽에 있으면서) 가치 없는 혁신이 되어 사업적으로 성공하기 힘들 것이다. 반대 경우(높은 Y, 낮은 X)는 좋기는 한데 별다른 개선 없이 구매자가 느끼는 가치만 월등히 높이는 것이 얼마나 가능한지는 미지수다.

급진성을 평가할 때 상대적인 개념이라는 것을 기억하자

혁신은 상대적인 개념이다. 비교를 위한 준거점이 누구인가 하는 것과 제품 또는 기술이 출현된 그 시점에서 비교해야 한다는 것을 기억하자. 즉 누구를 준거점으로 잡는가에 따라 평가와 분류가 달라질 수 있다. 우리 기업 역사상 최초의 혁신인가? 아니면 전체 산업 수준에서 최초의 혁신인가? 우리의 매트릭스는 후자에 주로 초점을 맞춘다. 또한 이와 함께 고려해야 할 것이 혁신의 실현 시기다. 해당 혁신이 실현된 그 시점에서의 혁신성에 초점을 맞추어야 한다. 현재 21세기 기준으로 급진성을 평가하면 오래 전에 실현된 혁신의 급진성은 실제보다 낮게 평가되기 때문이다.

기존 기업의 혁신과 신생 기업의 혁신

이미 자리를 잡은 기업이 혁신을 하는 경우와 신생 기업이 혁신을 하는 데는 차이가 있을 것이다. 자원과 경험의 차이는 큰 기업에 유리하게 작용할 수 있을 것이고, 그러한 자원과 경험의 축적이 오히려 새로운 시도의 걸림돌이 되어 작은 기업, 신생 기업에 더 유리하게 작용하는 경우도 있을 것이다.

기존 기업이 새로운 제품이나 서비스 또는 프로세스를 제시하는 경우로는 LG의 스타일러, 트윈 워시, 그램 노트북, 3M의 포스트잇, 그리고 소니의 워크맨Walkman과 도요타Toyota의 프리우스Prius 등을 생각해볼 수 있다. 한 걸음 더 나아가서 기존 기업이 새로운 비즈니스 모델과 사업 생태계를 제시한 경우도 있는데, 애플 사의 아이폰은 단순히 제품의 혁신이 아니라 아이튠즈와 앱스토어까지를 포함하는 하나의 생태계의 혁신으로 보고 싶다.

과거에 얽매일 것이 아예 없는 신생 기업이 새로운 제품이나 서비스 또는 프로세스를 제시하는 경우로는 미국 제강업체 뉴코Nucor의 미니밀과 테슬라Tesla의 전기차, 그리고 신생 기업이 새로운 비즈니스 모델을 제시한 경우로는 델컴퓨터, 넷플릭스DVD-by-mail, 안경 소매의 와비파커Warby Parker, 로컬모터스Local Motors, 아마존의 인터넷 서점 등을 생각해볼 수 있다.

이미 산업 내에 자리를 잡은 기존 기업의 경우 관련 제품이나 서비스 또는 프로세스에 관한 혁신이 대부분이며 비즈니스 모델에서 이루어지는 혁신이 상대적으로 드물다. 하지만 이런 기업들 중 산업에 진입할 시기에는 그 시점에서 다른 기업과 비교해보았을 때 새로운 비즈니스 모델을 제시하며 시장에 진입한 경우가 종종 존재한다.

익숙한 것과 잘하는 것에서 떠나야 하는 혁신의 속성상 기존의 기업들이 획기적인 혁신을 소개하기는 쉽지 않다. 이미 현재의 제품, 서비스, 프로세스 등에 많은 투자를 해놓았고 거기서 매출과 수익이 나오며, 사람들의 커리어와 인센티브도 거기서 나오기 때문에, 불확실한 새로운 제품과 사업으로 뛰어들기는 개인이나 회사나 마찬가지로 주저하게 된다. 그래서 아무것도 투자해놓은 것이 없는 새로운 회사들이 혁신을 가지고 진입을 하게 되는 것이다. 어차피 작게 새로 시작하는데 기존의 큰 기업들이 하는 것을 따라 해서는 답이 없을 것이 분명하고 투자해놓은 것도 없으니, 뭔가 다른 것을 시도하려는 것은 신생 기업들의 특성이다.

이 책에서 관심을 상대적으로 더 두는 곳은 기존의 사업이 돌아가고 있는 규모가 있는 기업들이다. 이들에게 혁신이, 특히 Type 1에서 Type 2, Type 3으로 갈수록 더 어렵기 때문이다. 제품이나 서비스만을 만들어 제공하던 회사들이 제품에 정보와 서비스를 더하면서 비즈니스 모델을 바꾸거나 새로운 사업 생태계를 만들어 혁신하는 경우(애플, 힐티)가 가끔 있기는 하다. 그러나 현재까지 잘 돌아가는 비즈니스 모델을 과감히 버리고 새로운 모델로 이전하는 경우는 쉽지 않다. 넷플릭스의 도전을 받은 블록버스터는 기존 비즈니스를 고수하며 대응이 늦었고, 넷플릭스와 같은 사업 모델로 대응을 결정했을 때조차도 기존의 '떡'을 손에서 놓지 않고 다른 한 손으로 넷플릭스에 대응하다 파산했다. 그런 점에서 DVD-by-mail로 비디오 대여점 모델의 블록버스터를 무너뜨린 넷플릭스가 그 다음 기술의 파도인 스트리밍 서비스로 진통을 겪으면서도 선제적으로 이동한 것은 눈여겨볼 사례다.

혁신의 패턴과 원칙 그리고 프로세스가 여러 혁신 유형에서 겹칠 수 있다

어떤 한 유형의 혁신(예를 들어 Type 2)에 필요한 패턴과 원칙 그리고 프로세스 중 많은 부분이 다른 유형의 혁신(Type 1)을 이루는 데도 적용될 수 있다. 마찬가지로, Type 2의 전략 수립과 실행과 관련한 내용이 Type 3에 적용될 수도 있다.

그 결과 당연하게도 Type 1, 2, 3의 경계는 명확하고 깔끔하게 떨어지지 않는다. 특히 다른 유형의 경계선상에 위치하는 혁신에 대해서는 해석이 갈라질 것이다. 그러한 의견의 차이는 오히려 바람직하다고 볼 수 있다. 그러한 토론 과정에서 혁신 사례에 대한 더 깊은 이해를 도모할 수 있게 될 것이기 때문이다. 어떤 혁신의 결과물만 보고 판단할 때와 혁신의 과정과 역사를 자세히 알게 될 때 동일한 사례가 다르게 분류될 수 있다.

예를 들어, 아이폰은 스마트폰이라는 제품의 혁신 측면에서 Type 2로 받아들이거나, 생태계까지를 바꾼 Type 3으로 분류할 수도 있다. 어떻게 보면 더 중요한 것은 아이폰이 나오기까지 애플이 겪었을 시행과 착오, 그리고 필요한 관련 경험, 지식, 기술의 축적 과정을 알게 된다는 점이다. 어느 날 갑자기 아이폰이라는 제품과 아이튠즈 및 앱스토어와 같은 생태계 디자인이 나온 것이 아니라 오랜 시간을 거쳐서 원래 보유하고 있던 컴퓨터 관련 기술에 더하여 실패한 PDA 제품 뉴턴Newton을 통해 터치 기술, 손글씨 인식 기술, 통신 관련 기술을 경험할 수 있었을 것이고, 모토로라와의 조인트 벤처로 셀룰러폰을 만들어보면서 핸드폰 관련 기술에 접근했을 것이며, 아이팟 iPod을 통해서 디자인 및 기술, 그리고 음원 쪼개기를 통한 아이튠즈와 같은 인프라에 대한 경험과 안목을 축적할 수 있었을 것이다. 아이폰은 이런 다양한 경험과 지식의 축적 결과 가능했던 것으로 보인다. 이렇게 과정에 대한 분석과 이해는 단순 결과물만을 가지고 연구와 논의를 하는 것과는 다른 인사이트를 제공해줄 수 있을 것이다.

혁신 유형 매트릭스의 쓰임새

우리가 제안하는 매트릭스를 기준으로 혁신의 유형을 분류하고 분석해봄으로써 얻게 되는 이점은 다음과 같다.

첫째, 혁신에 대한 방향성을 제시한다. 우리가 과거와 현재에 이르기까지 이루어온 혁신은 대부분 Type 1과 일부가 Type 2에 속할 것이다. 그렇다면 미래의 혁신은 주로 어느 유형에 초점을 맞추어야 할까? Type 1보다는 Type 2 혁신에 집중하도록 해야 할 것이다. 이와 아울러 Type 3 혁신을 위한 노력을 끊임없이 시도해야 할 것이다. 기억해야 할 것은 Type 1 혁신을 중단하라는 것이 아니라는 점이다.

Type 1은 아무래도 단기적으로 달성 가능한 것들이고, Type 2는 중기, Type 3은 장기에 현실화시킬 수 있는 것들이고 위험성과 불확실성 역시 Type 1에서 Type 3으로 갈수록 더 높아질 것이다. 회사마다 상황에 따라 다르겠지만, 나름대로 혁신의 포트폴리오를 만들어야 한다는 것이다. 퍼센티지의 차이는 있겠지만 어느 한 가지만으로 기업이 오랫동안 지탱하기 힘들 것이다. Type 1만을 추구하는 회사는 계속 수익을 올리며 어느 정도 성장을 할 수 있을지 모르지만, 현재의 제품이나 비즈니스 모델을 대체해버리는 Type 3 혁신이 외부로부터 밀고 들어올 때 하루아침에 회사의 역사가 끝나버릴 수도 있다. 반대로 Type 3만을 추구한다면 너무나 큰 위험에 배팅함으로써 죽거나 살거나 하는 상황으로 갈 확률이 높다. 당연한 이야기이겠지만 Type 1, Type 2, Type 3 혁신은 모두 추구해야 한다. Type 1을 통해서 후속적인 성장의 기회에 투자할 수 있는 재원을 계속 만들어내고 Type 2 혁신 프로젝트들을 계속 현실화시켜서 차세대 먹거리를 만들어간다. 또한 Type 3 혁신들을 손에서 놓지 않고 유지함으로써 장기적으로 지속가능한 기반을 만들어간다. 우리 회사가 Type 1-2-3의 비중을 어떻게 구성할 것인가는 전략의 영역이다. 앞에서 전략과 혁신의 관계를 얘기하면서 언급한 혁신 포트폴리오를 참고하면 되겠다.

우리가 제안하는 혁신 매트릭스 위에 우리 회사의 상황을 위치시켜보자. 지금까지 혁신을 이룬 것이 있다면 그것들은 매트릭스에서 어떻게 포진하고 있는가? 어디에 모여 있는가, 아니면 골고루 분산되어 있는가? 그렇다면 앞으로는 어떤 유형의 혁신을 더 추구할 것인가? 혁신 매트릭스를 활용하여 우리 회사의 혁신 상황과 방향성을 잡는 데 내부적인 토론의 기반을 마련할 수 있을 것이다.

둘째, 고객의 입장에서 가치를 생각하게 해서 혁신 성공의 가능성을 높일 수 있다. 즉, Y축에 해당하는 고객이 느끼는 가치에 더욱 집중하게 해준다는 것이다. 특히 생산자 입장에서는 훌륭한 혁신이 실패한 사례를 이해하게 해줄 것이다. 혁신뿐 아니라 모든 기업 경영에서 가장 중요한 것이 '고객'이라고 말은 하지만 실제로는 고객에서 눈을 떼는 경우가 많다.

목표 설정에서부터 우리 회사가 속한 사업이 무엇이고 누가 우리의 고객인가를 이해하지 않으면 나머지 전략을 세우는 데도 부정적인 영향을 미치게 된다. 가장 위험한 것은 제품이나 혁신 등 내부지향적인 시각, 특히 제품의 렌즈product lens로 세상을 보는 것이다. 제품 렌즈는 재료, 엔지니어링 등 고객은 정작 관심을 두지 않는 잘못된 것들에 초점을 맞추게 만들기 때문이다. 이와 관련된 고객 해결과제customer-job-to-be-done라는 개념은 이미 논의한 바 있다.

예전 휴대전화 제조회사들은 스스로를 '휴대전화를 만드는 사업'을 하는 회사라고 생각했겠지만, 사람들이 왜 휴대전화를 사고 그것을 사용하는지를 먼저 생각해야 한다. 즉 '언제 어디서든 사람들을 연결시키고, 의사소통을 가능케 해주는 사업'이 더 정확하다. 스마트폰은 휴대전화와는 또 다른 스토리다. 이동하면서 전화를 하는 기능을 하는 제품이 아니다. 요즘 스마트폰으로 상대방에게 음성 통화를 걸어보라. 상대방 반응은 보통 "무슨 일 있으세요?"다. 스마트폰은 전화기가 아니라 오히려 '자투리 시간을 죽이는 디바이스'라고 하는 것이 더 정확할 것이다. 스킨케어skincare 회사는 '스킨케어 제품라인을 만드는 사업'을 하는 것이 아니라 '여성들이 좀 더 건강해지고, 젊어 보이는 피부를 갖도록 돕는 사업 혹은 여성들이 좀 더 자신이 아름답다고 느끼는 것을 돕는 사업' 이 고객 입장에서 생각하는 것이다. P&G의 홈케어 사업부home-care business는 목표를 설정할 때 가장 강력한 세제를 만든다든지, 가장 효과적인 표백제를 만든다든지 하는 것으로 목표를 삼지 않는다고 한다. P&G의 열망은 청소에 대한 경험을 재창조하며 가사를 좀 더 쉽게 만드는 것이라고 한다. 즉 목표를 설정할 때는 고객에게서 눈을 떼지 않도록 하는 목표를 세워야 한다.[31]

  기업의 관리자들이나 임원들을 만나보면 고객보다는 회사의 입장에서 모든 이슈에 접근하는 경우가 많다. 예를 들어, 임원들과 함께 워크숍을 하면서 자사 제품이나 서비스의 가치 제안을 정리해보라고 하면, '비용 경쟁력', '이러이러하게 좋은 기술' 등을 내놓는다. 그런데 이것들은 모두 X축에 해당하는 것들이다. Y축, 즉 고객들은 회사의 비용구조가 좋은지 아닌지 관심이 없다. 그걸 통해 나에게 아주 싼 가격에 줄 수 있는가가 주된 관심사다. 회사가 우수한 소프트웨어 역량이 있는지 없는지는 외부 개발자가 아닌 일반 최종 고객들은 관심이 없다. 그 대신 인터페이스가 쉬운지, 속도가 빠른지, 쓰기가 편한지, 이런 것들이 관심사다. 이런 단순한 진리를 의외로 많은 회사들과 관리자들이 잊는다. 그러면서도 그런지도 모른다. 혁신의 궁극적인 성공 여부는 고객이 결정짓는다. 우리의 혁신 매트릭스를 활용하면 Y축을 잊을 수는 없을 것이다. 고객에게서 눈을 떼지 않게 유도해서 생산자 입장에서 사업화로 연결되지 않는 혁신에 자원과 시간을 낭비할 가능성을 조금이라도 줄여줄 것이다.

  셋째, 제품 개발을 하면서도 type 2나 3으로 갈 수 있는 길을 모색하거나 실패 가능성을 낮출 수 있도록 안목을 넓히는 데 도움을 줄 수 있다. 그 결과 더 임팩트 있는 혁신을 이룰 수 있고, 실패의 가능성도 줄일 수 있을 것이다. 제품 혁신만으로 성공하는 경우보다 보완재, 가치사슬 모든 단계가 제자리를 잡고 있는 정도, 기술이나 문화적인 환경 인프라의 준비 등이 균형을 이룰 때 혁신이 의미 있는 성과를 거둘 가능성이 높기 때문이다. 아이폰이 아이튠즈와 앱스토어 없이 그냥 통화와 인터넷 검색 정도의 기능에서 멈췄다면 혁신의 아이콘으로 자리 잡지 못했을 것이다.

혁신의 결과가 실패로 끝난 여러 사례에 있어서도 실패 이유에 대해 더 깊이 있는 파악이 가능해진다. 예를 들어, 혁신의 아이디어는 좋지만 상황이 준비되지 않아서, 즉 너무 타이밍이 앞서 나가서 실패하는 경우도 있다. 무조건 빠르다고 좋은 것은 아니다. 특허의 경우도 무조건 빨리 출원을 해놓는 것이 좋다는 것이 상식적인 생각이겠지만, 실제 많은 특허 자료를 대상으로 분석해본 결과 너무 빠르거나 너무 느린 특허는 벌어들이는 로열티라는 성과 변수를 기준으로 볼 때 성과가 낮았다.[32]

또는 비즈니스가 돌아가기 위해 필요한 인프라적인 요소들이 자리 잡지 못해서 실패하는 경우도 있다. 아마존보다 훨씬 이전에 온라인 서점이 있었다는 사실을 아는가? 컴퓨터도 제대로 보급되지 않았고 통신망과 연결성도 제대로 자리 잡지 않은 주변 환경 때문에 실패했다(다음에 더 자세히 설명). 이렇게, 타이밍과 인프라가 갖춰졌을 때가 혁신이 성공할 수 있는 시점, '기회의 창window of opportunity' 개념이다.

혁신의 유형 매트릭스에서 각 꼭지점 영역

혁신 매트릭스에서 오른쪽 아래 공간이 비어 있는 것이 보이는가? 혁신들을 매트릭스에 포지셔닝시켜서 Type 1, 2, 3 안에 떨어지는 것과 그 혁신이 회사에 사업적인 성과로 귀결되는가 하는 것은 또 다른 이야기일 수 있다. 우리가 제안하는 혁신 유형 매트릭스는 작은 사각형의 공간에 불과하지만, Type 1, 2, 3의 공간은 의외로 넓어서 혁신 사례의 포지션을 잡다 보면 각각의 유형 안에서도 그 위치가 조금씩 다르게 포진되어야 한다는 사실을 알게된다. 예를 들어, 치약의 향이나 약간의 기능을 추가한 변형제품은 혁신이라고 하기에는 상당히 현실 연장적인 사례라고 할 것이다. 그에 비해 미국 철강 시장을 잠식한 한국의 철강은 제품은 거의 그대로라 하더라도 더 낮은 비용을 바탕으로 더 낮은 가격을 경쟁력으로 철강을 구매하는 고객사들에게 상당히 발전된 가치를 제공한 사례로 치약 제품 개선과는 포지셔닝이 좀 달라질 수 있을 것이다. 따라서 혁신 유형 매트릭스 안에서도 위치에 따라 미묘한 성과의 차이와 시사점의 차이가 있다.

성공 혁신 사례는 목표 고객이나 고객에게 제공하는 가치 및 솔루션 그리고 고객의 해결과제 등이 명확하게 정의되고 효과적으로 고객을 만족시키는 경우일 것이다. 뿐만 아니라 가치 창출 방식을 동시에 고려해보았을 때 회사의 수익으로도 이어진 경우다. 그렇지 못할 경우 실패할 가능성이 높아진다. 어떤 경우 성공 사례, 실패 사례가 되는지를 분석할 수 있도록 각 영역을 조금 더 자세히 들여다볼 필요가 있다.

혁신 유형 매트릭스 네 귀퉁이 영역에 라틴어 알파α, 시그마Σ, 파이π, 오메가Ω를 붙인 것은 어느 정도 자의적이기는 하지만 아주 의미가 없는 것은 아니다. 알파는 라틴어 알파벳 중 가장 첫 번째 문자이므로 가장 초보적인 수준의 혁신을 대표하는 것으로 보았다. 반대로 오메가는 가장 마지막 문자이므로 현재에서 가장 멀리 떨어진 진보적이고 획기적인 혁신

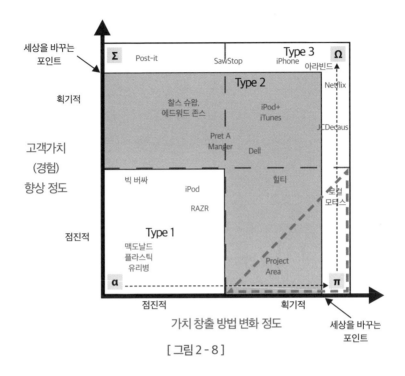

세상을 바꾸는
포인트

| Σ | Post-it | SawStop | **Type 3** iPhone | Ω |

Type 3

iPhone 아라빈드

Netflix

획기적

Type 2

찰스 슈왑,
에드워드 존스

iPod+
iTunes

JCDecaus

고객가치
(경험)
향상 정도

Pret A
Manger

Dell

빅 버싸

iPod

힐티

RAZR

토털
모터스

점진적

Type 1

맥도날드
플라스틱
유리병

Project
Area

α

π

점진적   획기적

가치 창출 방법 변화 정도

세상을 바꾸는
포인트

[그림 2 - 8]

을 대표하는 것으로 보았다. 시그마는 수학에서 총합을 의미하기도 하기 때문에, 곱하기나 기하급수적인 진보보다는 혁신의 아이디어나 효용성, 기능 및 고객에게 제안하는 가치들의 차근차근한 축적으로 가능하다고 보았기에 시그마를 사용하였다. 마지막으로, 파이는 약간 부정적인 의미로 사용되었는데, 원주율 3.14159265358979323846264338327950288…로 끝없이 숫자가 반복되는 데 착안하여 많은 혁신의 노력을 기울이지만 성과로 잘 연결되지 않는 실패한 혁신을 대표하고자 하였다.

소문자와 대문자를 일관되지 않게 섞어서 쓴 것도, 저자들에게 국한된 것일 수 있지만, 우리에게 평소에 더 익숙한 것들을 고려한 것이다. 예를 들어,

알파는 소문자 α가 대문자 A보다 더 많이 쓰이는 경향이 있는 것으로 보아 소문자를 사용하고, 시그마는 대문자 Σ가 더 일반적으로 쓰인다고 보았다.

알파 영역 α zone: 점진적인 혁신이 주로 이루어지며 비교적 달성하기 쉬운 혁신 사례가 여기에 속한다. 왼쪽 아래 이 알파존 구석으로 갈수록 성과는 낮아질 것이다. 진정한 혁신이라고 보기 힘들고 기존 제품이나 서비스의 개선 정도 수준에 그치는 것들이라 경쟁자가 금방 모방하기도 쉽기 때문에 일시적인 수익 외에는 회사에게 주는 이득이 별로 없을 것이다. 혁신이라고 불리려면 대각선 오른쪽 위로 최대한 이동시킬 수 있어야 할 것이다. 알파존이라는 용어가 너무 가치중립적이라 생각된다면 '보더라인 혁신Borderline Innovation'이라고 부를 수도 있겠다. 점진적인 개선과 혁신의 경계선 정도에 걸릴 수 있다는 의미다.

오메가 영역 Ω zone: 고객이 느끼는 가치뿐만 아니라 가치 창출을 위한 방식이 아주 급진적인 경우다. 비용과 노력이 많이 드는 대신 그만큼 큰 성과로 돌아올 수 있다. 또한 가치 창출 방법을 급진적이고 통합적으로 바꾸었기 때문에 다른 기업이 쉽게 모방할 수 없으며 이로 인해 지속적인 경쟁우위를 누릴 수 있을 것이다. 따라서 대부분의 기업들이 이러한 혁신을 실현시키는 것을 목표로 하지만 성공 사례는 흔치 않은 편이다. 그만큼 어렵다. 이 오메가 영역 역시 좀 더 내용을 포함하는 용어로 표현하고 싶다면 '판을 바꾸는 혁신World-shaping Innovation' 또는 궁극적인 혁신이라는 의미에서 '혁신 정점Innovation Peak'이라고 부를 수 있다.

시그마 영역 Σ zone: 이 영역의 가장 대표적인 사례는 아마도 3M의 포스트잇을 생각해볼 수 있을 것이다. 스카치 테이프를 만드는 3M에서 점성이 떨어져 불량품으로 창고에 분류되어 있던 것을 직원 아트 프라이Art Fry가 제품화한 혁신이다. 1977년 출시됐고 1997년 특허가 만료된, 제품 레벨에서의 혁신인데도 아직까지 제대로 된 모방제품이 없다는 점은 상당히 흥미롭다. 필기구 회사 빅Bic이 만든 로고노트Logonotes, 사무용품 유통회사 오피스데포Office Depot가 내놓은 셀프스틱노트Self-Stick Notes, 아메리칸 스테이셔너리American Stationary가 만든 스틱잇Stick It or Not Notes, 트레일러페이퍼스Traylor Papers가 내놓은 스티키노트패드Sticky Notepads 등이 있다는데 본 기억이 있는가? 우리나라 문구점에 가보면 한국 제품도 있기는 있다. 그러나 그 제품을 사용하고 있는가? 포스트잇이 워낙 강력한 브랜드이고 아직 상표trademark가 법적인 보호를 받고 있는 것이 그 이유일까?

회사의 임원들과 이 사례에 대해서 얘기해본 결과, 많은 아류 제품들이 있기는 하지만 아직도 품질 면에서 따라잡지를 못한 것으로 보인다. 뗐다 붙였다를 반복해도 점도가 얼마나 오래 유지되느냐, 표면이 깔끔하게 유지되느냐 하는 점 등에서 아직도 포스트잇이 월등한 우위를 점하고 있고 소비자들로서는 굳이 다른 제품으로 옮길 만한 이유가 없어 보인다. 만약 이것이 사실이라면 포스트잇은 단순한 제품에서의 혁신이라기보다는 기술영역에서 남들이 따라오지 못하는, 즉 우리가 애초에 위치시켰던 지점보다는 훨씬 오른쪽으로 이동시켜야 하는 것일 수도 있다. 이런 식으로 동일한 혁신의 사례를 어떤 유형으로 분류할 것인가를 논의하는 과정에서 많은 정보와 지식과 혜안을 얻을 수도 있을 것이다.

혁신에 관심이 있는 사람이라면 오메가Ω 영역이 가장 바람직하다고 생각할 수 있지만 노력 대비 성과라는 효율성 측면에서는 시그마가 가장 바람직하다고 볼 수도 있다. 그 이유는 가치 창출을 위한 방식이 급진적이지 않지만 고객들이 느끼는 가치가 크기 때문이다. 즉 많은 노력과 비용을 들이지 않고도 고객이 느끼는 가치를 높여서 재무적인 성과를 높일 수 있다.

단, 가치 창출 방법이 크게 달라지지 않았기 때문에 이 영역 또한 가치 창출 방법이 쉽게 모방 당할 수 있는 위험이 있다는 점을 고려해야 할 것이다. 따라서 이 시그마형 혁신은 최소의 투자로 높은 성과를 올릴 수 있는 혁신이라는 의미에서, 그러나 약간의 부정적인 요소도 포함한다는 의미에서 '짠돌이 혁신, 스크루지 혁신Scrooge Innovation, 또는 일확천금 혁신'이라고 부를 수도 있다.

파이 영역 π zone: 가장 조심해야 할 영역이다. 가치 창출을 위한 방식이 상당히 급진적이지만 고객이 가치를 거의 느끼지 못하는 경우다. 공급자 관점에서 가치를 제안하여 실패하는 전형적인 사례다. 이러한 문제가 발생하는 원인은 첫째, 가치 창출을 위한 활동들 간에 연결성이 없거나 배열이 잘못된 경우다. 둘째, 고객이 느끼는 가치에 대한 지향점이 없는 경우다. 즉 타깃 고객을 잘못 설정했거나, 타깃 고객에 맞지 않는 가치를 과잉 제공overserve하거나 결핍된 제공underserve, 기술적으로 오버슈팅overshooting하는 경우일 것이다.

이 파이존에 들어가는 혁신 사례들은 대부분 고객이 느끼는 가치의 정도가 낮고 이에 비해 가치 창출을 위해 투입되는 자원, 프로세스 및 시스템 등이 상당히 복잡하고 많아서 그러한 노력과 비용을 뛰어넘는 정도의 가격을 높게 붙일 수 없을 것이기에, 혹은 높은 가격을 붙이면 고객이 받아들이지 않을 것이기 때문에 효율적인 수익구조를 이루기 어렵다. 따라서 실패하는 경우가 대부분일 것이다.

예를 들어, 구글의 조립형 스마트폰 프로젝트 아라Project Ara는 파이존 실패 사례로 볼 수 있다. 보통은 하드웨어가 구글의 경쟁력 있는 역량 부분이 아니어서 실패했다고 했지만(즉 X축의 문제) 우리의 혁신 매트릭스에 넣어 보면 다른 이유를 찾을 수도 있을 것이다. 즉 고객의 가치를 높이지 못했다는 것 혹은 새로운 가치로 고객을 설득하지 못했다는 것이다(Y축의 문제). 이 고객 축이 해결되지 않는 한 X축에 아무리 노력을 쏟아넣어도 성공할 가능성은 거의 없다고 보아야 한다.

십여년 전 만든 계획을 그 이후 기술 발달을 고려하지 않고 경직되게 밀어붙이다 실패한 모토로라의 이리듐 프로젝트는 전형적인 파이 영역 실패 사례다. 휴대전화 기지국 설치 비용은 급격히 떨어지고 있었고, 네트워크 속도는 몇 십, 몇 백 배씩 개선되고 있었으며 단말기 크기와 가격도 급속히 떨어지는 상황에서도 77개의 저궤도 위성을 쏘아 올려 전 세계를 커버하는 이동통신을 현실화시키려던 애초의 계획을 수정하지 않은 것이다.[33]

다음에 자세하게 설명할 로컬모터스는 기존에 우리가 아는 자동차 사업의 비즈니스 모델을 완전히 뜯어고치는 정도의 새로운 비즈니스 모델로 고객에게는 '나만의 자동차를, 낮은 비용에, 아주 짧은 시간에 가질 수 있다'는 가치를 줄 잠재력은 있기에 Type 3으로 위치시켰지만, 그 가치 제안을 전달deliver하지 못하면 실패할 것이다. 그래서 파이존 근처로 다소 아슬아슬하게 포지셔닝되어 있다. 이 파이 영역 혁신에 의미를 담아서 표현하고자 한다면 '혁신 함정Innovation Trap'이라고 불러도 좋겠다.

　이제부터는 세 가지 혁신 유형에 해당하는 사례들을 살펴보자.

핵심 요약

- 효과적인 혁신은 수요 사이드와 공급 사이드를 모두 고려해야 한다.
- 수요 사이드에서 고객이 느끼는 가치의 급진성(Y축)과 공급 사이드에서 가치를 창출하기 위한 방법론의 급진성(X축)을 기준으로 혁신은 세가지 유형으로 나누어진다: Type 1, Type 2, Type 3
- 고객 가치는 편의성과 성능 등 다양한 측면에서 나타날 수 있으며 획기적으로 가격을 낮출 수 있다면 그것도 고객 가치에 포함된다. 공급 사이드의 급진성은 임팩트가 상대적으로 약한 제품/서비스의 혁신, 프로세스 혁신에서부터 더 광범위한 임팩트를 가지는 비즈니스 모델 혁신, 그리고 가장 임팩트가 큰 플랫폼 혁신으로 진행한다.
- 세가지 혁신 유형은 이름을 붙일 수 있다.
  - Type 1 = 유지형 혁신Battlefield-sustaining Innovation으로 현장개선과는 구분되어야 한다.
  - Type 2 = 확장형 혁신Battlefield-expanding Innovation
  - Type 3 = 파괴형 혁신Battlefield-destroying Innovation 또는 뉴투더월드 혁신New-To-The-World Innovation
- 수요와 공급 축을 기준으로 한 2×2 매트릭스에서 세가지 혁신 유형 외 매트릭스의 네 군데 꼭지점 영역은 성격이 다르다.

- 공급측면의 변화도 크지 않고 고객가치 측면의 크지 않은 좌측 아래 꼭지점 영역은 알파존α zone 또는 보더라인 혁신Borderline Innovation이라고 부를 수 있다. 점진적인 개선과 혁신의 경계선 정도에 걸릴 수 있다는 의미이다.

- 정반대 우측 위 꼭지점 영역은 고객이 느끼는 가치 뿐만 아니라 가치 창조를 위한 방식이 아주 급진적인 경우로 오메가존Ω zone 또는 판을 바꾸는 혁신World-shaping Innovation 또는 궁극적인 혁신이라는 의미에서 혁신 정점Innovation Peak이라고 부를 수 있다.

- 공급축의 가장 적은 변화로 고객축의 가장 큰 효과를 볼 수 있는 좌측 위 꼭지점 영역은 시그마존Σ zone으로 최소의 투자로 높은 성과를 올릴 수 있는 혁신이라는 의미에서, 그러나 약간의 부정적인 요소도 포함한다는 의미에서 짠돌이 혁신, 스크루지 혁신 Scrooge Innovation이라고 부를 수 있다.

- 매트릭스의 우측 아래 영역은 가장 조심해야할 영역이다. 가치 창출을 위한 방식이 상당히 급진적이지만 고객이 거의 가치를 느끼지 못하는 경우로 파이존π zone 또는 혁신 함정Innovation Trap이라고 부를 수 있다.

3부

혁신 사례 포지셔닝

혁신의 사례는
다양하다

앞장에서 세 가지 혁신유형(Type 1, 2, 3)을 제시하고 그 기준이 되는 두 개의 축(수요 사이드와 공급 사이드)에 대해서 자세히 설명했다. 이제는 그렇게 구성된 공간 위에 여러가지 혁신사례들을 포지셔닝시켜 보도록 하겠다.

이것은 어디까지나 저자들의 의견이다. 왜 특정 사례를 Type 1, 2, 3 중 하나로 포지셔닝했는지를 함께 설명하기는 하지만 독자들마다 의견이 다를 수 있다. 저자들은 모르는 특정 사례에 대한 역사나 배경 등을 더 잘 아는 경우에도 그럴 수 있고, 고객이 느끼는 가치나 가치창출 방법의 급진성 등을 달리 판단해서 그럴 수도 있을 것이다. 어떤 경우이든 저자들이 제안하는 포지셔닝을 그대로 받아 들이지 말고 비평과 다른 해석을 시도해 보기를 제안한다.

특히 회사에서 임직원들이 모여서 다양한 사례들의 위치에 대해 논쟁을 하는 과정에서 혁신의 개념과 혁신유형들에 대한 의견을 모을 수 있을 것이다. 그런 후에, 자사의 혁신 사례들(과저 사례, 진행중인 사례, 계획중인 사례 등)을 저자들이 제안하는 틀에 맞추어 논의한다면 의사소통과 계획에 도움이 되지 않을까 생각한다.

1장

Type 1 혁신 사례

(유지형 혁신: Battlefield-sustaining Innovation)

Type 1 혁신은 고객이 느끼는 혁신의 가치가 상대적으로 낮고 이러한 가치 창출을 위한 방식에 있어서 급진성이 낮은 경우다. 즉 제공하는 제품 또는 서비스와 목표 고객에 급진적인 변화가 존재하지 않는 혁신이다. 따라서 대부분 기존 시장에서 기존 역량으로 달성 가능한 혁신이다.

대표적인 사례로는 치약 제조사들이 여러 종류의 향을 가진 치약을 점진적으로 출시하는 경우와 자동차 업계에서 기존 모델을 개선하거나 현재의 범위를 확장하는 경우를 들 수 있다.[34]

Type 1에 속하는 혁신은 주로 대기업에서 일어나는 존속적인 혁신 sustaining innovation이다. 기술적인 변화 없이 제품의 성능을 향상시킨다. 존속적 기술의 특징은 '주요 시장에서 주류 고객들이 기대하는 수준에 맞추어 기존 제품의 성능을 향상시킨다'는 점이다. 따라서 대부분의 기술적 진보는 존속적 성격을 띤다. 보통의 경우 점진적 성격을 갖고 있는 기술인 경우가 많지만, 단절적인 성격을 갖는 기술 또한 고객가치의 축을 크게 향상시키지 않는다면 Type 1에 해당하는 것으로 본다. 구체적인 혁신의 형태로는 부품 component 혁신, 모듈modular 혁신, 그리고 프로세스process 혁신의 경우가 여기에 속할 수 있다.

한 가지 기억할 것은 우리가 제안한 Type 1 혁신을 우습게 보면 안 된다는 점이다. 이것도 엄연히 혁신이고 기업에 성과를 가져다줄 것이다. Type 1도 결코 쉽지 않은 혁신이다. 우유의 패키지만 바꿔서 매출이 단시간에 3배로 뛴 맥도날드 사례를 생각해보면 된다. 현실적으로 Type 1 혁신조차도 지속적으로 체계적으로 이루지 못하고 단순한 모방만으로 살아가는 회사들이 아마 대부분(느낌상 전 세계 98% 정도의 회사들 정도)일 것이다. Type 1 혁신만 연속적으로 해낼 수 있어도 회사가 먹고살아가는 데 아무 문제가 없을 수 있다. 단, 회사가 하고 있는 것들과 기술과 사업(예: 아날로그 영상 기술)을 대체할 뭔가 새로운 것(예: 디지털 영상 기술)이 출현하지 않을 것이라는 가정 하에 말이다. 또한 Type 1 혁신은 다른 회사들이 모방하기도 상대적으로 쉬운 것이라 계속 먼저 치고 나가지 않으면 금방 따라잡힐 수 있을 것이다.

Type 1 혁신 성공 사례

캘러웨이 골프Callaway Golf

기존의 회사들이 이미 골프를 치는 사람들을 서로 끌어들이려고 경쟁할 때,

캘러웨이는 다른 질문을 던졌다. "왜, 스포츠를 좋아하는 사람들과 컨트리 클럽에서 테니스 등을 즐기는 사람들 중 골프를 치지 않는 사람이 있을까?"

비고객에 속하는 사람들의 공통점은 바로 '골프공은 제대로 때리기가 어렵다고 생각하는 것'이었다. 워낙 크기가 작은 골프공을 제대로 치기 위해서는 상당한 수준의 손과 눈의 동작을 일치시키는 능력hand-eye coordination, 기술을 터득하기 위한 장시간의 투자, 그리고 고도의 집중력을 요구한다. 그 결과 어느 정도 즐길 수 있는 수준에 이르기까지 너무 오랜 시간이 걸리고 초보자는 재미가 없다고 생각하게 되는 것이다.

캘러웨이는 새로운 수요가 여기에 숨어 있다고 판단하고 골프 클럽의 헤드 사이즈를 대폭 키워 골프공을 훨씬 더 맞추기 쉽게 만든 빅 버사Big Bertha를 내놓았다. 빅 버사는 골프를 치지 않거나 싫어하던 사람들을 새로운 고객으로 만들었을 뿐 아니라 기존 고객들도 골프를 더욱 즐길 수 있게 해줌으로써 대성공을 거두게 된다. 알고 보니 프로 선수들을 제외한 대부분의 골프 고객들 역시 골프공을 제대로 치기 쉽지 않아서 자신들의 골프 실력을 계속 개선시키기가 어렵다는 점에 좌절감을 느끼고 있었던 것이다. 비고객들과 달리 그들은 '골프는 원래 그런 거'라는 생각으로 현 상황을 받아들이고 있었을 뿐이었다.[35]

시디즈

'의자가 인생을 바꾼다.' 의자 전문 제조기업 시디즈의 캐치프레이즈다. 국내 의자 업계 1위, 매출액 2017년 기준 1,600억 원의 업체로 디자인과 기능성을 동시에 달성한 회사로 인정받고 있다. 세계 3대 디자인상으로 불리는 레드닷, IDEA, IF에서 국내 가구 기업 최초로 수상했다. 회사 설립 초기부터 미국 사무용품 유통업체 '오피스 디포' 유통망을 뚫어 수출 판로를 개척했다. 시디즈의 품질이 뒷받침되었기 때문이다. 제너럴일렉트릭, IBM, 도요타 등 유명 글로벌 기업도 시디즈의 의자를 사용한다.

이 회사는 '디자이너링'이라는 신조어를 만들어냈다. '디자이너링'이란 디자인과 엔지니어링의 합성어로 디자인 단계에서 사용성과 안정성을 고려한 설계를 반영하는 것이다. 물론 심미적 디자인도 결코 뒤떨어지지 않는다. 시디즈는 홈인테리어에 대한 관심이 꾸준히 높아지고 있고 사무실 등 공용 공간에도 인테리어의 개념이 들어오면서 디자인의 중요성이 커지는 트렌드를 반영했다. 시디즈 의자는 월등하게 높은 내구성으로 유명하다. 튼튼한 내구성 뒤에는 자동차 생산 기술이 접목된 부품 생산 시스템이 있다. 평택 공장은 자동차 생산 공장 배치를 벤치마킹했다. 자동차 부품업체와 부품을 공동으로 개발해 의자 부품을 만들기도 한다. 자동차 의자 특유의 내구도나 안정성이 사무용 의자에 적용될 때 최고의 안정성을 보장할 수 있다고 보았기 때문이다.[36]

Type 1 실패 사례

인터넷에 대한 신문사의 대응

인터넷 도입 초기, 대부분의 전통적인 신문사는 기존의 독자와 광고주를 위해 단순히 자사의 오프라인 신문을 복사해 온라인에 올려놓았다. 신문사들은 웹으로 올라가기는 했지만 온라인상의 안내광고와 디스플레이 광고는 오프라인에서 하던 모델을 그대로 답습했다. 그 과정에서 신문사들은 검색, 경매, 다이렉트 마케팅과 관련된 비즈니스 모델을 만들어낼 기회를 놓쳤다. 그 사이 새로운 기업들이 온라인 미디어 시장을 장악하기 시작했다.[37]

기존의 비디오 대여점 모델을 아예 무력하게 만드는 넷플릭스의 배달 서비스 등장에도 기존의 오프라인 모델을 고수하면서 대응해보려고 했던 블록버스터도 마찬가지 사례. 예를 들어, 넷플릭스의 멤버십 구독료 모델에 대응하기 위해 기존 오프라인 모델에서 매출의 10%를 차지하던 연체료를 없애버리면서 상당한 타격을 받았다.

이러한 신문사의 실패나 블록버스터의 실패는 Type 2 혁신으로 대응해야 할 것을 Type 1 수준으로 기존 모델의 수정으로 대응하다 실패한 경우로 볼 수 있다. 기존 고객에게 더 우수한 해결책을 제시하려면 성능의 부족함을 만회하기 위해 많은 투자가 필요하게 된다. 이러한 방식의 투자는 파괴적 혁신의 본질에 대치된다. 더구나 기존 시장에 점진적 해결책을 제시하는 것은 기존 사업의 접근방식을 유지, 답습하는 것이어서 비즈니스 모델이 대체되는 데는 대응책이 될 수가 없다.

Type 1 실패 가능 사례

스카이라이더 2.0

이탈리아 항공기 좌석 제작사 아비오 인테리어Avio Interiors가 개발한 스카이라이더 2.0. 좌석이라기보다는 거의 수직에 가까운 각도로 두께도 얇고 폭도 아주 좁게 디자인되어 있다. 승객은 엉덩이 정도만을 붙인 채 거의 서다시피 한 자세로 여행을 하게 되는 것이다. 대신 기존의 항공기 좌석에 비해 20% 더 많은 승객이 탑승할 수 있고, 기존 이코노미 좌석보다 무게가 50% 가벼우며, 부품 수도 훨씬 적어서 유지보수 비용도 낮아진다. 이런 제품은 1차 고객인 항공사에게는 비용을 줄이고 좌석 이용률load factor을 올릴 수 있는 매력적인 대안일 수 있다. 각국의 항공규제가 문제가 되지 않는다는 가정 하에.

그러나 최종 고객인 승객의 입장에서 이렇게 거의 서다시피 해서 여행하게 되는 좌석이 얼마나 매력적일지 알 수 없다. 항공사 입장에서 절감되는 비용을 항공권 가격으로 이전하여 엄청나게 낮은 가격을 제시한다면 가격을 가장 중요한 구매 결정 요소로 생각하는 학생이라든가 하는 고객층에는 어필할 수 있을지도 모른다.

2장

Type 2 혁신 사례

(확장형 혁신: Battlefield-expanding Innovation)

Type 2 혁신은 고객의 해결과제에 대해 적절한 솔루션을 제공하여 고객이 이에 대해 가치를 느끼는 경우다. 기존 고객에 대해 충족시키지 못한 요구를 해결할 수 있는 제품 또는 서비스로 확장하는 혁신, 기존의 제품 또는 서비스로 새로운 사용자(또는 고객) 또는 시장의 요구를 해결할 수 있는 혁신이 이에 속한다.

또한 이러한 가치 창출을 위한 방식에 있어서 급진성이 Type 1에 비하여 그 정도가 큰 경우다. 새로운 시장에서 기존 역량으로 달성 가능한 혁신이나 기존 시장에서 새로운 역량으로 달성 가능한 혁신이 이에 해당된다. 또한 아주 급진적이지는 않지만 새로운 비즈니스 모델로 고객에게 가치를 창출해주는 혁신이 이에 해당된다.

Type 2 혁신 성공 사례

가치사슬 혁신: 증권사

증권회사는 어디를 가도 같은 상품(주식, 채권 등)을 살 수 있는 유통망의 역할을 한다. 그럼에도 회사를 운영하고 서비스를 전달하는 가치사슬의 구성을 남들과 달리하면서 혁신을 일으키는 경우가 있다.

초창기 주식투자는 부자들의 전유물이었다. 많은 몸값을 줘야 하는 애널리스트를 고용하여 수행하는 리서치 기능, 고객들에게 정보를 제공하는 기능, 그리고 브로커들을 고용하여 객장에서 자문을 하는 기능, 실제 고객이 원하는 투자 상품을 거래하는 기능, 그리고 사후 관리 등, 모든 증권회사들이 이 모든 것을 다 수행하다 보니 많은 비용이 발생했고 그 비용을 메우고 이윤이 남을 수 있는 가격(수수료)을 붙이다 보니 자연히 가격이 비싸서 돈 있는 사람 아니면 주식투자를 할 수 없는 상황이었다.

[그림 3 - 1]

찰스 슈왑Charles Schwab은 증권회사가 유통업과 생리가 같다고 생각했다. 어디를 가나 같거나 유사한 상품을 살 수 있고, 상품 하나당 마진은 아주 작아서 거래량volume을 대형화해서 수익을 창출하는 점에서는 같다고 보았다. 기존의 증권회사들이 많은 서비스를 해주는 백화점이라면 서비스를 최소화하고 사람들이 스스로 상품을 구매하게 하는 슈퍼마켓 같은 증권회사도 가능하다고 보았다. 그리고 스스로 투자 결정을 할 수 있는 사람들이 점점 많아진다는 흐름에 맞추어 그런 사람들에게는 투자 결정에 필요한 정보만을 제공하여 스스로 결정하게 하고 거래만 해주면 된다는 점에 착안했다. 기존의 많은 회사들이 시간과 비용을 들이던 가치사슬상의 활동들, 즉 리서치, 자문, 사후 관리 활동을 하지 않기로 했다. 비용은 떨어졌고 그만큼 낮은 수수료를 부과하고도 이윤을 낼 수 있게 되었다.[38]

이러한 낮은 수수료 모델은 이후 인터넷의 등장과 함께 e*Trade와 같은 온라인 전문 증권회사로 발전했다.

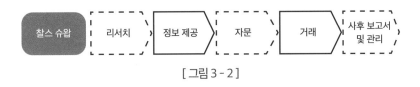

[그림 3 - 2]

그런 와중에도 오히려 정반대인 더욱 풀서비스 쪽으로 움직인 회사도 있다. 오히려 남들보다 가치사슬상의 활동을 더 강화한 것이다. 거기다 고객에게 서비스를 제공하는 채널 등 회사 전반의 활동 시스템을 완전히 새로 구축함으로써 비즈니스 모델 차원의 혁신을 가져왔다.

[그림 3 - 3]

미국에서 4번째로 큰 증권회사인 에드워드 존스Edward Jones는 독특한 사업 모델을 구사한다. '투자 결정을 위임하는 보수적인 개인투자자'에게 신뢰할 수 있는 면대면face to face 서비스를 제공하면서 다른 증권사들과 차별하는 것이 전략이다. 가격은 보통 증권사들이 건당 8달러 정도를 받는 데 비해 건당 100달러로 높다. 이러한 전략이 원활하게 돌아가기 위해서는 기능 수준에서의 각종 활동과 결정들이 일관성 있게 연결되어야 한다. 밀접한 개인별 서비스를 위해서 에드워드 존스는 기존 증권사들과 달리 작은 도시, 도시근교, 사람들이 많이 다니는 길가 등에 편리하게 위치한 1인 객장one-financial adviser office을 수만 개 만들었다.

'보수적인' 투자를 지향하기 때문에 투자철학은 우량주blue chip 중심으로 10년 이상 장기적인 보유long-term buy and hold를 권유하고 받아들이는 투자자를 고객으로 한다. 또한 파생상품이나 곡물 등 고위험 투자수단은 거래하지 않는다. 그러다 보니 단타 투자자day trader는 고객으로 삼지 않으며, 따라서 온라인 거래 시스템도 만들지 않았다. 거래건당 커미션을 받는데 이것이 투자자에게는 주식을 사는 가장 싼 방법이기 때문이다. 고객들은 보통 10년 이상 주식이나 펀드를 보유하므로 자산가치에 매년 수수료를 매기는 것보다 훨씬 저렴하다.

'개인'투자자를 타깃으로 하기 때문에 에드워드 존스는 기관투자가나 회사는 상대하지 않는다. 이러한 투자철학을 직원들이 따르지 않는 경우를 없애기 위해서 경력직 사원은 뽑지 않고 신규 채용 내지는 다른 산업에서 일을 하던 사람만 채용한다. 지역사회의 일원으로 스스로 의사결정을 하는 소사장과 같은 성품을 가진 사람들을 찾으며, 보수는 파트너십으로 되어 있다.

새로운 직원들이 보수적인 제품라인을 다루는 것에 익숙해지도록 교육과 훈련에 상당한 투자를 한다. 에드워드 존스는 기관투자자나 회사를 상대하지 않는 대신, 주 고객인 개인투자자를 자산규모, 나이 등의 기준으로 세그먼트하지 않는다. 보수적인 투자철학과 맞는 사람은 모두 고객으로 대한다. 브로커들은 모든 유형의 잠재적인 고객을 찾아간다. 그러다 보니 다른 회사들은 생각하지 못하는, 예를 들어, 트레일러에 사는 백만장자를 발굴한 예도 있다.

에드워드 존스는 '투자 결정을 위임하는' 고객을 타깃으로 하기 때문에 스스로 투자 결정을 내리는 투자자들do-it-yourselfers은 고객대상이 아니다. 또한 투자 결정을 먼저 내리고 에드워드 존스에 와서 그 결정을 확인해보려고 하는 사람들validators도 타깃하지 않는다. 투자 결정을 혼자서 내리지 못하는 사람들에게 내집 응접실처럼 편안한 환경에서 필요하다면 몇 시간이고 상담을 해준다. 그리고 그만큼 높은 수수료를 받는다.[39]

경쟁사들이 에드워드 존스의 전략을 모방하려면 기존 자신들이 해오던 활동의 일부나 전부를 바꿔야 한다. 전부를 바꾸는 것은 물론 엄청 혼란을 야기할 것이므로 일부를 바꾸고 싶어할 것이다. 예를 들어, 일대일 서비스를 하기 위해서 1인 객장을 모방하려고 하면, 물리적으로 소수의 대형 오피스를 가지고 있던 것을 수천, 수만 개의 1인 객장 오피스로 바꿔야 하고, 그렇게 바꿨다 하더라도 기존의 다양한 상품에 익숙해 있고 고객도 기존에 익숙해 있는 직원들을 어떻게 개인만을 상대하면서 우량주를 보수적으로 취급하게 할 것인지, 기존의 인센티브 시스템은 어떻게 수정할 것인지 등등 오히려 일부를 바꿈으로써 기존 전략 전체가 멈추는 타격을 입게 될 것이다.[40]

프레타망제Pret A Manger

1983년 샌드위치 가게로 창업하여 현재 매출 1조 원이 넘는 회사가 있다. 영국 회사 프레타망제Pret A Manger로, 프랑스어로 즉석에서 먹을 수 있다 ready-to-eat라는 뜻이다. 이 회사는 2016년 기준으로 영국, 미국, 홍콩 등 9개 나라에 530개의 매장을 가지고 매출 7억 7,600만 파운드(한화 1.2조 가량), 영업이익 1,300억 원 가량을 올리고 있다.

이 회사는 일종의 패스트푸드 체인 회사로, 별로 새로울 것이 없는 샌드위치가게로 성공했는데 이것도 비고객noncustomer을 공략한 경우라고 볼 수 있다. 비고객 중에서도 현재의 서비스를 사용하기도 하고 안 하기도 하는 그런 중간적인 위치에 있는 고객들을 공략했다. 프레타망제가 나오기 전 유럽의 직장인들은 주로 레스토랑에서 점심을 해결했다. 좋은 환경에서 여유 있게 앉아서 좋은 음식을 먹는 것이다. 그러나 건강에 대한 관심이 높아지면서 레스토랑에서 먹는 음식에 대한 수요가 떨어지고 있었다. 게다가 많은 직장인들이 레스토랑에서 매일 점심을 먹을 만큼 시간이 넉넉하지도 않았고, 매일 먹기에는 너무 비싸다는 문제도 있었다. 그 결과 많은 사람들이 테이크아웃 음식을 먹거나, 집에서 싸오거나, 아니면 그냥 점심을 건너뛰고 있었다.

즉 다음에 대한 수요가 있었던 것이다: (1) 짧은 시간에 점심을 해결하고 싶다, (2) 그러면서도 신선하고 건강하게 먹고 싶다, (3) 그것도 적당한 가격에.

미국에는 인앤아웃In-N-Out 버거가 있어서 주문과 함께 신선한 재료를 그 자리에서 조리하는 패스트이면서 슬로우한 푸드를 제공하고 있었지만 시간이 기존의 패스트푸드보다 더 걸린다는 단점이 있었다. 그래서 맥도날드를 선호하는 사람과 인앤아웃을 선호하는 사람들은 구분이 되어 있었다.

즉석에서 먹을 수 있는 샌드위치를 판매하는 프레타망제

프레타망제의 공식은 간단하다. '매일매일 최고의 재료로 만드는 레스토랑 수준의 샌드위치를 비싸지 않은 가격에 레스토랑은 물론 패스트푸드점보다 더 빠른 스피드로 제공한다'는 것이다.

프레타망제는 밝은 아트 데코 분위기의 가게에 벽을 따라 있는 깔끔한 냉장 진열대에 30가지 이상의 샌드위치가 나열되어 있는 형식으로 샌드위치의 가격은 평균 4달러에서 6달러 수준이다. 이 샌드위치들은 매일, 그 가게에서, 그날 아침 일찍 배달돼 오는 재료로 만들어진다. 샌드위치 외 샐러드, 요거트, 파르페, 신선한 주스, 초밥 등도 있다. 모든 가게에는 자체 부엌이 있고 신선재료 외 제품들은 고품질 생산자로부터 공급받는다. 예를 들어, 뉴욕 스토어의 경우 바게트는 프랑스 파리에서, 크루아상은 벨기에에서, 대니시 패스트리는 덴마크에서 공수해온 것을 쓰며, 하루를 넘기면 노숙자 보호소 등 시설에 기부한다.

신선한 음식을 제공하면서 스피드는 어떻게 높이고 비용은 어떻게 낮출까? 보통 패스트푸드점에서의 주문 및 구매 사이클은 '줄서가-주문-계산-대가-주문 음식 받가-앉아서 먹기' 순서로 이루어진다. 프레타망제는 '훑어보가-집어 들가-계산-매장 떠나기'의 사이클로 대폭 단축을 했다. 프레타망제에서 줄을 서서 가게를 떠나기까지 평균 시간은 90초라고 한다. 대량의 먹거리를 바로 먹을 수 있게 표준화된 조립라인에서 미리 만들어놓기 때문에 가능하다. 주문을 받지 않고 고객을 응대할 필요도 없다.[41]

힐티Hilti

힐티Hilti는 인구 4만 명이 채 안 되는, 스위스와 오스트리아 사이에 위치한 공국 리히텐슈타인Lichtenstein의 도시 샨Schaan에 본사를 두고 있는 전동공구 제조회사로 2019년 매출이 6조 원 가량 되는 회사다.

주로 건설현장 등에서 사용되는 간편하고 저렴한 수작업 전동공구를 만드는데, 캐터필러Caterpillar와 같은 회사들이 만드는 고가의 건설용 중장비에 비해 건설현장 한 곳당 2~3천만원 정도의 힐티 제품이 보통 사용된다고 한다. 이러한 소형 공구는 시공사들에게 가끔 의외로 높은 기회비용이 발생하게 만드는데, 가격이 싸다 보니 사람들이 함부로 다루고 보관과 유지보수를 소홀히 하여 오작동 및 파손된 공구로 인한 작업 손실이 하루 또는 이틀씩 발생하는 문제가 있었다.

당시 전동공구 시장은 성숙시장으로 보통재 시장으로 접어들고 있었다. 회사들은 고객이 원하는 것 이상의 과도한 제품 기술을 내놓으면서 서로의 시장을 잠식하는 상황이었다. 더 이상 제품의 개발과 개선에 투자하는 것이 의미 없다고 판단한 힐티는 '건설현장 인력이 원하는 것은 집을 짓는 것이지 장비와 도구를 관리하는 것이 아니다'라는 점에 착안했다. 그리고 기존의 제조 모델이 아닌 리스 모델로 전환하기로 했다. 월단위 수수료를 받고 현장에 필요한 모든 공구와 장비들을 완벽하게 수리되고 유지된 상태에서 제공하는 것이다.

건설사들에게 전하는 가치 제안은 다음과 같았다. '공구와 관련한 모든 것은 우리가 관리할 테니 집 짓는 데만 신경 쓰세요. 항상 가장 최신 기술과 가장 안전한 장비를 필요할 때 바로 쓸 수 있도록 체계적으로 준비해드립니다.'

고객들은 모두 호의적인 반응을 보였다. 그러나 이러한 리스 모델이 제대로 작동하고 회사에 최종적인 수익을 가져다주기 위해서는 새롭게 갖추어야 할 자원이나 역량, 프로세스와 시스템들이 많았다.

일단 제조 사업에서 서비스 사업으로 전환되는 것이다 보니 예전처럼 매월 재고가 재무제표에서 빠져나가는 일이 없어졌다. 거래의 사이즈는 훨씬 커졌고 거래의 빈도 수는 크게 줄었다. 마진은 훨씬 높았지만 그만큼 오버헤드와 관리비용은 더 커졌다.

계약 관리 방법이 일단 변해야 했다. 개별 장비를 필요에 따라 유연하게 더했다 뺐다 해야 하기 때문이다. 장비를 관리하고 유지, 보수하는 인력과 프로세스가 필요해졌다. 고객 관리도 새로운 형태로 변해야 했다. 현장에서 어떤 공구가 사용되고 있는지를 지속적으로 모니터하는 웹사이트를 만들었다. 영업조직은 새로운 임무를 수행해야 했다. 이제는 제품이 아닌 프로그램을 팔아야 했다. 예전에 30분 정도면 끝나던 일이 이제는 며칠, 몇 주, 몇 달까지 걸리게 됐다. 현장 소장이나 구매 관리자를 대상으로 하던 데서 이제는 CEO와 CFO를 상대해야 했고, 작업복을 입었던 것에서 이제 정장을 입고 회사를 방문해야 했다.[42]

힐티의 새로운 사업 모델을 그림으로 요약하면 다음과 같다.

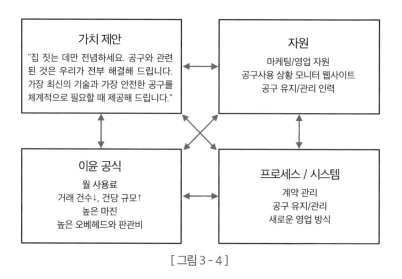

[그림 3 - 4]

이러한 일련의 변화들은 회사가 이전에 경험하지 못한 것들이어서 힐티는 바로 실행에 들어가지 않고, 옆 동네인 스위스에서 파일럿 사업을 해본 후 본격적인 스케일로 확장을 했다고 한다.

Type 2 π(혁신 함정) 영역 후보 사례

LG G5 스마트폰

2016년 출시된 LG G5 스마트폰. 최초의 모듈형 스마트폰으로, 알루미늄 합금 재질의 메탈 바디의 스마트폰 하단에 확장형 모듈 구조를 적용하여 배터리 탈착은 물론 LG프렌즈LG Friends라 이름 붙은 G5 전용 액세서리 8종을 통해 카메라 및 오디오 기능 강화, 가전 제어 및 홈시큐리티 원격 제어, VR 지원, 드론 컨트롤 등이 가능하여 타 스마트폰 기기에 비해 편리하면서도 차별화된 제품이라는 자신감과 함께 많은 관심을 모았고 초반에는 주간 판매량 TOP 10에 이름을 올릴 만큼 괜찮은 성과를 보였으나[43] 출시 후한 달도 안 되어 판매량이 저조해지기 시작했다.[44] 이로 인해 LG전자 MC 사업부는 4,364억 원의 적자를 보았다. LG전자는 G5를 실패작으로 인정하

확장형 모듈 구조를 적용한 LG G5 스마트폰

고 후속작인 V20부터는 모듈형을 적용하지 않고 있다.[45][46]

    G5가 모듈형 스마트폰이라는 단순한 이름뿐 아니라 진정한 착탈식 모듈형 스마트폰을 구현하기 위해 도입한 LG프렌즈라는 이름의 G5 전용 액세서리 시리즈를 보면 LG가 X축 가치 창출 방법에서 상당히 획기적인 시도를 했음을 알 수 있다. 2017년 판매 부진 및 기술적 문제 등으로 인해 1년 만에 후속작인 G6에서 모듈식 배터리를 폐지함으로써 LG프렌즈도 폐지되기는 했지만 상당히 다양하면서 야심찬 액세서리 기능들을 더했음을 볼 수 있다.

CAM Plus: LG G5에 부착해 쓰는 방식으로 셔터 버튼, 줌 다이얼 등이 있어 사진 촬영 편의성을 높였다. 또한 보조배터리를 겸용해 배터리 용량을 최대 4000mAh로 늘릴 수 있었다.

Hi-fi Plus with B&O Play: LG, ESS, B&O 3사의 합작으로 제작된 모듈로 음질이 향상되고 음원 손실이 줄어든다. 또한 G5를 사용하지 않더라도 다른 기기에서 앰프처럼 사용할 수도 있도록 했다.

액션캠 LTE: 150° 광각 영상을 4K 화질로 촬영할 수 있는 소형 캠코더다. 최대 3시간 촬영이 가능해 다른 캠코더보다 사용 시간이 길었고 방수/방진도 지원했으며 조작이 간편한 특징이 있었다. 라이브 스트리밍 기능으로 아프리카 TV나 유튜브 방송이 가능했고 추후 업그레이드로 홈 CCTV 기능을 제공할 예정이었다.

360캠: 360°로 2K 사진과 영상 촬영이 가능했다. 촬영 화질도 괜찮으며 본체에 담긴 사진을 휴대 기기를 거치지 않고 바로 유튜브와 같은 사이트에 올릴 수 있게 했다.

360VR: 가상현실 기기인데 타사 VR 기기에 비해 크기가 작고, 터치패드와 조작 버튼이 있어 간편한 조작이 가능하다는 장점이 있었다.

톤플러스: 블루투스 헤드셋으로 하만 카돈 사와의 협업으로 세계 최초 퀄컴 aptX 탑재 등을 통해 음질과 디자인이 뛰어난 것으로 알려졌다.

퀵커버 케이스: 케이스에 뚫려 있는 창을 통해 전화 수신, 발신, 문자 받기 등의 기능을 사용할 수 있는 액세서리로, 기존 케이스와 달리 올웨이즈 온 디스플레이 창 부분을 뚫어서 항상 시간과 알림을 볼 수 있게 했다.

롤링봇: 다기능 봇으로 외출 시 집에서 일어나는 일들을 알 수 있는 홈모니터링 기능과 전자제품을 조작할 수 있는 가전제품 컨트롤, 제품에 있는 레이저 포인터로 애완동물과 놀아주는 펫케어 등의 기능을 지원했다. 원래 2016년 5월 글로벌 출시 예정이었으나 G5 판매량 저조 등의 문제로 결국 출시되지 않았다.

배터리 팩: 보조배터리로 G5의 배터리를 교체하는 용도로도 사용할 수 있지만 USB A타입과 C타입 입출력 단자를 제공하여 다른 기기에서는 보조배터리로 사용할 수 있게 했다.

미디어에서는 모듈과 본체 사이에 명함이 들어갈 만큼의 유격이 있다거나, 안테나 선을 숨기기 위해 메탈에 프라이머를 뿌린 후 도료를 덮은 메탈 바디의 재질이 메탈이 아니라 플라스틱 같은 그립감을 줬다거나,[47] [48] 화면 밝기가 만족스럽지 못했다거나 하는 표면적인 품질 및 기능 관련 요소들을 기대 이하 성과의 이유로 들었다.

그러나 우리의 혁신 유형 분류를 적용시켜보면, G5는 기존 스마트폰의 구성을 모듈형으로 바꾸는 R&D와 제조에서 상당히 획기적인 변화를 소개했지만(X축 오른쪽), 고객의 입장에서 과연 그러한 모듈형 스마트폰이 필요했는가, 얼마나 획기적인 가치를 제공하였는가라는 측면에서는 높은 점수를 얻지 못한(Y축 아래쪽) 사례(π 영역)였다고 판단된다. 어떻게 보면 앞에서 혁신 매트릭스의 파이 영역π zone에 속한 것으로 분석했던 구글의 조립형 스마트폰 프로젝트 아라를 연상시키는 사례인 것 같다. 사실 이 사례는 공저자 조준호 사장님이 직접 관여한 사례이며 저자들 사이에도 의견이 정확히 일치하지는 않는 사례이다. 조준호 사장님의 판단으로는 초기 열광적인 반응을 고려할 때 Y축은 충분히 높이 올라간 것으로 보고, 시간과 자원이 부족한 상황에서 애플과 삼성 등 강력한 경쟁자들을 따라잡기 위해 공급 사이드에서 디자인을 그대로 구현해 낼 수 있는 역량을 가진 공급자를 확보할 수 없었던 것 등(즉, Y축의 문제)을 주요 원인으로 본다. 나머지 저자들은 당시 내부 상황을 모르는 상태에서 판단하기에 수요자 입장에서 모듈형이 어필을 충분히 하지 못한 것 아닌가 하는 판단을 내린 것이다.

주목 사례

폴더블폰

그렇다면, 스마트폰 영역에서 2018년 후반 당시 관심을 모으고 있던 폴더블폰은 어떤 혁신 유형에 속하면 그 성공 여부를 가늠할 수 있을까? 폴더블폰은 2019년 소량 출시되어 어느 정도의 관심을 끈 것으로 평가되는 것으로 보이며, 2020년 현재 후속작이 소개될 것으로 예상되고 있다. 잘 하면 Type 2의 성공 케이스가 될 수도 있고, 아니면 LG G5나 그보다 일찍 2013년 출시됐던 곡면 스마트폰처럼 π 영역으로 떨어지는 Type 2의 실패 케이스가 될 수도 있을 것이다.

폴더블 기능을 가능하게 하는 디스플레이와 내부 부품 변형 및 인터페이스에 상당한 변화가 있어야 할 것이기 때문에 Type 1 영역은 벗어날 것으로 판단되지만, 비즈니스 모델과 액티비티 맵, 생태계 등에 급진적인 변화를 가져올 것 같지는 않아서 Type 3 영역은 아닌 것으로 보인다.

이제 남은 것은 'Y축에서 얼마나 위로 올라갈 수 있을 것인가'이다. 즉 누가 타깃 고객이며, 또 그 타깃 고객이 충분히 큰 시장을 형성할 수 있을 것인가? 시장조사업체 스트래티지애널리틱스에 따르면 글로벌 폴더블폰 출하량은 2019년 300만 대, 2020년 1,400만 대, 2022년 5,000만 대로 늘어날 것으로 전망했지만,[49] 어떤 근거로 그런 예측을 했는지는 알 수 없다. 가장 중요한 것은 타깃 고객들이 효용과 가치를 얼마나 크게 느낄 수 있을 것인가(가격이 200만 원에 달한다), 그리고 무엇보다 고객의 어떤 문제와 과제 customer-job-to-be-done를 해결해줄 것인가에 대한 예측이 긍정적으로 나와야 성공의 가능성이 높아질 것이다. 일단 가격이 획기적으로 떨어져야 Y축의 위쪽으로 이동할 수 있을 것이다. 불요불급한 기능과 부품들을 과감하게 빼는 결정이 우선되어야 할 것으로 생각되고, 그렇게 되면 판매물량이 뛰기 시작하면서 규모의 경제로 더욱 비용과 가격을 떨어뜨릴 수 있는 선순환 사이클이 시작될 수 있을 것이다.

그리고 가격만큼 혹은 가격보다 더 중요한 것으로, 폴더블폰 자체의 기술적인 문제뿐 아니라 폴더블폰으로 인하여 이전에는 즐기기 못하던, 고객들이 가능하리라고 생각하지도 못했던, 폴더블폰만의 특화된 콘텐츠나 효용을 만들어낼 수 있다면 Y축에서의 포지션은 위쪽으로 획기적으로 점프할 수 있을 것이다. 즉 생태계까지 급진적으로 다르고 편리하게 구축하여 핵심 타깃 고객이 될 기술이나 독특한 디자인에 관심을 가지는 얼리어답터들 외 일반 고객들까지 끌어들일 수 있을 것이다. 그렇다면 성공적인 Type 3 사례가 될 수도 있을 것이다.

3장

Type 3 혁신 사례
(파괴형 혁신: Battlefield-destroying Innovation)

Type 3 혁신은 기존에 없던 새로운 비즈니스 모델이나, 기존의 가치사슬과는 완전히 다른 가치사슬과 가치 활동의 조합으로 기존의 사용자에게 획기적인 가치를 주거나 또는 새로운 사용자에게 새로운 혜택을 제공하는 혁신을 의미한다. 세상에 없던 것 혹은 세상에 있기는 하나 상당한 성능 등의 향상으로 고객이 느끼는 가치가 상당히 큰 경우다. 새로운 제품이나 서비스를 제공하면서 동시에 새로운 사용자를 대상으로 하는 혁신으로 새로운 시장에서 새로운 역량으로 달성 가능한 혁신이 이루어진다. 고위험고수익High-risk high-return의 특성을 가진 혁신으로 성공하는 경우 기업 자체, 경쟁 구도, 업계 판도, 산업, 생활방식까지도 바꿔놓을 수 있을 정도의 파급효과를 가져올 수 있는 혁신의 유형이다.

Type 3 혁신 성공 사례

블룸버그Bloomberg

실시간 경제경영 정보 제공자로 성장한 블룸버그Bloomberg는 1980년대 초 시장에 뛰어들었다. 그 전까지는 로이터Reuters와 텔레레이트Telerate(2005년 로이터가 인수)가 온라인 재무정보 산업을 장악하고 있었다. 블룸버그는 시작한 지 불과 10여년 만에 세계에서 가장 크고 수익성 높은 회사로 자리 잡는다. 기존의 회사들은 증권회사나 투자회사들의 IT 매니저들을 주 고객으로 삼았는데 그들은 관리하기 쉬운 표준화된 시스템을 선호했다. 블룸버그는 시스템의 실제 사용자인 트레이더와 애널리스트를 타깃으로 삼았다. 그들은 하루에도 몇 백만 달러를 벌거나 잃는다. 돈을 벌 기회는 누가 어떤 정보, 남이 갖지 않은 정보를 가지고 있느냐에 의해 결정된다. 그리고 그런 정보들은 시시각각 변하는 시장상황에 대처하기 위해 초단위로 필요하다.

블룸버그는 트레이더들이 쓰기 쉽도록 두 개의 플랫 패널 모니터로 이루어진 시스템을 개발했다. 키보드에는 자주 사용하는 재무적인 용어들이 붙어 있고, 윈도우를 여러 개 열었다 닫았다 할 필요가 없게 했다. 그리고 키를 한 번 누르기만 하면 자동적으로 계산을 하고 분석을 해주는 기능도 포함시켰다. 그 전에는 일일이 데이터를 다운로드하고 연필과 계산기로 계산하던 것을 키 하나로 해결하게 해준 것이다. 여러 가지 조건들을 바꿔서 상황에 맞는 시나리오별 분석도 가능하게 해줬다.

블룸버그가 이렇게 실제 사용자에 초점을 맞추다 보니 또 다른 사업기회들도 보게 되는데, 트레이더와 애널리스트들이 워낙 긴 시간을 일하다 보니 소득은 높은 데 비해 정작 돈을 쓸 시간이 부족하다는 점이었다. 매일 특정 시간대에는 거래가 뜸해진다는 것에 착안하여 트레이더들의 개인적인 생활에 도움을 줄 수 있는 정보와 서비스를 시스템에 탑재했다. 트레이더들은 이 서비스를 이용해 꽃이나 옷, 보석류 등을 사거나, 여행 스케줄을 짜고, 와인에 대한 정보를 얻고, 부동산 정보를 검색할 수 있게 되었다. 이렇게 되니 트레이더와 애널리스트들은 IT 매니저에게 블룸버그 터미널을 구매해주도록 압력을 넣게 되었다.[50]

넷젯NetJets

독특한 가치 제안과 그것을 전달하기 위해서 기존의 항공사와는 다르게 가치사슬 활동과 자원을 배열한 경우이다.

미국 최초의 전세 비행기 운영 및 관리 회사 넷젯NetJets. Executive Jet Aviation이라는 이름으로 1964년 사업을 시작한 이래 2018년 3월 시점에 7,000명의 개인 또는 기업 소유자를 보유하고 있고, 매년 150개 국 3,200개 공항 사이에 30만 회에 이르는 비행을 하고 있다. 1998년 워런 버핏의 버크셔 헤서웨어Berkshire Hathaway가 인수했다. 상장회사가 아니므로 자세한 재무 정보는 없지만 매출이 조단위라는 점은 확실하다.

항공산업에서 가장 수익성이 높은 고객군은 기업고객들이다. 넷젯이 나오기 전 기업고객들은 출장여행을 위해서 택할 수 있는 두 가지 대체안이 있었다. (1) 민간 항공사의 비즈니스 클래스나 퍼스트 클래스, 또는 (2) 자사의 항공기를 사서 직접 운행하는 것. 기업들이 이 둘 중에 한 가지를 택할 때 그 이유는 무엇인가?

기업들이 직원들 출장용으로 민간 항공사를 이용하는 이유는 단 하나 바로 '비용'이다. 길게 늘어선 체크인 라인과 보안 절차, 복잡하고 바쁜 환승 스케줄, 일정상 필요한 숙박, 복잡한 공항 등이 그 이유일 리는 없다. 반대로 민간 항공사를 이용함으로써 얻는 이점은 일시불로 거액의 항공기 구매 비용에 투자를 할 필요가 없다는 것이다. 매년 필요한 만큼만 항공티켓을 구매하면 되니까 자사 보유의 항공기를 운영하는 경우 발생하는 항공시간의 미사용과 같은 낭비를 줄일 수 있다.

이것을 뒤집으면 왜 회사들이 많은 비용을 지불하고 자사 항공기를 소유할까에 대한 답이 나온다. 자사 항공기를 보유하게 되면 엄청난 항공기 구매 비용 외에도 많은 비용이 발생한다. 항공기 운항 스케줄과 그 외 관리를 위해 전담 부서와 인력이 필요하다. 항공기가 홈베이스에서 필요한 곳으로 빈 채로 날아가는 데도 비용이 발생한다(deadhead costs). 회사들이 항공기를 직접 사서 운영하는 이유는 이동시간을 획기적으로 줄일 수 있고, 복잡한 공항을 피할 수 있고, 필요한 지점으로 바로 날아갈 수 있고(point-to-point), 따라서 임원들은 더 좋은 컨디션으로 목적지에 도착하자마자부터 바로 생산적인 업무를 볼 수 있다는 점이다. 즉 '시간 절약과 생산성'이 주된 이유다.

넷젯은 이 두 가지 고객 해결과제customer-job-to-be-done(비용 절감+시간 절약과 생산성)를 통합하는 사업을 시작했다. 즉 민간 항공사를 이용하는 비용으로 자가 비행기를 보유하는 편리성을 제공하는 것이다.

우리가 콘도를 소유하고 이용하듯이, 항공기 하나당 16명의 소유주가 있다. 한 소유주는 1년에 50시간의 비행시간을 이용할 권리를 가진다. 대당 600만 달러 정도 되는 항공기라면 소유하는 비용이 40만 달러 정도부터 시작한다. 이 외 파일럿, 유지보수 및 다른 월별 비용이 추가적으로 발생한다.

같은 거리를 민간 항공사의 퍼스트 클래스 또는 자가 비행기로 여행하는 것에 비해 넷젯을 이용할 때 비용이 훨씬 낮다고 한다. 넷젯은 되도록 대형 항공기를 많이 보유해야 하는 민간 항공사에 비해 고정비용이 낮다. 소형 항공기를 이용하고, 작고 한산한 지역 공항을 활용하며, 인력도 훨씬 덜 필요하기 때문이다. 미국의 경우 민간 항공사의 70%가 30개 정도의 공항을 오가는 데 비해 넷젯은 수백, 수천 개의 공항을 연결한다. 그것도 업무를 해야 하는 곳과 가장 가깝고 편리한 지점으로 한 번에 간다. 국제 항공편의 경우 넷젯의 비행기는 세관업무 지점까지 바로 들어간다. 보통 시간단위로 생각해야 하는 출장시간을 분단위로 줄일 수 있는 것이 넷젯의 또 다른 장점이다. 2000년대 중반 자료에 의하면, 워싱턴에서 캘리포니아 새크라멘토까지 가는 시간이 민간 항공사 10.5시간, 넷젯 5.2시간이었고, 미국 팜스프링스에서 멕시코 까보 산 루카스까지는 6시간 대 2.1시간이었다. 거기다가 넷젯은 4시간 전에만 통보하면 이용할 수 있고, 만일 운항할 항공기가 없다면 전세기를 대신 띄워준다. 보안과 관련된 문제점도 획기적으로 줄여주고, 이용자가 항공기에 탑승하면 그 사람이 평소에 즐기는 기내식과 음료 등 맞춤형 서비스도 제공된다.

어떻게 보면 누구나 할 수 있는 사업, 특히 기존의 항공사가 쉽게 대응할 수 있을 것같이 보이지만 지금까지 넷젯의 경쟁사는 거의 없다. 2000년대 초반부터 같은 사업 모델로 진입했던 회사 57개 중 57개 모두 사업에 실패하고 퇴출되었다고 한다.[51]

공공시설물에 설치된 제이씨데코 광고판

제이씨데코JCDecaux

잠재적인 고객, 비고객 중에는 현재 시장에 나와 있는 제품이나 서비스를 사고 싶어도 너무 비싸서 못 사는 사람들이 있다.

1964년 길거리 가구street furniture라는 개념을 만든 프랑스의 옥외광고 전문회사 제이씨데코JCDecaux(설립자 장 끌로드 드코Jean-Claude Decaux 이름에서 따옴). 당시 옥외광고는 광고 게시판billboard이나 차량 외벽 광고 transport advertisement가 주류를 이루고 있었다. 광고 게시판은 도시 외곽이나 차량이 빨리 지나치는 도로를 따라 위치하고 있었고, 차량 외벽 광고도 버스나 택시 바깥에 광고판을 부착하여 사람들이 휙 하고 지나가는 광고를 볼 수밖에 없는 형태였다.

광고를 하고자 하는 회사들은 움직이면서 보게 되는 이런 형태의 광고 수단을 별로 선호하지 않았다. 특히, 잘 알려지지 않은 회사들은 짧은 시간

동안 노출되는 광고에 회사명과 제품 등 원하는 만큼의 정보를 담을 수 없기에 더욱 그랬다. 많은 광고주들이 이렇게 가치에 비해 너무 비싼 옥외광고를 사용하지 않았다. 제이씨데코는 이 모든 문제점의 뿌리에 '도심에는 광고에 활용될 만한 고정된 공간이 많지 않다는 점'이 있다는 것을 간파했다. 사람들이 몇 분씩 머물면서 광고 내용을 읽을 시간이 생기는 버스 정류장 등 공간을 소유하고 통제하는 주체는 지방자치단체municipality였다. 제이씨데코는 지방자치단체에 설치와 유지보수 비용 일체를 무료로 제공하는 대신 광고물을 설치할 수 있는 '길거리 가구'라는 아이디어를 고안한다. 들어가는 비용을 메우고도 남는 광고 공간 판매 매출이 상당한 마진을 보장해줄 것으로 계산했던 것이다.

지자체에 그동안 발생하던 옥외 설치물 비용을 없애주는 대신 제이씨데코는 길거리 가구에 광고물을 설치할 수 있는 독점적인 권리를 얻었다. 광고주들에게는 더 오랜 노출시간을 제공해서 더 풍부한 콘텐츠와 복잡한 메시지도 실을 수 있게 했다. 또한 도심의 시설물들을 설치, 유지보수하는 제이씨데코는 새로운 광고 캠페인을 설치하는 데 2~3일이면 충분했다. 전통적인 광고 게시판의 경우 평균 15일 정도가 걸린다고 한다.

지자체와의 독점적인 계약 기간은 8년에서 25년간의 장기계약으로, 처음에 시설물을 설치하는 초기 투자 외 발생하는 비용은 시설물을 유지보수하고 교체하는 비용뿐이다. 전통적인 광고 게시판의 영업이익률 14%와 차량 외벽 광고 18%에 비해 길거리 가구의 영업이익률은 40% 정도라고 한다. 제이씨데코는 세계 30여 개국에 퍼져 있는 30만 개 이상의 광고판을 컨트롤하는 세계에서 가장 큰 길거리 가구 기반 광고 공간 제공회사다. 2016년 시

점에 매출 3조 4,000억 유로, 순이익 2,200억 유로를 거두고 있다.[52]

쏘스탑SawStop

어릴 때부터 집안에 있던 부친의 작업장에서 이런저런 도구와 익숙해지며 놀았던 스티브 가스Steve Gass는 손가락을 거의 날려먹을 뻔한 경험도 했다. 장성하고 나서 미국에서만 매일 11건의 절단, 11건의 골절 사고가 발생하고, 매년 6만 7,300건의 치료를 요하는 톱날에 의한 부상이 발생하는데 그러한 부상으로 인한 미국의 연간 경제적 비용이 23억 달러(약 2.5조 원)에 달한다는 통계를 접하게 된다. 테이블톱table saw 전체 시장 규모는 불과 2억 달러(약 2천억 원) 정도에 불과한 데 비해 너무나 많은 비용이 발생하고 있다고 생각했다. '왜 이런 사고가 많이 발생할까? 왜 기존의 테이블톱들은 그렇게 많은 사고를 발생시킬까?' 하는 질문을 던지게 된다. 결국 스마트폰 터치스크린에 적용되었던 피부인식 센서flesh-detecting sensor에 착안하여 손가락이 톱날 가까이 가면 자동으로 톱이 멈추는 제품을 개발했다. 시제품은 2002년 <파퓰러 사이언스 매거진Popular Science Magazine>이 선정한 100대 베스트 새로운 혁신Best New Innovations에 이름을 올렸다.

기존의 테이블톱 제조회사들이 기술을 채용하면서 큰 비즈니스가 되리라 예상했지만, 그 어느 회사도 기술을 채용하지 않았다. 마치 에어백이 처음 나왔을 때 자동차 회사들이 그 신기술을 거부했던 것처럼, 전동공구 업계에서도 사람의 안전보다는 수익에 어떤 영향을 미치는지에 더 관심을 두고 있었기 때문이다. 일단 기존 회사들이 스티브 가스의 기술을 채용하려면 라이센싱 비용이 기본적으로 들어간다. 그런데 이 비용보다 훨씬 더 큰 규모의 비용이 추가적으로 발생하게 되는데, 기존 생산라인을 다 뜯어고쳐야 하고 기존 제품들을 어떻게 처리할지도 큰 비용이었다. 게다가 '제조물 책임'의 이슈가 대두된다. 기존의 제품들에서는 사고가 났을 때 모든 사람들이 100% 사용자 자신의 잘못이라고 받아들이고 있었다. 그런데 안전 톱이 공급되기 시작하고 그런 다음에도 혹시 사고가 난다면 이제 누구에게 책임을 묻게 될 것인가? 기존 업체들은 가스의 기술을 거절했을 뿐 아니라 오히려 그 기술에 문제가 많다고 비난하기 시작했다.

'제품이나 기술what을 팔아서 돈을 버는 것'이 가스의 목적이었다면 아마도 포기를 했을지 모른다. 그러나 가스는 '왜 그 많은 사고를 막을 수 없을까'라는 의문why에서 시작했기 때문에 포기하지 않고 다른 두 명의 동료 특허변호사들과 함께 아예 회사를 차렸다. Why를 묻는 중요성에 대해서는 5부 4장 '질문의 힘' 섹션에서 더 자세하게 다룬다. 2004년 11월부터 제품을 판매하기 시작하고, 2005년 3월 첫 사고가 발생했다는 보고가 들어오는데 실제로 사람이 전혀 다치지 않은 채 기계가 멈췄다는 것이었다.[53]

아라빈드Aravind 안과병원

일 년에 외래환자 200만 명 이상을 대상으로 100만 회 가까운 안과수술을 수행하며, 전 세계 안과수술의 7%를 담당하는 의료기관이 있다. 흥미로운 것은 환자 60%가 돈을 내지 않고 무료 서비스를 받는다는 점이다. 그렇다면 금방 파산할 것 같은데, 이 비영리의료기관은 웬만한 회사들보다 재무적인 성과도 좋다. 매출총이익ROS이 54%에 이르고 자본이익률ROE도 16.2%에 달한다. 인도의 아라빈드 안과병원Aravaind Eye Care이다.

"왜 많은 인도 사람들은 백내장과 같이 간단한 수술로 고칠 수 있는 질환도 못 고치고 시력을 잃을까?" 세계에서 가장 큰 안과병원이자 교육, 연구기관인 아라빈드 안과병원을 만든 벤카타스와미 박사Govindappa Venkataswamy(1918~2006)가 던진 질문이었다. Dr. V라는 애칭으로 더 잘 알려진 벤카타스와미 박사는 전역한 군의관 출신으로, 단 한 명이라도 돈 때문에 시력을 잃는 것을 막아보겠다는 사명으로 1976년 11병상짜리 비영리의료법인을 설립했다. 이미 설립 당시부터 6+5 플랜으로 6명의 환자에게는 무료로 수술을 해준다는 계획을 세웠다. 당연히 은행에서는 대출을 거부당했고 마침 친인척들 중에 우연히도 안과 의사들이 여러 명 있어 뜻이 맞는 사람들끼리 출자를 해서 사업을 시작했다.

60%의 환자에게 무료 서비스를 제공하면서 어떻게 그렇게 높은 재무적인 성과를 낼 수 있는가. 바로 생산성이다. 제공하는 서비스는 새로울 것이 없으나 그 과정의 생산성에 엄청난 혁신을 도입한 것이다. 아라빈드 의사들은 1인당 매년 2,000번에 달하는 수술을 시행한다. 미국 의사들은 평균 연 125회에 불과하다. 이와 같이 높은 생산성으로 인해 아라빈드는 인도 안과 의사 전체의 1%로 안과수술 전체의 5%를 수행한다. 백내장 기준 안과수술 1회 비용은 35달러로, 미국 병원의 50분의 1 수준이다. 이렇게 많은 수술을 시행하면 사고가 나지 않을까 하는 의구심이 들 수도 있다. 아라빈드에서 수술 후 합병증 사례는 영국 의사들의 절반 수준이라고 한다. 기술도 뛰어난 것이다. 그렇다면 어떻게 이런 엄청난 생산성과 그 결과 비용상의 혁신을 이룰 수 있을까?

일단 아라비드는 극도의 규모의 경제를 노린다. 그러려면 서비스가 단순

해야 한다. 아라빈드는 단일 제품, 즉 백내장 수술만 한다(최근에는 규모가 커지면서 다른 수술도 수행하여 백내장 수술 비중이 70% 정도라고 한다). 그리고 모든 과정은 조립라인식으로 운영된다. 수술 환자 스크리닝에서 수술, 사후처리 등 모든 과정은 극단적으로 표준화된 프로세스로 돌아가며 그 과정 중에 의사를 포함하여 모든 사람들에게는 자율성이 제로다. 모두가 기계처럼 프로세스를 수행해야 한다. 의사 개인의 성과가 모니터된다. 수술방에는 2개의 수술대가 있다. 의사가 한 명의 환자를 수술하다가 미리 계산된 시간에 따라 수술이 끝날 즈음 다음 환자가 들어와서 뒤쪽의 수술대에 눕는다. 이전 환자의 수술이 끝나자마자 의사는 휘리릭 180도 돌아서서 두 번째 환자의 수술을 시작하고 수술이 끝난 첫 번째 환자는 수술실 밖으로 나간다. 이런 과정이 하루 종일 반복되는 것이다.

각 병원에는 유료환자 시설과 무료환자 시설이 붙어 있다. 유료환자 시설은 내부장식도 고급스럽게 잘 되어 있지만, 무료환자 시설은 아주 기본적인 시설만 갖추고 있다. 스탭들은 양쪽이 공유한다. 여기서 두 가지 의문이 생긴다. 첫 번째, 왜 자존심 높기로 유명한 의사들이 이렇게 일견 열악한 환경에서 일을 하려고 할까? 두 번째, 왜 부유한 환자들은 바로 옆쪽에 가난하고 불쌍한 사람들이 바글거리는 이 병원을 찾아갈까?

의사들이 아라빈드에서 일하는 이유는 바로 최첨단 기술과 연구를 할 수 있는 환경을 마련해주기 때문이다. 전 세계 선두 병원과의 제휴 및 인력 교환의 기회를 의사들에게 제공해주어 각 분야에서 최고의 명성을 쌓을 수 있게 해준다. 원하기만 하면 어디든지 옮길 수 있는 실력을 갖추도록 해준다. 거기다 '가난한 사람을 돕는다'는 심리적인 만족감도 의사들이 거기서 열심히 일하게 하는 데 한몫을 한다. 환자들이 아라빈드를 찾는 이유는 당연히 최고의 기술을 가진 곳이고 또 비용도 엄청나게 낮기 때문이다. 유료환자 입장에서도 값이 쌀 뿐 아니라, 무료환자 입장에서는 가격이 제로다.[54][55]

혁신과 관련해서 이해해야 할 것은 이러한 프로세스 모델에 대한 아이디어가 어디서 왔는가이다. Dr. V에 의하면 그 아이디어는 맥도날드에서 배웠다고 한다. 맥도날드가 조립라인식 패스트푸드점 아이디어를 얻은 것은 자동차 회사 포드인 것으로 알려져 있고, 포드가 애초에 아이디어를 얻는 곳은 도살장이라고 한다. 즉 우리 업계와 아무 관련이 없는 다른 업계에서 아이디어가 온 급진적 탐색radical exploration의 예라 할 수 있다. 혁신의 아이디어를 찾는 조직환경에 대해서는 이 책 5부 2장 '혁신 아이디어 탐색 환경' 섹션에서 더 자세히 다룬다.

블록버스터 비디오 렌털 비즈니스 모델

1985년 시작한 블록버스터는 1990년 들어서면서 비디오 대여 업계를 장악한다. 동네마다 조그맣게 산발적으로 운영되고 있던 비디오 대여점들에게 블록버스터의 비즈니스 모델은 큰 충격이었다. 블록버스터의 비즈니스 모델을 좀 더 자세하게 뜯어보면 다음과 같다.

블록버스터가 집에서 영화를 시청하려고 하는 고객들에게 내놓은 가치 제안은 '무비 나잇movie night'이었다. 저녁에 집에 들어왔는데 갑자기 영화가 보고 싶지만 극장에 갈 수도 없을 때 차를 타고 나가면 미국 전역 어디든 10분 내 거리에 최신작 영화 타이틀을 구비한 블록버스터 대여점이 있어서 영화를 빌려서 볼 수 있다는 것이다.

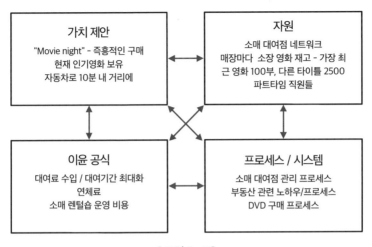

가치 제안

"Movie night" - 즉흥적인 구매
현재 인기영화 보유
자동차로 10분 내 거리에

자원

소매 대여점 네트워크
매장마다 소장 영화 재고 - 가장 최
근 영화 100부, 다른 타이틀 2500
파트타임 직원들

이윤 공식

대여료 수입 / 대여기간 최대화
연체료
소매 렌털숍 운영 비용

프로세스 / 시스템

소매 대여점 관리 프로세스
부동산 관련 노하우/프로세스
DVD 구매 프로세스

[그림 3 - 5]

수익 공식은 물론 비디오 대여료가 주된 수입이었지만 연체료 역시 매출의 10%에 달하는 상당한 매출의 근원이었다. 주된 비용은 대여점을 만들고 운영하는 비용으로 점포당 평균 영업이익률이 15% 정도 나오는 사업 모델이었다.

이러한 비즈니스 모델이 제대로 작동하기 위해 필요한 자원은 가장 중요한 것이 '10분 내 거리'라는 가치 제안을 받쳐주기 위한 소매 대여점 네트워크다. 또한 각 대여점에는 최신작 위주의 타이틀을 최소한 100편 정도 보유하고 있어야 하고, 그 외 타이틀은 2,500편 정도 보유하고 있어야 한다. 타이틀 구매 비용, 특히 최신작 타이틀을 영화사로부터 구매하거나 수익배분 revenue sharing 방식으로 가져오는 것은 상당한 재무적인 자원을 요구하는 방식이다. 그 외, 인적 자원인 매장 매니저 1명과 파트타임 직원 10명이 필요하다. 이 비즈니스 모델에서 파트타임 직원들의 영화에 대한 지식이나 전문성은 그다지 필요하지 않다. 주로 신작 위주로 대여가 일어나기 때문에 어디에 신작이 있다는 정도만 가리키면 된다.

이러한 비즈니스 모델로 파편화되어 있던 비디오 대여사업을 장악한 블록버스터는 2002년, 기록적인 매출과 이익, 5년 연속 매출 성장, 100% 브랜드 인지도를 달성하고 있었다. 그러나 같은 해 넷플릭스가 상장한다.

그 당시 이미 1년 동안 비디오 카세트를 벗어나 DVD 플레이어 사용자가 24%에서 37%로 증가하고 있었고, 재택in-home 영화시청 지출은 200억 달러($22.3 billion)를 넘어서고 있었다. 넷플릭스의 새로운 DVD-by-mail 비즈니스 모델에 급속히 따라잡힌 블록버스터는 2004년 최정점기에 이른 후(직원 수 8만 4,300명) 지속적으로 성과가 하락하다가 2010년 파산했다.[56]

넷플릭스 DVD-by-mail 비즈니스 모델

넷플릭스는 1998년 4월 14일, 직원 30명으로 창업했다. '더 나은 홈비디오 서비스'를 표방한 넷플릭스는 당시 VHS 비디오 카세트를 대체하며 새롭게 출현한 DVD 기술을 활용한다. 더 작고 가벼워 우편으로 주고받기가 가능했기 때문이다.

다음 그림은 초기 혼란의 시기를 지나서 넷플릭스의 DVD-by-mail 비즈니스 모델이 자리를 잡았을 때의 비즈니스 모델이다.

넷플릭스의 가치 제안은 이제는 밖에 나갈 필요도 없이 집에서 영화를 볼 수 있다는 것이었다. 즉 '집에서 당신을 기다리고 있는 영화movies waiting for you'다. 그것도 아무 영화가 아니라 고객이 보기를 원할 영화들이었다. 처음부터 추천 시스템을 구축하여 고객들이 선호하는 영화를 미리 찾아내서 고객에게 보내줄 대기행렬queue에 줄을 세워 보낼 수 있었기 때문이다.

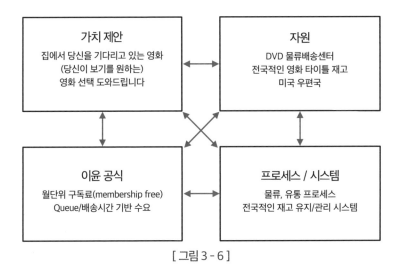

<table>
<tr><td>가치 제안
집에서 당신을 기다리고 있는 영화
(당신이 보기를 원하는)
영화 선택 도와드립니다</td><td>자원
DVD 물류배송센터
전국적인 영화 타이틀 재고
미국 우편국</td></tr>
<tr><td>이윤 공식
월단위 구독료(membership free)
Queue/배송시간 기반 수요</td><td>프로세스 / 시스템
물류, 유통 프로세스
전국적인 재고 유지/관리 시스템</td></tr>
</table>

[그림 3 - 6]

수익 공식은 월단위 구독료가 주 수입이고 주된 비용은 영화 타이틀 구매비용, 물류센터 및 배송 비용 등이다.

집에서 영화 DVD를 받아 볼 수 있게 하기 위해서 가장 중요한 자원은 물류배송센터 네트워크다. 또한 영화 타이틀을 보유하고 있어야 한다. DVD를 실제 배송하고 반환하는 것은 내부 자원이 아닌 외부 자원 미국우편국 US Postal Service을 활용했다. 고객이 원하는 영화를 원할 때 볼 수 있게 하기 위해 필요한 자원으로 추천 시스템과 멤버십 시스템이 필요하다.

이러한 자원들을 효과적이고 원활하게 운영할 수 있기 위해서는 물류, 유통 관리 프로세스와 전국적인 재고 유지 및 관리 시스템도 필요하다. 타이틀 구매에 너무 많은 비용을 들이지 않고도 고객들이 자신이 원하는 영화를 여러 개 대기시켜놓고 볼 수 있다는 생각을 할 수 있게 하기 위해서는 고객의 선호도를 파악하고 회사가 보유 중인 영화들로만 매칭을 시키는 추천 시스템이 아주 중요하다.

물론 넷플릭스가 처음부터 순탄한 길을 걸은 것은 아니다. 넷플릭스는 시작 때부터 웹사이트와 검색엔진(타이틀, 배우, 감독, 장르 커버)으로 구성된 기술력으로 고객들이 자신의 대기행렬queue(넷플릭스로부터 배달 받을 영화 리스트)을 구축할 수 있게 했다. 고객은 대기행렬 순서대로 영화를 배달 받고, 영화 시청 후 넷플릭스의 눈에 띄는 봉투에 담아 우체통에 넣어 반환하면 다음 영화가 배달되는 형식이었다.

넷플릭스의 초기 가격 모델은 고객이 웹사이트에서 영화를 선택하면 편당 4달러 플러스 배송비 2달러, 그리고 반환 시한에 따른 연체료late fee가 있었다. 즉 영화 타이틀을 빌리러 대여점으로 가는 대신 집에서 앉아서 영화를 받아서 본다는 것 외에는 기존의 블록버스터와 요금 체계는 다를 것이 없었다.

DVD 보급이 가속화되면서 전통적인 비디오 렌털 매장에서도 VHS를 대체하기 시작하면서 넷플릭스의 초기 가치 제안은 효력을 상실한다. 가격 모델이 가장 문제였다. 소매 렌털 매장과 다름 없는 가격에 영화를 직접 빌려와서 보는 것보다 배달 속도가 더 늦기 때문이었다.

넷플릭스의 신규고객 유치 비용은 인당 100달러에서 200달러에 이르렀고, 고객 증가와 함께 DVD 영화 재고 구축 비용도 급증했다. 넷플릭스는 블록버스터에게 기업 매각을 추진했지만 블록버스터에서 거절을 했다. 결국 넷플릭스는 대규모 감원을 하면서 전략을 조정한다. 넷플릭스는 '오래 걸리는 배달시간longer delivery time이라는 약점을 오히려 경쟁우위로 바꿀 수는 없을까?'라는 질문을 던지고 그 결과 연체료를 없앤 구독료no-late-fee subscription model 시스템으로 전환했다. 그리고 매달 4개까지 새 영화를 배달했다. 즉 영화가 항상 집에서 기다리고 있게having a movie at home all the time했다. 그 이후, 무제한 렌털unlimited rentals 시스템으로 전환하여 한 번에 영화 3편을 보유할 수 있게 했고, 원하는 만큼 자주 교환할 수 있게 했다.

처음에는 막연히 기존의 비디오 렌털 고객을 겨냥했지만, 이제 주된 타깃 고객을 더욱 분명히 했다. 즉 일상의 엔터테인먼트를 위해 영화 렌털을 정기적으로 하는 사람들('all you can eat' model), 그리고 연체료 때문에 원하는 시간에 영화를 시청하지 못하는 사람들이었다.

그럼에도 불구하고 작은 규모의 넷플릭스가 여전히 풀어야 할 문제가 있었는데, 바로 영화 타이틀 구매 비용이었다. 일반적으로 대여 영화의 50%가 신작이었는데, 신작은 별도 마케팅은 필요 없지만, 구매 비용이 비싸다. 많은 신작 영화 타이틀을 수많은 사람들이 원할 때 불편 없이 볼 수 있게 해줄 정도로 보유하기 위해서는 엄청난 비용이 들어간다.

여기서 넷플릭스의 전매특허 추천 시스템Proprietary Recommendation System이 힘을 발휘했다. 초기 모델은 소수의 직원이 회사 검색엔진 정보를 분석하여 매주 홈페이지에 추천 영화 5개를 게재하는 형식이었다. 신규 고객 가입 시 서베이를 통해 가장 좋아하는 장르와 특정 영화 타이틀 1~5개를 평가하게 했다. 그리고 넷플릭스만의 알고리즘으로 분석했다. 추천 페이지에는 영화 리스트, 랭킹, 영화 내용 요약, 추천 이유, 가입자들의 평가 그리고 가입자들이 영화 시청 후 올린 영화평이 있다. 넷플릭스는 고객 선호도 분석을 통해 개별 고객에게 어필할 수 있는 정확한 추천이 가능하게 되었다. 이 추천 시스템과 함께 시너지를 발휘한 것이 넷플릭스의 재고 관리 시스템이다. 추천 시스템 분석 결과는 일종의 필터 역할을 할 수 있게 되어

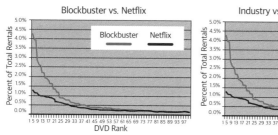
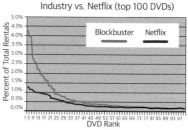

[그림 3 - 7]

자료원: http://www.longtail.com/the_long_tail/2006/05/longerand_a_lot.html

서, 자사가 보유하지 않은 타이틀은 추천 시스템에서 제외하는 식으로 수요와 공급을 매칭시킬 수 있었다. 그 결과, 전통적인 렌털 모델에서는 신작을 70% 보유해야 했으나, 넷플릭스는 2006년 시점에 30%에 불과했다.

영화는 취향과 관련된 제품이고, 넷플릭스는 전 세계에서 가장 방대한 영화 평가 정보를 보유하게 되었다. 이 과정에서 기존 비디오 대여점에서 일하는 단순직의 파트타임 직원들과는 비교할 수 없는 전문성과 영향력이 갖춰졌다.

넷플릭스의 전국 재고 시스템은 훨씬 적은 수의 타이틀(1/3~1/5)로 블록버스터의 소매점 네트워크만큼의 고객 수요를 충족시킬 수 있게 되었다. 그림에서처럼 블록버스터나 업계 평균과 비교해서도 넷플릭스가 대여하는 타이틀에서 신작(양쪽 그래프의 Y축)이 차지하는 비중이 훨씬 낮은 것을 볼 수 있다. 대기행렬queue 정보를 활용하여 미국 전역에 걸쳐 어느 한쪽에서도 수요와 공급이 어긋나지 않도록 조정할 수 있었다. 넷플릭스는 신작의 비중을 줄이는 대신 독립영화를 많이 활용했는데, 10편이 제작되면 1편 정도만 대중에게 노출되던 인디 영화의 수익 60~70%를 차지하는 가장 중요한 유통

창구로 자리 잡게 된다. 이를 위해 2006년 자회사 레드 엔벨롭 엔터테인먼트Red Envelope Entertainment를 설립하여 인디 영화 배급권을 취득했다.

아무리 추천 시스템으로 영화 줄 세우기를 하더라도 타이틀들이 물리적으로 짧은 시간 안에 배달이 되고 반환이 되고, 또 반환된 타이틀이 분류가 되어 다시 필요한 곳으로 배달되고 회수되는 과정이 필요한데, 이것은 미국 우체국United States Postal Service, USPS이 해결해주었다. 넷플릭스는 USPS와 협약을 맺고, 반환되는 DVD가 들어 있는 빨간봉투를 가장 가까운 우편물 분류센터에서 인터셉트하도록 하고 또 가장 가까운 넷플릭스의 물류센터로 트럭 배달이 가능하게 했다. 그 결과 미국 전역에 걸쳐 일일배송이 가능하게 되었다.

그 이후, 기술이 비디오 스트리밍으로 이동하면서 넷플릭스는 기존의 사업을 과감히 버리다시피 하면서 점프를 한다. 그 과정에서 물류센터와 같은 핵심 자원들은 필요 없어졌지만, 브랜드와 추천 시스템, 회원 가입/탈퇴 절차와 시스템 등은 그대로 이전이 되었다.[57]

Type 3 실패 π(혁신 함정) 영역 사례

Type 3은 실패하지 않는가? Type 3은 고객가치를 획기적으로 높이다 보니 고객이 미처 이해를 못하거나 따라잡지 못할 가능성도 있고, 가치 창출 방법이 급진적이어서 내외부 환경적인 요소들을 충실하게 갖추는 것도 쉽지 않아 크게 실패할 가능성이 오히려 높을 수 있다.

최초의 온라인 서점Interloc

최초의 온라인 서점은 우리가 생각하는 아마존이 아니다. 아마존 이전에 너무 앞서 나갔던 온라인 책방이 있었다. 아마존이 창업된 1994년 훨씬 이전인 1982년 리처드 웨더포드Richard Weatherford가 창업한 인터락Interloc이라는 회사다. 찾기 어려운 책을 중간에서 찾아준다는 의미에서 interlocutor를 줄여서 회사 이름을 지었다. 실현되었다면 고객이 누렸을 가치나 기존 오프라인 책방 대비 가치 창출 방법의 급진성을 고려하면 Type 3 존에 분명히 들어가는 혁신 케이스지만 외부 인프라가 받쳐주지 못해서 사업적으로 성공하지 못한 파이π 영역 케이스가 되었다.

아마존은 당시 기하급수적으로 확장되던 인터넷이라는 거대한 파도에 올라 타면서 성공했다. 모든 사람들을 빠른 속도로 연결하면서 정보를 주고받을 수 있는 인프라가 있었기에 온라인 서점이 성공할 수 있었던 것은 잘 아는 사실이다. 인터넷에서 정보를 모두가 주고받을 수 있게 하는 World Wide Web으로 시작하는 웹브라우저는 1989년 영국 과학자 팀 버너스-리Tim Berners-Lee가 발명했다. 그가 스위스 유럽 입자물리 연구소CERN에 재직하던 1990년 첫 웹브라우저가 만들어졌고, 그 다음 해 외부에 공개됐으며, 다른 연구소들에 1991년 공개된 후, 1991년 8월 인터넷을 타고 전 세계에 공개되었다. 그 후 3년 만에 아마존이 인터넷 소매의 기회를 제대로 잡은 것이다.

반면 인터락은 아이디어는 혁신적이었으나, 창업한 해인 1982년은 PC가 막 보급되기 시작하던 때였고, 가격도 비쌌고, 무엇보다 컴퓨터끼리의 연결이 거의 안 되던 때다. 컴퓨터를 무상으로 공급한 후 사업을 하는 가능성까지도 생각했지만, 하드웨어만으로 될 일이 아니었다. 연결성이 더 문제였다.

결국 스타트업으로서 펀딩을 받지 못했다.

록히드마틴 P-791 Hybrid Airship

혁신이 실질적인 돈이 되려면 갈 길이 멀다. 제품이 혁신적이라 할지라도 나머지 비즈니스 모델의 요소들이 모두 받쳐주지 않으면 사업으로 연결되지 못한다.

방위산업체 록히드마틴Lockheed Martin은 2006년 혁신적인 수송기 시제품을 만들어냈다. 비행선처럼 부양이 가능한 가스가 충전된 몸체에 공기역학적인 이륙 기능에 전진 추진력을 갖춘 장비였다. 면적이 좁거나 바닥이 고르지 않은 공간에서도 이착륙이 가능하여 활주로가 필요하지 않으면서도 대량의 물품을 수송할 수 있다. 기존의 헬리콥터는 이착륙 등이 편하기는 했으나 수송량에 제한이 있었고, 대형 수송기는 활주로를 닦아야 하는 문제가 있었는데 이러한 양쪽의 약점을 일거에 해소하는 혁신이었다.

군사용으로 개발된 이 장비에 대한 소문이 퍼지자 뜻하지 않게도 운송회사 등 기업체들에서 연락이 오기 시작했다. 그러나 록히드마틴은 이러한 B2B 사업에 진출하지 않기로 했다.

제품 자체는 혁신적이고 고객도 원하고 제대로 판매한다면 회사에게도 수익이 돌아올 수 있었을지 모르지만 거기까지 가기 위해 회사가 새롭게 해야 할 것들이 너무 많았다. 애초에 방산업체로서의 록히드마틴은 전투기, 미사일처럼 숫자는 적지만 대당 마진이 높은 수백만 달러짜리 방위산업 제품을 만들고 파는 회사다. 고객은 정부이고 정부와의 계약 시스템에 익숙한 회사다. 제품을 만들어놓고 파는 것이 아니라, 수주를 받아서 주문 후 제조를 하는 방식으로 돌아간다. 개발 프로세스부터 모든 단계에서 미리 만들어진 정교한 요구조건을 기준으로 진행상황을 추적하고 그에 따라 비용을 청구한다. 방위산업의 복잡한 조달과정이 진입장벽으로 작용하기 때문에 마진이 어느 정도 사전에 보장된다. 대신, 정확한 잠재시장이 어느 정도인지 정확하게 계산하기는 힘들다. 정부가 계약을 해주리라는 보장이 없기 때문에 엄청난 투자와 위험을 진다.

그에 비해 B2B 상용 고객들을 상대하려면 새롭게 배우고 갖춰야 할 것들이 많다. 상업적인 고객들을 상대하기 위한 영업 조직, 유통 및 물류 채널, 광산 회사, 자동차 회사, 선박물류 회사 등 다양한 고객과 다양한 문화에 대응하는 전문성, 복수의 시장에 대처하기 위한 마케팅 스킬, 사전에 자세하게 모든 스펙이 결정되는 군용 장비와 달리 필요하면 커스터마이즈를 해야 하는 필요성, 방위산업과는 다른 재무 및 회계 기준 등. 이런 것들을 갖추기 위한 투자도 많고 경험도 없었기 때문에 사업적인 기회에도 불구하고 B2B 사업으로 진출하지 않기로 결정한다.[58] 이후, 미 육군의 수주에 실패한 후 상업용으로 방향을 바꾸어 2016년 첫 수주를 기록했다. 2018년부터 상용운행을 시작하기로 되어 있었는데 그 결과는 아직 알 수 없다.[59] 이 사례는 획기적인 고객가치(Y축)를 제공하여 Type 3 가능성이 충분히 있었지만 X축을 필요한 만큼 확장할 의도가 없어서 사업을 포기한 케이스라 할 수 있다.

주목 사례

로컬모터스Local Motors

2007년 미국 애리조나 주 피닉스(챈들러) 시에 본부를 두고 창업한 로컬모터스는 '모터스'라는 이름에서 자동차 회사임을 알 수 있고, '로컬'이라는 이름에서 기존의 자동차산업의 비즈니스 모델과 다른 것을 알 수 있다. 기존의 자동차산업은 대규모 투자를 통한 시설을 만들고 공장당 20~30만 대는 생산량을 달성해야 경제성이 생기는 모델이다. 그러나 로컬모터스는 2~3천 대만으로 경제성을 달성할 수 있는 마이크로 공장 또는 3D 프린터를 활용하여 자동차를 찍어낼 수 있는 모바일 공장을 활용한다.

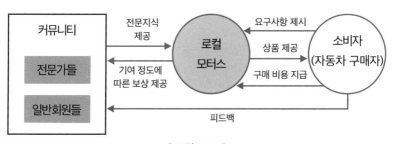

[그림 3 - 8]

출처: 남대일 등. 비즈니스 모델 101

로컬모터스의 실체는 소수의 기획인력과 공장 운영이 핵심이다. 자동차를 디자인하는 중요한 기능은 오픈소스 형태의 커뮤니티 플랫폼Launch Forth에서 회원들이 해결한다. 이 커뮤니티에는 자동차 모든 영역의 전문가들이 모여 있어서 아이디어를 제안하고 다른 사람들이 내놓은 아이디어를 수정,

로컬 모터스 자동차

개선하면서 디자인을 발전시킨다. 어떨 때는 일종의 콘테스트를 통해서 디자인 아이디어를 선정하기도 한다. 자동차산업의 신모델 개발과 생산 사이클이 보통 3~5년인 점을 감안하면 로컬모터스의 신차 개발 사이클은 1년이나 2년 혹은 스트라티Strati와 같은 3D 프린팅을 통한 자동차 생산은 40시간 만에 완성되는 놀라운 스피드를 보인다.

2010년 처음 선보인 랠리 파이터Rally Fighter는 오프로드 자동차로 개발 기간이 12개월밖에 걸리지 않아서 제품 출시 시간time to market 신기록을 세웠다.

2016년에는 자율주행 전기차를 공개했다. IBM의 인공지능 왓슨을 채용하고 3D 프린팅을 사용하여 만들었다. 주로 기업고객을 대상으로 판매하게 되는데, 2018년 1월 ETSElite Transportation Services 사로부터 10억 달러에 이르는 펀딩을 받기로 했고, 엑셀러레이트Xcelerate로부터도 2천만 달러의 추가 펀딩을 받기로 했다고 한다.[60]

만약 로컬모터스의 비즈니스 모델이 본격적으로 작동된다면, 대규모 조립 라인을 갖추고 규모의 경제를 중심으로 돌아가던 기존의 자동차 제조 비즈니스 모델은 상당한 변혁을 겪게 될 것이다. 자동차 회사뿐 아니라 원재료와 부품 등 각종 연관산업들도 많은 영향을 받게 될 것이다. 기존에 우리가 아는 자동차 사업의 비즈니스 모델을 완전히 뜯어고치는 정도의 새로운 비즈니스 모델로서 고객에게 '나만의 자동차를, 낮은 비용에, 아주 짧은 시간에 가질 수 있다'는 가치를 제대로 줄 수 있다면 Type 3 성공 사례가 될 것이고, 그 가치 제안을 현실화deliver하지 못하면 실패한 Type 3 사례가 될 것이다.

4장

혁신 유형 간의 이동

우리가 원하는 것은 궁극적으로 알파 영역(α zone 또는 보더라인 혁신)에 머무르지 않고 오메가 영역(Ω zone: 혁신 정점)으로 이동하는 것일텐데 바로 오메가 영역으로 가기는 쉽지 않을 것이다. 그렇다면 크게 두 가지 경로가 있을 것이다. 하나는 제품이나 서비스 단품 수준에서 획기적인 혁신을 이루어 시그마 영역(Σ zone: 스크루지 혁신)으로 일단 이동한 후, 공정, 가치 활동, 밸류체인 혁신, 또는 비즈니스 모델과 플랫폼을 가미하여 오메가 영역Ω zone으로 이동하는 방법을 상상할 수 있지만 현실적으로 쉽지 않을 것 같다. 기존의 제품과 서비스 개념에서 탈피하지 않으면서 새로운 비즈니스 모델과 플랫폼을 만들어내는 것이 쉽지 않을 것이기 때문이다.

그런 경우에 근접하는 예를 굳이 생각해보자면, 하이얼 IoT 에코시스템 사례가 있다. 중국 청도에 본사를 두고 있는 하이얼은 전형적인 제조회사이지만 최근 단순 제품만 팔아서는 살아남을 수 없다는 판단 아래 새로운 시도를 하고 있다. 회사 전체를 수천 개의 자율적인 단위ME: Micro Enterprise로 구성한 후 사업을 맡은 단위들에게는 단순한 제품이나 서비스를 파는 것에서 탈피해서 비즈니스 생태계ecosystem로 전환하도록 유도를 한다고 한다. 예를 들어, 전국의 대학들에 보급된 세탁기를 연결하는 스마트폰 앱을 통해서 기숙사 세탁기를 사용하는 스케줄링을 하고 사용료를 지불할 수 있는 시스템인 커뮤니티 론드리Community Laundry라는 사업의 경우, 외부 사업자들이 900만 명에 달하는 사용자들에게 접근해서 사업을 할 수 있는 문을 열어줬다고 하는데, 성과 평가지표를 보면 (1) 제품 개발 시 사용자를 얼마나 관여시켰는지, (2) 제품이 얼마나 독특한unique 고객가치를 제공하는지, (3) 전체 이윤 중 얼마가 단순 제품 판매가 아닌 생태계 매출에서 창출되었는지 등으로 평가를 한다고 한다.[61] 세탁기, 건조기들을 IoT로 스마트폰 앱으로 연결하여 일일이 세탁장으로 가지 않고도 비어 있는 세탁기가 있는지와 세탁 진행과정을 리모트로 볼 수 있고, 조정도 할 수 있으며 결제도 할 수 있게 하는 생태계를 구축하고 외부 사업자들과의 협업체계를 구축한 것이다.

이렇게 하이얼과 같은 접근방법을 활용할 수도 있겠지만, 더 현실적이고 바람직한 이동 경로는 그림에 화살표로 표시된 것과 같이 백지 상태에서 플랫폼 등을 새롭게 디자인하는 시도를 하는 것이 좋을 듯하다. 물론 이것은 고객들이 익숙하지 않은 완전히 새로운 것을 제안하게 될 것이므로 처음부터 바로 오메가 영역Ω zone으로 가는 성공을 이루기는 쉽지 않을 것이다. 오히려 초반에는 많은 노력을 기울이고도 고객을 설득할 만한 가치를 만들

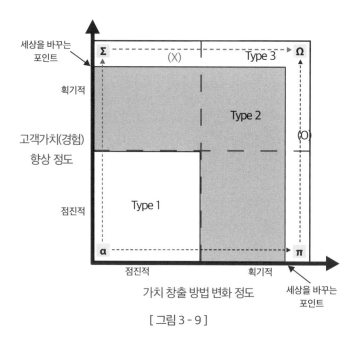

[그림 3 - 9]

지 못하는 파이 영역(π zone: 혁신 함정)으로 갈 확률이 높다. 그러나 파이 영역에 한 번 떨어졌다고 해서 머무르지 말고 지속적인 학습과 개선과 실험을 기반으로 한 스케일 업scale up을 통해 오메가 영역Ω zone으로 이동하도록 노력해야 할 것이다(스케일 업에 대해서는 '이정동 교수의 개념 설계' 참조).[62] 이리 듐 프로젝트처럼 기술과 비용 면에서 문제를 해결할 수 없는 경우라면 여기서 멈춰야 할 것이다. 이에 비해 실패로 끝난 구글의 프로젝트 아라를 거기서 포기하지 않고 기술력의 발전에 따라 시간과 비용을 더 투자했다면 어떻게 되었을까? 아마도 많은 혁신은 한 번의 실패로 포기하지 않고 지속적으로 문제를 해결해나가면서 시간이 지나면서 새롭게 떠오르는 기술과 솔루션들을 통합해서 프로젝트를 변형시켜가면서 임팩트 있는, 세상을 바꾸는 혁신이 될 수 있을 것이다.

한 유형의 혁신에만 머물지 않고 지속적으로 다른 유형의 혁신 사이를 이동해나가는 것은 이 책 말미에서 논의할 혁신적인 기업 환경과 문화를 만드는 데도 필요할 것이다.

기업은 루틴을 만들어 그것에 의존하여 돌아가고 이제까지 해오던 것들을 기반으로 돌아가는 조직이다.[63] 특정 시점에서 어떤 기업을 들여다보면 의사결정을 하는 원칙을 중심으로 운영된다. 외부에서 어떤 혁신과 관련된 지식을 찾고 들여와서 활용하는가 하는 것도 어떤 정해진 성향을 보인다. 예를 들어, 필립스는 자사의 특허를 계속 활용하는 방향으로 혁신을 추구하고, 도시바는 다른 회사들의 특허를 인용하고 활용하는 방법으로 혁신을 추구한다고 한다.[64] 한 연구에서는 이동통신 기술이 아날로그에서 디지털로 넘어가는 상황에서도 그 당시 선두기업이었던 모토로라는 자사가 보유한 새로운 디지털 기술을 무시하고 아날로그 기술만을 활용하는 사이 경쟁사들이 모토로라의 신기술을 인용하여 결국 모토로라의 몰락을 앞당겼다고 보고하고 있다.[65]

조직의 내부만 바라본다거나 아니면 외부만 바라본다거나 하는 식으로 한 가지 형태의 혁신을 계속하게 되면 당연히 그와 연관된 흡수역량이 상대적으로 더 많이 개발된다.[66] 내부에서만 혁신의 아이디어를 찾는 데 익숙한 조직은 계속 내부에만 자원과 관심을 돌리게 되고 그 결과 외부에 있을 수 있는 혁신의 기회와 아이디어를 놓치게 될 가능성이 있고, 반대로 외부에서 주로 혁신의 아이디어를 찾는 데 익숙한 조직은 계속 외부로만 관심을 돌리면서 내부에 있을 수 있는 혁신의 기회와 아이디어를 사장시키게 될 것이다.[67]

핵심 요약

- Type 1: 캘러웨이 빅버싸, 시디즈

  - 실패 사례: 신문사의 인터넷 대응

  - 주목 사례: 아비오 인테리어의 항공기 좌석 스카이라이더 20

- Type 2: 증권사 찰스 슈왑, 증권사 에드워드 존스, 영국 샌드위치 스토어 프레아망제, 리히텐슈타인 전동공구 회사 힐티

  - 실패 사례: LG G5 스마트폰

  - 주목 사례: 폴더블 스마트폰

- Type 3: 블룸버그, 타임쉐어링 전세기 넷젯, 길거리 가구 지세드코, 쏘스탑, 인도 아라빈드 안과병원, 블록버스터와 넷플릭스

  - 실패 사례: 최초의 온라인 서점 인터락, 록히드마틴 P-791 하이브리드 에어쉽

  - 주목 사례: 로컬 모터스

- 단순한 형태의 혁신에서 더 발전된 혁신으로 이동할 수 있다. 알파존 α zone에서 머물지 말고 시그마존 Σ zone으로 이동할 수 있어야 한다. 그리고 다시 오메가존 Ω zone을 지향해야 한다. 알파존 α zone에서 노력했지만 파이존 π zone으로 떨어질 수 있다. 그러나 오메가존 Ω zone 으로 이동하기에는 α ▶ Σ ▶ Ω 경로보다는 α ▶ π ▶ Ω 경로가 더 현

실적일 수 있다.

4부

혁신 실행 방법론

혁신 실행의 방법은
달라야 한다

앞에서 분류한 세 가지 다른 유형의 혁신은 어떤 과정을 통해서 아이디어를 만들고, 구체적인 결과물을 만드는 과정은 또 어떻게 실행하고 관리해야 할까. Type 1, 2, 3 혁신은 그 특성이 다른 만큼 접근방법도 달라질 것이다. 그런데 Type 1과 Type 2는 고객가치나 고객가치 전달 방법이 점진적인incremental 개선과 획기적이고 혁명적인revolutionary 개선으로 비교적 명확하게 나눠질 수 있겠지만, Type 2와 Type 3 혁신은 이제까지는 없던, 세상을 바꿀 만한world-changing 혁신이라는 차이가 있는데 이 차이는 상당히 미묘할 수 있다. 따라서, 유형별 혁신 실행 방법론은 3가지가 아니라 Type 1 혁신을 위한 방법론과 Type 2/3을 위한 방법론 두 가지로 크게 나눠질 수 있을 것으로 보인다.

1장

Type 1(유지형) 혁신의 관리

Type 1 혁신은 상품 서비스의 디자인, 고객만족, 성능, 품질, 원가의 지속적 향상을 위한 일상적인 경영 활동의 일환이다. 이 유형의 혁신은 구조화되고 프로세스화된 특성을 가지며 일상적으로 또는 반복적으로 일어나는 혁신을 의미한다.

주로 상품, 서비스, 기술이나 공정, 비즈니스 모델 등의 기본 콘셉트는 그대로 두고 개선이 이루어지는 경우가 이에 속한다. 또한, 통상 당기에 결과가 실적화되어야 하므로 상대적으로 성공 시 임팩트는 적지만 성공률이 높은 과제가 해당된다. 현장 개선과 Type 1 혁신의 차이점은 이미 논의한 바 있다.

실행 과정

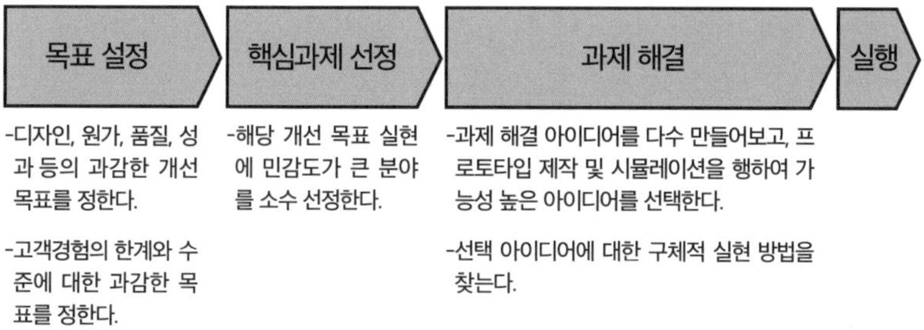

목표 설정 → 핵심과제 선정 → 과제 해결 → 실행

-디자인, 원가, 품질, 성과 등의 과감한 개선 목표를 정한다.

-고객경험의 한계와 수준에 대한 과감한 목표를 정한다.

-해당 개선 목표 실현에 민감도가 큰 분야를 소수 선정한다.

-과제 해결 아이디어를 다수 만들어보고, 프로토타입 제작 및 시뮬레이션을 행하여 가능성 높은 아이디어를 선택한다.

-선택 아이디어에 대한 구체적 실현 방법을 찾는다.

[그림 4 - 1]

Step 1: 고객가치 향상 목표 설정

목표 고객이나 고객에게 제공하는 가치 및 솔루션 그리고 고객의 해결과제customer-job-to-be-done 등을 명확하게 정의해야 한다. 고객에게 (잠재적으로) 가장 중요한 가치를 정하는 것이다. 고객의 핵심적 해결과제는 상품 카테고리의 기술적, 서비스적 완성도에 따라 계속 변화한다. 초기 시장에서는 기본적인 기능이나 성능이 좋은 상품이 되는 것이 제일 중요하다. 일단 이 단계를 넘으면 디자인 측면이나 사용성, 가격 등이 고객이 수용할 만한 수준을 넘어가야 한다. 시장이 성숙해갈수록 상품의 여러 측면들이 경쟁 대비 괜찮으면서도 적어도 한두 분야에서는 차별적으로 좋아야 한다. 앞에서 논의한 대로 현장 개선을 뛰어넘는 혁신을 이루기 위해서는 상품의 각 측면에 대해 고객경험의 한계와 수준에 대한 과감한 목표를 정한다. 예를 들자면, 기본 성능 개선 분야는 '무선 감도를 최소한 지금보다 2배 이상으로', 디자인 개선 분야는 '심미적 아름다움과 함께 무게와 크기를 지금보다 20% 이상 줄인다'와 같은 목표가 되겠다.

사실 크게 보면 이런 목표의 설정이 성패의 절반을 달성한다고 볼 수 있다. 상품 카테고리의 성숙도에 따라 지금 시점에서 고객들이 당연히 기대하는 가치와 고객들이 가장 아쉬워하지만, 아직 아무도 제공하지 못하고 있는 고객가치를 정의하여 이에 대한 높은 목표를 설정하는 것의 중요성은 아무리 해도 지나치지 않는다. 디자인, 원가, 품질, 성과 등에 과감한 개선 목표를 정한다.

여러 부서 간의 다기능적cross-functional인 조정이 필요하다. 따라서 전략을 구체화하여 각 기능 부문에서 노력할 부분을 명확히 해야 한다. 디자인, 원가, 품질, 성과 등에 과감한 개선목표를 정한다. 고객경험의 한계와 수준에 대한 과감한 목표를 정한다.

Step 2: 핵심과제 선정

목표를 설정했으면 이를 달성하기 위해 필요한 과제들을 가설적으로 모두 리스트업한다. 예컨대 '아름답게 하면서도 제품의 크기와 무게를 20% 이상 줄인다'는 목표 달성을 위해 1) 내부 부피의 큰 비중을 차지하는 주요 회로 부품들의 통합 반도체화, 2) 외관 디자인 경량 소재의 발굴 및 적용, 3) 부피와 중량이 작은 고밀도 배터리 개발, 4) 모든 부품을 소형화하는 디자인을 발굴한다는 과제를 선정할 수 있다. 이들 과제는 개발 부문, 디자인 부문, 구매 부문, 생산 및 품질 관리 부문 등 여러 부문에 걸쳐 있고 과제를 제대로 인식하려면 현장 경험에 바탕을 둔 아이디어와 상상력이 필요하다. 그래서 톱다운top-down 방식뿐만 아니라 보텀업bottom-up 방식으로 직원들의 생각을 폭넓게 반영하는 것이 중요하다.

　다음은 과제들을 일상적 업무를 통해 개선할 부분과 특별한 활동을 해야만 할 핵심과제들로 분류하고 우선순위를 정한다. 이 과정을 통해 각 기능 부문에서 노력할 부분이 명확해지도록 한다. 해당 개선목표 실현에 영향이 클 것으로 예상되는 소수의 핵심과제와 나머지 과제들은 별도로 관리하고 핵심과제가 아닌 과제들에 대해서는 각 부서의 일반업무 목표에 반영토록 한다.

Step 3: 과제 해결

　핵심과제가 선정되면 과제 해결을 위한 과업Task 활동을 다양하게 시도해야 한다. 우선 과제 해결 아이디어를 다수 만들어보고, 프로토타이핑prototyping 및 시뮬레이션을 행하여 가능성 높은 아이디어를 선택한다. 이러한 과정을 거쳐 선택된 아이디어에 대한 구체적 실현 방법을 찾는다.

　이 단계에서 활용할 수 있는 방법론으로 린 스타트업lean start-up을 생각해볼 수 있다. 린 스타트업은 혁신적인 신제품을 개발하기 위하여 빠른 반복적 실행과 고객 통찰, 높은 목표를 강조한다. 린 스타트업의 기본적인 활동은 아이디어를 제품으로 만들고, 고객이 어떻게 반응하는지 측정하고, 방향을 전환할지 그대로 나아갈지를 학습하는 '만들기 – 측정하기 – 학습하기Build – Measure – Learn' 사이클을 반복한다. 따라서 핵심은 아이디어를 빠르게 최소요건제품most viable product, MVP으로 제조하여 시장의 반응을 파악한 후 제품의 개발 방향이 맞는지를 학습하고 끊임없이 제품을 개선하는 프로세스다. 여기서 중요한 것은 개별 활동에 주목하기보다는 피드백 순환을 통해서 전체 시간을 최소화하는 데 초점을 맞추어야 한다는 것이다.[68]

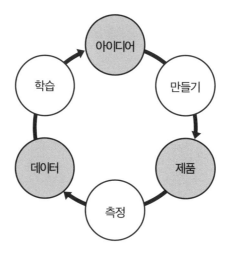

[그림 4 - 2] 만들기-측정-학습 피드백 순환

출처: 에릭 리스. 2012. 린 스타트업

에릭 리스Eric Ries는 도요타에서 개발한 린 제조lean manufacturing에서 관련된 개념들을 조합 및 변형하여 혁신을 만들고 관리하는 프로세스에 이러한 린 사고lean thinking를 적용했다. 그는 스타트업을 극심한 불확실성 하에서 새로운 제품이나 서비스를 만드는 조직으로 정의했다. 스타트업은 회사가 아닌 하나의 조직이며, 확장 가능하고 반복 가능한 임시 조직으로 보는 것이다. 따라서 이러한 린 스타트업 방법론은 회사의 규모나 산업의 종류와는 상관없이 모두 적용이 가능하다. 성과를 측정하는 방법, 마일스톤을 세팅하는 방법, 일의 우선순위를 정하는 방법 등은 스타트업에 맞게 설정해야 한다. 린 스타트업은 고객과 접촉하는 빈도를 높여서 목표로 하는 시장에 대한 잘못된 가정을 최대한 빨리 검증하고 회피하도록 한다. 이 방법론은 낭비를 줄이는 것이 핵심인 린 사고방식에 그 바탕을 두고 있으며, 이를 통해 저비용 고효율을 이룰 수 있는 것으로 알려져 있다.

물론 린 스타트업이 모든 환경에 다 적용될 수는 없다. 예를 들면, 헬스케어나 금융 등의 산업에 있어서는 잘못된 방향으로 의사결정이 이루어졌을 경우 초래되는 대가가 크고 고객들의 반응도 다르기 때문에 린 스타트업의 장점인 작게 빠르게 실패하고 이를 학습하여 지속적으로 개선하는 방식을 그대로 적용하는 것은 거의 불가능하다. 헬스케어 산업에서는 무엇보다도 최소요건제품이 존재하기 어렵다. 환자들은 최소요건제품에 대한 피드백을 주는 대상이 될 수 없으며, 무엇보다도 이들은 효과적으로 치료를 받기를 원하고 제대로 된 만족할 만한 의학적 결과를 요구하기 때문이다. 금융 분야 또한 린 스타트업을 효율적으로 활용하기 어려울 수 있다. 기업 입장에서는 작은 실패를 통해 반복적인 테스트를 해보고자 하겠지만, 소비자들은 금전적인 손해를 보는 것에 대해서 상당히 민감하게 반응하기 때문이다.[69]

린 스타트업에서는 최소요건제품을 싸고 작게 만들라고 제안하지만 적은 비용으로 새로운 비즈니스 모델을 구현할 수가 없는 경우도 있다. 예컨대 특정 지역에서 시범 서비스만 하기가 어렵거나 광범위한 임상시험이 필수적인 바이오 상품의 경우 상상할 수도 없는 비용이 소요된다. 이런 경우에는 린 스타트업 방식을 쉽게 활용하지 못할 수도 있다. 또한, 영업과 마케팅의 역량을 무시하는 문제점을 낳을 수도 있다. 기업의 가치사슬상의 여러 활동 중에서 영업과 마케팅 활동을 고려하지 않고서 최소요건제품을 가지고 고객 반응 테스트를 반복하여 혁신을 이루어내는 것만으로는 모든 것이 해결되지 않는다는 것이다.[70]

Step 4: 실행과 평가

새로운 과제 해결 아이디어를 적용하여 제품이나 서비스를 개선하게 되면 그 실행 결과에 대한 평가와 보상이 적절하게 이루어져야 한다.

Type 1 혁신 드라이브: Type 1 혁신을 이끌기 위한 리더의 역할

이상 Type 1 혁신의 과정은 결국 모든 조직원들이 지금 단계에서 가장 중요한 고객가치상의 개선 필요사항과 목표 수준을 분명히 인식하고 일상적 업무나 특별한 태스크 활동에서 서로 협력하여 이를 해결해나가는 것이다. 여기에서 중요한 리더의 역할은 다음과 같이 정확한 목표가 설정되도록 하는 것과 조직 내 각 부문이 협력하여 자발적으로 해결해나갈 수 있는 체제를 만들고 잘 운영되도록 하는 것이라 할 수 있다.

- 혁신 목표 설정 자체를 되도록이면 근본적인 문제를 해결하는 방향으로 한다.
- 각 부문의 업무 목표에 혁신 목표와 관련된 목표를 구체적으로 반영토록 한다
- 리더 본인이 처음부터 구체적인 과제나 해결 방향을 제시하지 말고 각 부문이 주도적으로 임팩트가 큰 과제(핵심과제)를 선정하도록 한다.
- 과제 해결을 위한 조직 내의 다양한 이노베이션 아이디어 제안을 모은다.
- 유망한 아이디어가 나오면 과제 해결을 위한 다기능적 태스크포스를 구성하고 그 활동을 후원한다.

● 결과에 대해 엄격한 정량적 평가를 하되, 너무 큰 금전적 보상이 아니라 내면적·명예적 보상을 많이 활용한다.

2장

Type 2/3(확장형/파괴형) 혁신의 실행

Type 2 또는 3 혁신은 Type 1 혁신에 비해 보다 급진적인 혁신이다. 고객가치나 해당 고객가치 창출 방법에 대한 근본적인 변화로 새로운 '개념 설계'를 만들고 실행하여 성과가 수십 %에서 수 배까지 향상되는 혁신을 의미한다. 특히 Type 3은 기존에 없던, 세상을 바꿀 만한 혁신으로 정의된다. 이 경우는 고객이 만족할 만한 적당한 솔루션을 찾는 것이 아니다. Type 3의 예로 언급했던 애플의 아이폰을 생각해보자. 스티브 잡스는 이렇게 말했다.

"급진적인 혁신은 고객으로부터 시작되는 것이 아니다.
나는 소비자들을 대상으로 시장 조사를 하지 않는다.
소비자들은 애플 제품을 보고 난 뒤에야
그들이 무엇을 원하는지 알게 되기 때문이다."[71]

소니의 모리타 아키오가 고객은 자신들이 원하는 것이 무엇인지 모르고 따라서 그들에게 물어봐서는 완전히 새로운 것이 나올 수 없다고 한 말과 같은 내용이다. Type 3 혁신은 고객들이 지금까지 전혀 몰랐던 완전히 새로운 가치를 창출하여 제안해야 하는 것이다.

Type 2/3 혁신의 경우에는 주로 새로운 비즈니스 모델이나 플랫폼을 제안하는 경우가 해당되는데 이 경우 제일 먼저 고려해야 하는 한계점은 최소 요건제품(또는 서비스)을 만들어내는 것이다. 비즈니스 플랫폼의 경우 다양한 주체들이 공동의 목표를 가지고 협력과 경쟁을 하는 구도이므로 이를 싸게 작게 쉽게 만들어내는 것은 거의 불가능에 가깝다고 볼 수 있다. 또한, 만약 만들었다고 해도 소비자가 기존과 완전히 다른 새로운 제품이나 서비스 플랫폼을 제대로 이해하고 정확한 피드백을 주기가 힘들 것이다. 따라서 비즈니스 플랫폼을 초기부터 소비자의 피드백을 통해서 만들어내는 혁신은 실현하기가 쉽지 않다. 물론 비즈니스 플랫폼이 어느 정도 자리를 잡은 이후 고객들의 피드백을 통해 세부 조정은 가능 할 수 있지만 린 스타트업 같은 방식으로 접근하기에는 문제가 있을 것이다.

국내외 많은 기업들이 새로운 아이디어와 접근방식을 찾기 위해 디자인 씽킹design thinking 방법론을 적용해 고객을 연구하고, 린 스타트업 기법을 사용해 해결방안을 도출해오고 있다. 하지만 이러한 디자인 씽킹과 린 스타트업 같은 방법론에서는 점진적인 사고를 활용하고 있으며, 이러한 접근으로는 획기적인 혁신을 이루기 어렵다. 이러한 점진적인 사고로는 플랫폼 비즈니스를 창출해내거나, 비즈니스 모델을 뒤집어 보거나, 제품을 재창조하는 혁신적인 아이디어를 생각해내기 어렵다.

물론 점진적인 혁신이 성장 포트폴리오의 한 부분을 차지하고 있지만 장기적인 관점에서 사업의 지속성을 보장하기는 어렵다. 기업들은 10% 개선이 아닌 10배 개선을 이룰 수 있는 방법에 대하여 주목하고 있다. 구글이 명명한 10배 사고10x thinking는 어떻게 이루어낼 수 있는 것일까?

이러한 10배 사고를 제약하는 것은 우리 인식을 왜곡하고 가능성을 보지 못하게 하는 편향이다. 린 스타트업과 애자일Agile 개발 기법 등이 가치를 인정받아 많은 기업들이 도입하고자 하지만 이 프레임들은 획기적인 발상을 제약하는 편향을 극복하는 데 초점을 두지 않는다. 어떤 접근방식을 사용하든 현재 세세한 사항 때문에 한계에 부딪히고 현실성 이슈로 인해 파격적인 아이디어의 수위를 조절해야 하는 경우가 많을 것이다. 그러나 Type 3 혁신을 위해서는 점진적인 접근에서 벗어나 실패를 두려워하지 말고 더 큰 꿈을 꾸어야 한다.

조직이 더 큰 기회를 파악하는 것을 막고 그 가능성을 제약하는 장애물을 극복할 수 있는 방법은 우리의 사고방식을 흔들어 이미 알고 있는 것을 고수하려는 경향을 타파하는 것이다. 이러한 인지적 편향을 극복하는 방법으로 여러 가지 도구들이 제안되고 있다.[72] 우리는 이러한 접근방법 내지 도구 4가지를 따로 운영하는 것이 아니라 독자들 나름대로 연결하여 아래와 같은 하나의 흐름으로 관리할 것을 제안한다.

[도구 1] 과학소설과 만화

과학소설이나 만화들은 획기적인 발명품을 먼저 상상하거나 발명하는 데 영감을 줄 수 있다. 에버노트Evernote의 전 CEO인 필 리빈Phil Libin은 노트필기 앱이라는 개념을 소설 《듄Dune》에 등장하는 증강지능augmented intelligence에서 가져온 것이라고 한다. 그에 따르면 SF는 상상하면 이루어질 수 있다는 일종의 낙관론을 제공하지만 영감을 줄 뿐이며, 실현하기 위해서는 철저하게 계획을 세우고 실행해야 한다고 언급했다.

실제 기업 사례에서 다음과 같은 프로세스를 통해 획기적인 혁신을 이루어 낼 수 있었다.

STEP 1: SF 작가들을 패널로 초빙해 고객과 기술 데이터를 주고 5년에서 10년 후 해당 기업이 어떤 모습일지 상상해보게 한다.

STEP 2: 작가들이 내놓은 아이디어를 모으고, 관점이 수렴하거나 엇갈리는 지점을 체크하여 스토리를 통합하고 가다듬는다.

STEP 3: 그 '공상소설'을 만화책으로 제작하여 임원들에게 전달한다.

[도구 2] 제 1원리 로직First Principles Logic

제 1원리 로직 접근방식은 무언가에 대한 기초 원칙을 재검토해 현 상황에 의문을 제기한 후 밑바닥부터 다시 설계하는 방식이다. 스페이스 X의 재활용 로켓의 탄생에 적용된 것이 제 1원리 접근방식이다. 혁신 아이디어를 더 구체화하기 위하여 "왜"라고 먼저 질문하고 문제의 뿌리를 생각해보고 도전해보는 것이 필요하다. 왜 로켓 부스터는 꼭 버리고 가야 할까? 왜 그 엄청난 비용을 항상 낭비해야만 할까? 로켓 부스터를 재활용할 수는 없을까?

창업자인 엘론 머스크는 추진력, 공기역학, 열역학, 가스터빈의 기초를 파악한 후에 로켓을 기본원리로 잘게 나누어 스프레드시트에 정리했다. 이 분석을 통해 더 소규모 아키텍처에 바탕을 두면서 우주용이 아닌 상용부품을 사용하여 보다 저렴하고 재활용까지 가능한 로켓을 개발하는 방법을 찾아낸 것이다.

STEP 1: 현재의 가설을 정의한다. 근본원리를 통해 분석하는 방식을 따른다Identify and define your current assumptions.

STEP 2: 특정 영역에서 가장 밑바탕에 있는 원리까지 파고든다 Breakdown the problem into its fundamental principles.

STEP 3: 거기에서부터 추론을 시작한다. 처음으로 돌아가서 새로운 해결책을 찾는다Create new solutions from scratch.

[도구 3] 유추analogies, 연상적 사고

비즈니스에서도 유추, 즉 연상적 사고를 통해 현재 우리 사업과 전혀 상관이 없어 보이는 다른 분야에서 아이디어를 얻어 획기적인 성과를 얻을 수 있다(예: 우버와 에어비앤비의 공유경제 비즈니스 개념을 도입한 캠핑카 렌트 업체 RV셰어RVshare, 짐 보관 서비스 네이버 스토리지Neighbor Storage, 식료품 배송 서비스 인스타카트Instacart). 또한 실패에서 교훈을 얻을 수 있다(예: 목표 달성에 실패한 기업은 어떤 접근방식을 시도했는가?).

[도구 4] 굴절적응exaptation(또는 선택적 진화)을 활용한 인접성 탐색

굴절적응이란 하나의 목적을 위해 진화한 특성이 이후 다른 용도로 완전히 적응하는 과정을 의미한다. 펭귄의 날개는 날기 위해 진화했지만 나중에는 헤엄치는 데 사용되었다. 또는, 하나의 생명체가 특정 용도에 적합한 한 가지 특성을 발전시키면, 다른 생명체들이 그 특성을 전혀 다른 기능으로 활용하는 특성을 말한다. 즉, 다른 곳에서 무언가를 빌려오는 것을 말한다.

굴절적응이란 용어는 진화생물학자인 제이 굴드Steven Jay Gould와 엘리자베스 브루바Elizabeth Brva가 1971년 같은 이름의 논문Exaptation을 발표하면서 사용되기 시작했다. 두 사람이 논문에서 소개한 사례는 새의 깃털이다.

새의 깃털은 원래 체온을 조절하기 위해 진화했으나 시조새가 공중을 나는 데 사용하면서 날개로 진화되었다는 것이다. 새로운 방향으로 특성이 이용되면 그 특성은 전혀 다른 기준에 따라 진화한다. 예를 들어, 보온을 위한 깃털은 깃 축의 양쪽이 대칭이지만 날기 위한 깃털은 양력을 얻기 위해 비대칭이라고 한다.[73]

굴절적응을 활용하려면 왜 무엇인가를 하나의 목적으로만 사용하고 다른 용도로는 사용하지 않는지 질문해보아야 한다. 구성요소의 기존 용도나 재조합한 결과만 보려고 하지 말고 완전히 다른 용도를 발견하려고 해야 한다. 유추와 굴절적응은 다른 영역에서 아이디어를 찾아야 한다는 저자들의 생각(5부 2장 Boundary-spanning 섹션에서 논의)과 일맥상통하며 따로 운영하기보다는 통합적으로 운영되어야 할 것으로 생각된다. 결국 혁신은 old+old=new라는 우리의 주장과도 같은 맥락이다.

결론적으로, 수요와 해결책을 찾는 프로세스는 Type 1과 Type 2/3 혁신의 경우 각각 다를 것이다. 사업기회를 발견하는 방법은 크게 다음의 2가지를 생각해볼 수 있다. 즉, 해결과제에서 시작하여 고객의 과제를 만족하게 해주는 해결책을 찾아내는 방법과 해결책으로부터 시작하여 어떤 고객이 이 과제 해결책을 사용할지 살펴보는 방법이 있다.[74]

프로세스 1은 "이러이러한 문제를 풀 수 있으면 좋을 텐데"로 시작한다.

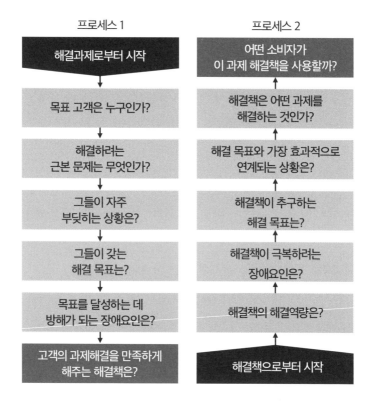

[그림 4 - 3] 서로 다른 시작점에서의 사업기회 발견[75]

예를 들어, "서로 다른 색깔펜이 4개 있는데, 펜을 여러 개 가지고 다니기가 불편하다. 이 문제를 풀 수 있으면 좋을 텐데"라는 질문으로 출발해서 아마도 네 가지 색깔펜을 하나의 바디에 넣어서 돌려 쓸 수 있는 펜(Type 1)이 나왔을 것이다. 또는, 연필과 지우개를 하나로 합친 고무가 달린 연필도 아마 "지우개를 자꾸 잃어 버리는데 이 문제를 해결할 수 없을까"라는 질문에서 시작했을 것이다. 즉 프로세스 1은 풀어야 할 문제가 규정된 Type 1 혁신을 일으키는 데 적당할 것이다.

이에 비해 프로세스 2는 "이런 게 있으면 좋을 텐데"라는 질문으로 시작하는 것으로 Type 2, 3 혁신을 위한 방법으로 적당할 것이다. 이 경우, 다양하고 완벽한 기능을 가진 제품을 개발해서 고객에게 제시하려는 생각보다 최소한 초기에는 적당한 가격과 고객이 원하는 특성 간에 균형을 유지하는 것이 중요할 것이다.

이제 혁신 아이디어 개발을 포함한 좀 더 세부적인 실행 프로세스에 대해서 생각해보자.

Type 2/3 혁신 실행 프로세스

Type 2와 Type 3 혁신은 고객이 느끼는 가치와 그 가치를 창출하고 전달하는 방법에서 Type 1보다 더 복잡하고 복합적이기 때문에 아이디어를 만들고 혁신으로 실행하는 과정이나 접근방법도 다양할 수 있다. 세 가지 방법을 생각해보자.

[접근방법 1] '고객가치(혹은 고객경험)'에서 출발하는 방법

Step 1: 고객가치 혹은 고객경험 창출 방법에 대한 근본적인 질문 던지기

기존에 있는 제품/서비스/기술에 대해 근본적인 질문을 던진다. 이러한 근본적인 질문을 해결하기 위한 담대한 목표를 설정한다.

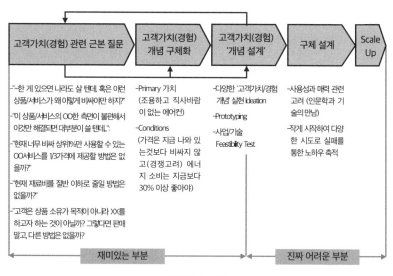

[그림 4 - 4]

- "~한 상품/서비스가 있으면 나라도 살 텐데, 혹은 이런 상품/서비스가 왜 이렇게 비싸야만 하지?"

- "이 상품/서비스의 OO한 측면이 불편해서 이것만 해결되면 대부분이 쓸 텐데…" 예) 공기정화기의 경우 "공기를 정화할 때 소리를 완전히 줄일 수는 없을까?"

- "현재 너무 비싸 상위 1%만 사용할 수 있는 OO서비스를 1/3 가격에 제공할 방법은 없을까?"

- "현재 재료비를 절반 이하로 줄일 방법은 없을까?"

- "고객은 상품 소유가 목적이 아니라 XX를 하고자 하는 것 아닐까? 그렇다면 판매 말고, 다른 방법은 없을까?"

Step 2: 고객가치(경험) 개념 구체화

담대한 목표를 달성하기 위해서는 개념을 구체화해야 한다. 우선 주된 1차적Primary 가치를 정의하고 이러한 가치를 이루는 데 제약이 되는 조건들을 나열해본다.

예를 들어, 기존 에어컨에 대한 혁신을 위해서 1차적 가치를 '조용하고 직사바람이 없는 에어컨'을 만드는 것이라고 해보자. 이러한 가치를 실현시키기 위해 고려해야 할 조건은 가격이 지금 나와 있는 것보다 비싸지 않고(경쟁 고려), 에너지 소비는 지금보다 30% 이상 좋아야 한다는 것이다.

Step 3: 고객가치(경험) '개념 설계'

① 다양한 '고객가치/경험 개념' 실현 Ideation:

새로운 발상과 기술적 아이디어와 상상력이 필요한 단계다. 스티브 잡스가 마우스와 그래픽 유저 인터페이스를 도입한 것은 제록스의 실리콘밸리 연구소(제록스 파크PARC)를 방문했을 때 보았던 해당 기술의 프로토타입 덕분이라고 한다. 본인이 생각하고 있던 평범한 사람도 어려운 컴퓨터 명령어를 배우지 않고 쉽게 쓸 수 있어야 한다는 고객가치를 염두에 두고 이런저런 방식을 탐색해보던 중 그 가능성을 보았기 때문일 것이다. 새로운 개념 설계는 이처럼 발상이나 기술에서의 돌파구가 있어야 한다. 그래서 어려운 것이다.

앞서의 에어컨 예에서 지금까지 에어컨의 개념 설계는 냉매를 압축했다가 팽창시키면서 주변의 열을 빼앗는 것이 그 기본이다. 이를 위해 실외기를 두어 냉매를 고성능 컴프레서로 압축하고 이 과정에서 발생하는 열과 소음은 실외에서 처리하고 실내기는 냉매 팽창 시 발생하는 찬 공기를 팬을 써서 실내에 강제 순환시킨다는 것이다. 꾸준한 Type 1 혁신을 통해 더 조용하고 더 바람이 덜한 쪽으로 많이 발전해왔지만 바람과 소음을 완전히 제거하는 것은 본질적으로 불가능하다.

그런데 아예 열전소자를 쓰는 쪽으로 개념 설계를 바꿔보면 어떨까. 여름에 시동을 걸면 자동차 좌석이 시원해지는 것을 경험했을 것이다. 좌석 가죽 밑에 전압이 가해지면 주변에서 열을 빼앗는 열전소자를 넣었기 때문이다. 이를 활용하여 열전소자가 포함된 벽지를 만들어 방 전체의 벽에 붙이고 전압을 가하면 아예 팬을 돌릴 필요가 없도록 만들 수 있을 것이다. 물론 원가 문제나 전기효율, 신뢰성 등 해결해야 할 수많은 과제가 있을 것이다.

② 프로토타이핑 및 사업/기술 실현가능성 테스트Feasibility Test:

아디이어가 정해졌으면 일단 지금 가능한 기술들을 최대한 동원하여 프로토타입을 만든다. 벽지 두께가 5센티미터로 두꺼워지고 필요한 전력이 가정용으로는 도저히 감당이 안 될 수도 있다. 그런데 이러한 프로토타입을 만들어 작동시켜보니 조용할 뿐 아니라 정말 시원하고 쾌적하다면 일단 상품으로서의 가능성을 본 셈이 된다. 마치 스티브 잡스가 제록스 파크에서 마우스의 원형을 본 것처럼. 기술적으로도 소재와 전기계통에 개선할 점은 많지만 해볼 만하다고 판단할 수 있다.

Step 4: 구체 설계

① 상용제품의 설계에 들어가려면 우선 상품으로서 고객에게 인정받을 수 있을 정도의 기본 성능과 원가 목표를 정하고 이를 충족시킬 수 있는 솔루션에 대한 아이디어를 찾는다. 아무리 조용하고 바람이 없어도 벽지가 너

무 두꺼워서 시공 자체가 안 되거나 가격이 현재 에어컨의 몇 배가 되어서는 안 될 테니 말이다.

② 다음으로 사용성과 상품의 매력과 관련 사항들을 고려해야 하는데 여기서는 인문학과 기술의 만남이 중요하다. 기본 성능과 원가 문제 못지않게 실제 벽지의 디자인과 컨트롤 장치의 사용성, 심미성에서 고객에게 어필할 수 있도록 한다. 마우스와 유저 인터페이스 기술을 도입했어도 매킨토시의 외형 디자인 매력과 화면의 아이콘 그래픽 및 서체, 드래그와 클릭, 더블 클릭 등 사용 방법과 완성도 등이 고객의 감성에 어필하지 못했을 때 어떤 결과가 나오는지는 매킨토시 직전 플랫폼이라 할 수 있는 애플 리자Lisa의 실패가 보여주었다.

③ 이제 작게 시작하여 다양한 시도로 실패를 통한 노하우를 축적해야 한다. 아무리 미래 가능성이 높은 새로운 개념 설계라 할지라도 초기에는 상업적으로 실패할 가능성이 많다. 고객은 기본 성능과 기능만 보는 것이 아니고 사용성과 상품으로서의 완성도, 가격 등 다양한 측면을 고려하기 때문이다. 그래서 초기 상품을 대량으로 판매하기를 기대하고 사업을 대규모로 벌이다가는 어려움에 처할 가능성이 많다. 물론 경쟁자들이 금방 흉내 내어 뒤따라 들어올 위험이 있지만 초기에는 작게 시작하여 경험을 축적하는 것이 중요하다.

Step 5: Scale up

혁신 아이디어 도출은 위에서 설명한 유추, 연상적 사고, 굴절적응, 또는 익히 알려진 트리즈TRIZ, 디자인 씽킹 등 창의적 발상 도구나 방법론을 활용할 수 있다. 아이디어를 상업화하고 제품을 양산하는 과정에서도 여러 가지 기술과 노하우를 활용할 수 있을 것이다. 그러나 그 중간에 아이디어를 완성된 결과물로 만드는 과정은 가장 많은 비용과 불확실성이 발생하는 과정이다. 영국의 다이슨Dyson이 만든 '먼지봉투 없는 청소기'는 15년간 5,127번의 스케일 업 과정을 거쳤다고 한다(스케일 업의 속성과 과정에 대한 더 자세한 사항은 이정동 교수의 '독자적 개념 설계' 참조).

[접근방법 2] 아이디어·기술 Seeds에서 출발하는 방법

접근 방법 1의 고객가치를 평소 깊이 고민하다 보면 전혀 생각지도 않은 곳에서 적용할 수 있는 아이디어를 발견하게 될 수 있다. 다음과 같은 질문들을 던져보는 것이다.

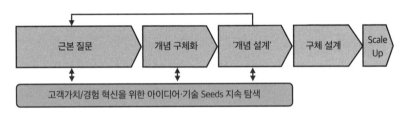

[그림 4 - 5]

- "넷플릭스의 개인화 방식을 우리 B2B 고객에게도 쓸 수 있지 않을까?"
- "OO기술을 에어컨에 활용하면 공기 조절 비용이 1/10로 내려갈 수도 있는데, 세트 가격이 2배가 되네… 이를 극복할 수는 없을까?"
- "스타트업 기업 A의 XXX기술을 활용하면 우리 시스템의 응답 속도가

10배 빨라질 수 있는데, 한번 써볼까?"

예컨대 현재 우리 회사가 기초 소재를 생산해서 수천 개의 가공업체 고객들에게 팔고 있다고 생각해보자. 넷플릭스의 개인화된 추천 프로그램을 사용하다 보니 이 고객들에게도 각자의 기계 특성, 거래 패턴, 주문 충족 현황, 장비에 대한 예방 정비 서비스를 필요에 따라 개인화하여 제공할 수 있는 플랫폼을 만들어 운영하면 좋지 않을까 하는 생각을 하게 될 수 있다. 개별 고객사의 특성과 요구에 따라 맞춤 서비스를 제공한다면 고객의 만족도와 충성도가 올라가서 나중에는 우리 회사가 생산하지 않는 제품도 이런 디지털 플랫폼을 통해 공급하게 될 수도 있을 것이다.[76]

[접근방법 3] 자신의 강점과 관련한 자산에서 시작하는 방법

업계 선도기업일수록 '좋기는 한데 특별한 것은 없는 회사'가 되지 않도록 하는 것이 중요하다. 그러기 위해서는 약점을 보완하는 것도 중요하지만 자기만의 강점을 끊임없이 강화할 필요가 있다. 예를 들면, 디즈니월드의 경우 가족들의 방문 경험과 그로 인한 추억(부모가 자녀들을 데리고 갔을 때의 경험과 추억이 자녀들이 부모가 되어 자신들의 자녀와 함께 방문하게 되는 주된 동기)이 자신들의 가장 큰 강점이라고 보고 이를 향상시키기 위해 호텔예약부터 놀이시설, 교통편 등 일체의 예약을 매우 편리하게 한다든지 고객에 대한 사후관리 등에 디지털 기술을 광범위하게 활용하고 있다. 레고 같은 경우 어린 고객들이 나이를 먹어가면서 자기 자녀에게 선물하고 스스로도 조립 장난감을 즐길 수 있는 여러 종류의 난이도 높은 상품들을 계속 개발하고 있다.

최근에는 많은 회사들이 자신들의 기존 강점을 디지털 기술이나 새로운 상품의 지속적 도입을 통하여 강화시키려 노력한다. 예를 들어, 트랙터 등 농기구로 유명한 캐터필러 같은 경우 고객들이 보유하고 있는 장비를 원격으로 모니터하여 예방정비를 제공함으로써 필드 불량을 획기적으로 낮출 수 있었고, 그 결과 고객들의 충성도를 높이고 있다. 워낙 고객기반이 넓어 빅데이터를 활용한 각종 예방정비가 가능해진 것이다. 이러한 고객 관련 빅데이터를 활용하여 아예 구독 모델을 고객에게 제시하고 고객이 절실하게 원하는 각종 서비스를 제공함으로써 고객기반을 획기적으로 넓히는 데 성공한 회사들도 나오고 있다.

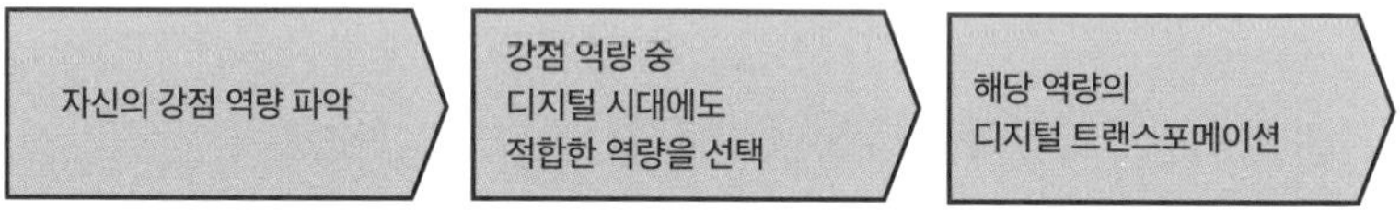

자신의 강점 역량 파악	강점 역량 중 디지털 시대에도 적합한 역량을 선택	해당 역량의 디지털 트랜스포메이션

[그림 4 - 6]

다음과 같은 질문들을 꾸준히 던져보는 것이 도움이 될 수 있다. 우리가 고객에게 제공하는 핵심 혜택은 무엇인가?

- 강력한 브랜드? (예: 스와로브스키)

- 광범위한 설치 기반? (예: 캐터필러, GE)

- 정서적 유대? (예: 레고)

- 강력한 고객 관계? (예: 디즈니, 야쿠르트)

- 고객 사업에 대한 깊은 통찰? (예: 존디어John Deere)

[접근방법 4] 오프라인 사업을 온라인화/비대면화로 전환

최근 코로나 바이러스 사태 때문에 가속화되고 있는 현상이지만 그 이전부터도 고객과 상품/서비스 제공자 사이를 연결해주는 업태를 온라인화하려는 시도들이 많았다. 쿠팡이나 티켓몬스터, 온라인 여행사, 온라인 부동산 중개업체 등 소비자들이 금방 알 만한 회사들은 물론이고 공급체인 전반에 걸쳐 수많은 온라인 포탈들이 나타나 편리한 서비스를 값싸게 제공하고 있다. 금번 코로나 사태로 고객들의 수용도가 크게 올라간 만큼 앞으로도 이런 쪽의 온라인화 사업기회는 계속해서 커질 것이라고 생각한다.

Type 2/3 혁신 드라이브: Type 2/3 혁신을 이끌기 위한 리더의 역할

이상 Type 2/3 혁신을 위한 과정을 관리하는 리더의 역할을 정리해보자. Type 2나 3 혁신은 노력한다고 결과가 쉽게 나오지는 않는다. 그래서 리더로서 재임하는 동안 세상에 도움이 될 만한 한두 가지의 큰 혁신의 씨를 뿌린다는 마음을 먹는 것이 중요하다. 고객가치 관련 큰 목표를 세우고 이를 끊임없이 추구하면서 이거다 싶은 아이디어가 눈에 띄면 조직이 이를 구체적 개념 설계로 바꾸어 구현해내도록 독려하고 지원한다. 리더는 다음과 같은 역할을 해야 한다.

- 고객가치/경험과 관련된 비전을 제시한다.
- 근본적 질문을 자주 던진다.
- 이노베이티브혁신적인 '개념설계' 팀을 만들어 다양한 고객가치 '개념설

계를 시도해 본다.

- 오픈이노베이션Open Innovation 팀을 두고, 새로운 고객가치 관련 '개념 설계'에 도움이 될 아이디어나 기술을 조직 안팎에서 찾게 한다. 리더 본인도 참여한다.

- 유망한 개념 설계가 나오면 구체 설계를 위한 다기능Cross- Functional 팀을 구성한다.

- 구체 설계부터 스케일 업Scale up까지 단계가 사업의 가장 어렵고 인내가 필요한 부분임을 인식하고 쉽게 포기하지 않는다. 특히 이 단계에서 가급적 많은 실험적 시도가 이루어져 노하우로 축적될 수 있도록 분위기를 만들어준다.

핵심 요약

- 혁신 유형별로 실행 방법도 달라진다. Type 1 혁신을 위한 방법론과 달리 Type 2와 Type 3 혁신은 같은 방법론으로 접근할 수 있다.

- Type 1 혁신의 관리는 전형적인 방법인

  ① 고객 가치 향상 목표 설정

  ② 핵심과제 선정

  ③ 과제 해결

  ④ 실행과 평가의 순서로 진행할 수 있다.

- Type 2와 3 혁신은 아이디어를 찾고 만들기 위해 여러가지 도구들을 사용할 수 있다. 즉, 과학소설과 만화, 제1원리 로직First Principles Logic, 유추 및 연상적 사고, 그리고 굴절적응을 활용한 인접성 탐색 등을 따로 또는 통합적으로 활용할 수 있다. 혁신 프로세스의 시작은 고객가치와 경험에서 출발하는 방법과 아이디어나 기술의 씨로부터 출발할 수 있는데, ① 근본적인 질문 던지기, ② 개념 구체화, ③ 개념 설계, ④ 구체 설계, ⑤ 스케일업scale up의 과정을 거친다.

5부

혁신의 메커니즘과
혁신을 일으키는 환경

혁신은 종합예술이다

이제까지 혁신의 유형을 세가지로 나누고 유형별 사례를 살펴보았으며, 혁신유형별로 어떤 방법론으로 접근을 할 수 있는지를 살펴보았다. 아마도 많은 회사와 조직들이 관심을 가지는 현실적인 사안은 "우리 조직이 어떻게 하면 Type 1, 2, 3 혁신의 아이디어가 흘러 넘치고 실행이 되는 그런 조직이 될 수 있을까"하는 것이 아닐까 싶다.

그래서 이번 섹션에서는 혁신의 메커니즘을 이해하고 혁신을 일으키는 조직환경에 대해서 생각해 본다. 그러기 위해서는 먼저 왜 많은 조직에서 혁신이 일어나기 힘든지, 그 메커니즘에 대해서 먼저 이해를 해야 한다. 이것은 조직내 의사결정 구조 및 성과 평가 시스템과도 상관이 있을 것이다.

또한, 혁신 아이디어를 찾기 위하여 조직 내외부의 다양한 힌트와 안목에 노출되게 만드는 조직을 갖춰야 한다. 우리가 제안하는 old+old=new라는 혁신의 본질을 고려해 볼 때 혁신 아이디어는 여기저기 흩어져 있기 마련이고, 그러다 보니 조직 내외부의 다른 영역과 다른 사람들이 하는 일들이 나와 연결될 수 있다는 생각을 하게 만드는 메커니즘도 마련해야 한다. 무엇보다 혁신이 일어나기 위해서 가장 중요한 요소라고 할 수 있는 "왜"라는 근본적인 질문을 해야 하는데, 이와 관련한 질문의 중요성에 대해서도 알아본다.

마지막으로 혁신은 조직 차원에서도 중요하지만 궁극적으로 독자 개인들이 혁신적인 사람이 되기 위해 무엇을 어떻게 해야 하는지에 대해서도 관심이 있을 것이기 때문에 개인차원에서 바라보는 혁신에 대해서 논의해 보도록 한다.

1장

혁신의 걸림돌,
왜 우리 조직에서는 혁신이 일어나기 힘든가?

의사결정 구조와 성과 평가 시스템

미국의 BIGBig Idea Group이라는 회사는 주로 완구 회사에 제품 아이디어를 만들어 파는 회사다. 사업을 하는 사람, 연구개발자, 마케팅 담당자 등 현직 및 전직 관리자들은 물론, 외부에서 가정 주부, 부모, 아이들 등 다양한 사람들을 한데 모아서 제품 아이디어를 스크린하여 선택하고, 개발자에게서 라이선스를 양도받은 후, 시제품을 만들어 구체적인 사업 계획으로 만든후, 완구 회사들에게 제품의 라이선스를 파는 것이다. 이런 회사가 있다는 것은 무슨 의미인가? 완구 회사들은 혁신적인 제품 아이디어를 만들어내지 못한다는 뜻인가? 완구 회사 개발자의 창의성 문제인가? 가장 큰 문제는 바로 중간관리자의 아이디어 스크리닝 프로세스라고 할 수 있다.

중간관리자는 아래에서부터 올라오는 다양한 아이디어를 걸러내는 교통 신호기 역할을 한다. 어떤 것은 위로 올려 보내고 어떤 것은 올려 보내지 않을지 걸러내는 것이다. 위로 올라간 아이디어들은 자원과 펀딩을 받게 된다. 이 경우 스크리닝을 거쳐서 위로 올라가는 제안은 타깃으로 하는 시장의 잠재적인 사이즈에 대한 신뢰성 있는 데이터가 있는 것들만 선택된다. 그것도 고객들의 피드백에 의해서도 가능성이 어느 정도 검증되는. 문제는 이러한 고객과 시장은 과거에 성공적이었던 제품이나 서비스를 기준으로 하는 고객과 시장이라는 점이다. 정의상by definition 혁신적인 제품은 이전에는 없던 것인데, 새로운 것을 그 이전에 있던 잣대로 판단을 한다는 것은 앞뒤가 맞지 않는다. 앞으로 엄청난 성장을 가져다줄 수 있는 내일의 시장도 오늘은 작을 수밖에 없다. 그런데 이렇게 판단의 잣대가 없는 것들을 올렸다가는 '데이터'를 요구하는 고위 임원이 승인을 하지 않을 것이고 그렇게 되면 자신의 명성과 나아가서는 승진에도 부정적인 영향을 미칠 것을 알기 때문에 혁신적인 새로운 것을 위로 올리기에 주저하게 되는 것이다.

국내 선도기업의 모 임원은 이 메커니즘에 대해 이렇게 말했다. "아이디어는 결재의 대상이 되어서는 안 된다"고. 결재 과정을 거치게 되면 산술적으로 아무리 좋은 아이디어라도 스크리닝을 통과할 확률이 1/2이다. 그 다음 단계를 통과할 확률은 1/4(1/2x1/2=1/4), 그 다음 단계는 1/16… 이런 식으로 계속 확률이 줄어들어서 아이디어가 조직 상위 끝까지 살아서 올라가기가 상당히 힘들게 되기 때문이라고 했다.

중간관리자를 통과해도 임원이나 경영진의 위험회피 성향이 그 다음 장벽으로 기다리고 있다.

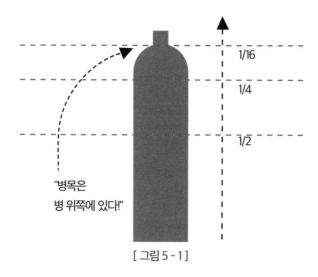

1/16

1/4

1/2

"병목은
병 위쪽에 있다!"

[그림 5 - 1]

"병목은 병 위쪽에 있다bottleneck is at the top of the bottle"라는 표현이 있
다. 조직 아래쪽의 젊은 이들은 신선한 아이디어를 아주 많이 내놓고 있을
것이다. 문제는 가장 위쪽에 있는 고위 임원이나 경영진이 그러한 신선한 아
이디어를 받아들일 수 있는가이다. 자신들의 과거 경험을 기준으로 내일의
혁신을 판단하다 보니 숫자가 나오지 않고 마음에 안 들게 되는 경우가 대
부분이다. 바로 이런 프로세스와 구조적인 문제 때문에 근본적으로 혁신은
어려울 수밖에 없다.

내일의 혁신을 오늘의 잣대로 평가

내일의 혁신을 왜 오늘의 잣대로 평가해서 혁신을 죽이게 되는지 좀 더 생각

해보자.

인간은 비유나 은유로 의사소통하고 어떤 개념이나 현상을 이해한다. 예를 들어, 인생은 무엇인가를 설명하기는 쉽지 않다. 그래서 인생은 여행이다 life is a journey라는 식의 은유를 들어 설명한다.[77] 따라서 혁신적인 아이디어를 이해하고 평가할 때 무엇인가와 비교를 하는 것이 마음이 편하다. 비교할 대상이 없으면 불편해진다. 그런데 태생적으로 혁신적인 무엇은 비교할 것이 없는 것이 정상이다. 비교할 것이 있다면 대단한 혁신이 아니거나, 사실은 비교할 기준이 아닌데 잘못된 비교를 해서 혁신적인 것을 거부하거나 혁신적이 아닌 것을 받아들이는 결과가 나올 수도 있다.

'세상의 많은 다름은 결국 같은 것'이라는 말이 있다. 상대비교가 쉽고 거기서 앞선 제품이나 계획들이 더 잘 살아남는 현상을 가리키는 것이다. 다음의 예를 생각해보자. 연비, 출력, 최고속도를 기준으로 각각 다른 두 가지 자동차가 있다고 가정해보자.

A: 16.3km/l, 190마력, 시속 200Km
B: 15.3km/l, 180마력, 시속 180km + 네비게이션 + 선루프

어떤 것이 더 좋은 자동차냐고 질문을 했을 때 누군가 A가 좋다고 한다면? 그 사람은 '엔진'이라는 공통점에 대한 '상대비교'를 한 것이다. 즉 '공통점'에 기초한 '차이점'은 평가 이유를 대기 쉽고 구체적으로 설명할 수 있다. 엔진 퍼포먼스 측면에서 자동차 A가 더 경제적이고 힘도 좋고 빠르다고.

그런데 혹시 B가 더 좋다고 하는 사람이 있다면? 그 사람은 아마도 A에

는 아예 없는 네비게이션과 선루프 때문에 B를 선택했을 것이다. 이런 경우 상대비교는 어렵다. 왜 더 좋은지 설명도 어렵다. '질적인 차이'를 설명해야 하기 때문이다.

그런데 세상은 보통 후자에 '혁신'이라는 이름을 부여한다. 즉 실패를 피하려거나 후회하지 않으려는 경향이 강할 때는 상대적인 비교에서 나아 보이는 쪽을 선택하는 것이 인간이다. 그리고 그런 선택은 혁신과는 반대로 가는 경우가 많다. 따라서 상대적인 비교에 익숙한 우리들은 그만큼 혁신을 이뤄내기 힘들다. 혁신적인 아이디어를 바로 눈앞에 두고도 받아들이지 못하는 것이 사람이다.[78]

과거가 미래의 발목을 잡게 만드는 이유는 이렇게 인지적이고 심리적인 요소 외에 이성적이고 계산적인 이유도 있다. 왜 기존의 기업들보다 새로 진입하는 작은 기업들이 더 혁신적인 경우가 많을까. 기존 기업들은 이미 많은 시간과 돈을 투자해서 현재의 제품과 서비스를 만드는 최적화된 상태를 구축했다. 투자를 했으니 최대한 오랫동안 수익을 빼내고 싶어할 것은 당연하다. 지금의 비즈니스를 더 열심히 돌리는 것이 더 이상 시장과 고객에게 먹히지 않는 상태에서도 이제까지의 투자를 한꺼번에 버리고 싶어하지 않는다. 새로 시작하는 기업은 이미 투자해놓은 것이 없으니 발목을 잡힐 것이 없다. 기존의 기업과 똑같은 것을 해봐야 만년 뒤만 따라갈 것은 당연하다. 따라서 새로운 것을 시도하는 것은 자연스럽다.

기존 기업이 이미 투자한 것을 포기하고 이 새로운 시장 진입자가 하는 것과 같은 방식의 투자를 해야만 그들이 시장을 보는 관점을 이해할 수 있고, 또 투자하지 않을 때 발생할 위험을 예측할 수 있다. 그런데 그게 어디 쉬운

가. 대다수의 기업들은 지극히 이성적인 이유에서 매몰 원가에 대한 미련을 버리지 못한다.[79] 또한 오랜 시간 애써서 만들어낸 핵심역량을 이제 써먹으려 하는 것도 당연하다. 기존에 성공했던 제품과 서비스를 만들어서 혁신에 성공하게 했던 프로세스와 시스템, 인력 구조와 노하우 등은 이제 새로운 혁신에는 오히려 방해가 되는 경우도 있다. Type 1에서 Type 3 혁신으로 갈수록 이러한 현상은 더 두드러질 것이다.

이렇게 과거의 경험으로 새로운 미래의 문제를 해결하려는 경향은 그 누구에게나 일어날 수 있다. 마치 열쇠는 어두운 구석에서 잃어버리고 전봇대 아래가 밝다는 이유로 그 밑에서 열쇠를 찾으려 한다는 비유가 혁신 과정에서도 일어나게 되는 것이다.

혁신이 일어나려면 직관적인 사고와 분석적인 사고가 균형을 이루어야 한다. 즉 논리logic와 상상력imagination이 적절히 섞여야 한다. 대부분의 기업들은 분석적인 사고가 주류를 이룬다. 전통적인 기획 시스템은 분석적인 사고를 하는 과정이다. 지금 하고 있는 것을 더 잘하는 것은 물론 중요하지만, 지금 가고 있는 방향이 올바른지, 이제까지의 방향을 완전히 바꾸는 새로운 변화가 외부에서 일어나고 있지는 않는지를 지속적으로 모니터하면서 필요하면 코스를 수정해나가야 한다. 논리적 계획과 좌충우돌 시스템 두 가지를 모두 수용하는 방식이어야 한다. 이와 관련한 내용은 1부 3장 <기획 시스템과 혁신 프로세스>에서 좀 더 자세하게 논의했다. 그런데 많은 비즈니스 조직에서는 분석적이고 논리적인 관리에 집착하는 경향이 강하다. 그 주요 요인은 다음과 같다.

① 과거에 성공적이었던, 검증된 방법에 의존하기 때문이다. 단기적으로는 성과를 낼 수 있지만, 현재의 방식이 더 이상 통하지 않는 시점이 오면 사업을 위태롭게 만든다. 이렇게 과거의 잣대를 기준으로 한 검증에 대한 집착은 혁신적인 아이디어를 파괴한다. 일어나지도 않은 미래에 대한 예측을 검증한다는 것 자체가 가능하지 않다.

② 직관적이고 혁신적인 아이디어와 통찰insight은 개인의 주관이 포함된 생각이다. 이러한 시도들을 주관적이라는 이유로 배제하려는 경향은 분석적인 사고에 묶여 새로운 것을 못 보게 한다.

③ 시간의 압박. 과거의 자료와 기준으로 할 수 있는 분석적인 평가에 비해서 직관적인 생각들은 사람들의 공감을 이끌어내는 데 더 많은 시간과 인내심이 소요된다. 그러나 급박한 상황에서는 현재 익숙한 평가 방법에 의해 걸러진 결정들에 손을 들어줄 확률이 더 크다.[80]

2장

혁신적인 조직 구축을 위하여

우리는 이 책에서 혁신을 정의하기를 'old+old=new, 즉 완전히 새로운 것을 만들어내는 것이 아니라 이미 있는 것들을 새롭게 조합recombination, connecting the dots하는 것'으로 규정했다. 만일 혁신이란 것이 아무도 생각 못하는 것을 천재적인 사람들이 만들어내는 것이라면 조직의 모든 노력은 그런 천재를 찾는 데 초점을 맞추어야 할 것이다.

우리는 모든 조직이 혁신을 지속적이고 반복적으로 그리고 체계적으로 만들어낼 수 있는 방법을 찾아야 한다고 생각한다.

혁신의 메커니즘을 생각해보자. 혁신은 현재의 시장과 고객 기준으로는 판단할 수 없는, 그러다 보니 익숙하지 않고 한 번에 성공하기가 힘든 것이 원래 속성이다. 따라서 혁신은 지금과는 다른 변화를 요구하고 또 그 결과로 변화를 가져온다. 성공적으로 변화하는 과정에서 실패는 필연적이다. 실

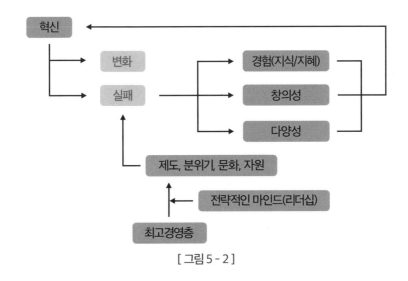

[그림 5 - 2]

패를 두려워하고 회피하려고 하면 혁신이 일어날 수 없다. 실패를 통해서 경험과 지식이 쌓이고 더 나아가 판단력과 지혜도 쌓인다. 실패를 통해서 창의성이 개발될 수 있고, 그 결과 주류의 아이디어와 생각과 태도 등과는 다른 다양성이 키워진다. 이러한 실패에서 오는 경험과 창의성, 다양성은 결국 혁신으로 연결될 것이다. 그런데 조직 상황에서 이러한 실패가 한 번에서 끝나지 않고 혁신으로 연결될 때까지 허용되기 위해서는 조직의 제도(성과 평가와 보상 포함), 실패를 대하는 조직의 분위기와 문화, 또 실패할 줄 알면서도 투입되는 자원 등이 받쳐줘야 한다. 이런 것들을 가능하게 하는 것이 경영층의 권한과 책임이다. 단기적인 투자 및 비용을 장기적인 성과와 맞바꾸는 결정을 할 수 있는 전략적인 마인드를 가진 경영층이 필요하다.

처음에는 신선한 혁신 아이디어가 조직의 의사결정 단계를 거치면서 영향력 있는 구시대적인 사람들의 영향을 받아서 현재의 모델에 끼워 맞춰지는

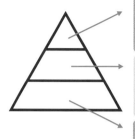

- 아래 층과 중간 층이 맡은 역할을 충실히 할 수 있게 해 주는 조직
- 환경, 성과 평가 시스템, 문화 구축
- 중간과 아래가 알아서 일하게 해주고 지켜봐주면서 필요할 때 서
  포트해주는 역할

- 혁신 챔피언
- 혁신의 통로/교통정리
- 혁신을 알아볼 수 있는 눈
- 미래의 혁신을 과거와 현재의 잣대로 평가하지 않는 역량

- 혁신 아이디어와 원천의 발굴
- 끊임없는 호기심, 실패해도 창피 당하지 않는다는 믿음

[그림 5 - 3]

일이 생기기도 한다. 창의적이고 혁신적인 일을 하는 사람들이 이런 적대적인 환경으로부터 보호받을 수 있도록 주변의 장애물을 제거하고 앞길을 열어줘야 한다.

월트 디즈니Walt Disney는 재정적으로 한창 어려운 시기에 디즈니랜드를 만든다. 재미Having fun를 가장 중요한 기치로 내걸었던 디즈니는 재미를 현실화하기 위해 엔터테인먼트 테마파크를 짓는데, 이에 대해 투자자는 물론 동생 로이 디즈니Roy Disney조차도 돈을 벌 수 없는 어리석은 프로젝트라고 비평했다. 월트는 캘리포니아 주 애너하임에 160에이커의 땅을 사고, 1,700만 달러를 투하하여 1955년 7월 17일 일요일 디즈니랜드를 개장한다. 디즈니랜드를 디자인하고 공사하는 일은 WED enterprises라는 독립적인 회사를 만들어서 담당하게 했는데, 그 이유는 당시 상장회사이던 디즈니 프로덕션Disney Productions 내부에서 프로젝트를 진행할 경우 투자자들의 요구와 간섭으로 상상력 풍부한 직원들이 원하는 대로 파크를 디자인하지 못할 것을 피하기 위해서였다.[81]

혁신 아이디어를 탐색(boundary-spanning)하는 환경

최고급 호텔체인 포시즌스Four Seasons의 창업자인 이저도어 샤프Isadore Sharp는 "혁신이라는 것은 이미 있는 것을 잡은 다음 기존 사업의 경계가 허물어질 때까지 새로운 것을 시도해보는 것이다innovation centers on taking what already exists, then pushing the boundaries"라고 했는데, 혁신의 메커니즘에 대한 시사점이 있는 코멘트다.[82]

조직의 규모가 커지면 현장의 정보와 의사결정자 사이의 거리가 불가피하게 멀어진다. 여기에 대기업의 전형적인 톱다운 의사결정 방식이 더해지면 정보의 흐름은 더 늦어질 수밖에 없다. 대기업이 직면하는 문제점들을 일반화하면 다음과 같다. 대부분의 관심과 초점은 외부가 아니라 내부를 향하게 되고, 기존의 전문성을 갖고 있는 기술을 강조하게 된다. 결과적으로 융합되는 기술이나 인접 기술은 무시되고, 기존의 생각과는 다른 획기적인 사고는 상을 받는 것이 아니라 벌을 받는다.[83]

조직은 가진 것이 많고, 크기가 클수록 실패를 회피하려는 성향이 커지는 것이 정상이다. 내부에 있는 혁신 아이디어와 역량, 기술, 자산 등을 낭비해서는 안 되겠지만 외부보다는 내부로부터의 혁신에 지나치게 의존한다.

다음 그림에서 보듯이 조직이 작을 때는 안쪽만을 바라보는 사람보다 바깥쪽까지 볼 수 있는 사람들이 더 많다. 조직이 커질수록 안쪽만을 바라보는 사람들이 훨씬 더 많아진다. 그러니, 조직의 경계 바깥까지 탐색을 하면서 아이디어를 들여오거나 접목을 하기가 힘들어지는 것이 조직의 생태다. 그리고 혁신도 어려워진다.

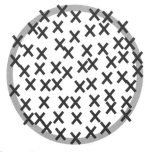

[그림 5 - 4]

출처: Meyer, C. 1997. Relentless Growth: How Silicon Valley Innovation Strategies Can Work in Your Business. New York: The Free Press. 에서 차용

조직의 경계는 물론, 일하다 보면 익숙해져서 그 이상을 넘어보지 못하게 되는 산업의 경계, 전략군의 경계, 고객의 경계 등 일을 하기에 편하게 만들어주지만 혁신에는 장애로 작용하는 경계들이 많이 생기게 된다. 이에 대한 답은 하이얼의 마이크로 엔터프라이즈micro enterprise 같은 형태가 될 수 있다. 즉 큰 회사를 수많은 작은 회사들로 쪼개되 따로 노는 것이 아니고 필요할 때는 하나의 회사처럼 서로 손발을 맞출 수 있는 조직이다.[84]

왜 큰 회사 내부에서 안 되던 혁신이 외부로 분리돼 나가면 되는가? 70년대 말 세계 최고의 하이테크 기업은 제록스였다. 실리콘밸리의 모태로 여겨지는 팰러앨토 리서치 센터Palo Alto Research Center, PARC를 실리콘밸리 스탠퍼드 대학교 인근 팰로앨토에 세웠다. 제록스의 주력 제품은 복사기였으나 엄청난 이익의 대부분을 연구개발에 쏟아부었다. 그들이 개발한 기술들이 이후 PC 산업의 토대가 되었다고 해도 과언이 아닌데, 마우스로 대표되는 그래픽 사용자 인터페이스Graphic User Interface, GUI, 근거리 통신망Local Area Network, LAN, 초고속 구내정보통신망을 구성하는 표준인 이더넷Ethernet이 여기서 만

들어졌다. 매킨토시의 영상그래픽이 스티브 잡스가 PARC를 방문해서 본 기술을 토대로 만들어졌다는 것은 잘 알려진 사실이다. 이것을 나중에 마이크로소프트가 다시 차용해서 윈도우스를 만들었고…:[85]

그러나 제록스는 신기술을 상용화하는 역량은 그리 뛰어나지 않았던 듯하다. 시장 현실은 아직 걸음마 단계인데 그들의 상상력은 몇 걸음 앞서 나간 미래 지향적인 기술을 만들어냈기 때문에, 좋은 기술임에도 시장과의 연결이 원활하지 못하여 허덕이는 동안 8,000명에 달하던 연구원들이 하나둘씩 회사를 떠나게 되었다. 그런데 이 연구원들을 스카우트하여 의미 있는 사업을 모색하려는 새로운 사람들이 등장했는데, 바로 벤처 캐피탈이었다. 벤처 투자는 새로운 연구의 가치를 알아보고, 성공 여부는 확실치 않지만 성공만 한다면 그 이윤이 엄청날 것이라는 가능성에 위험을 감수하는 새로운 금융기법이라 할 수 있다. 벤처 투자가들은 수백 명의 제록스 퇴직 연구자들에게 투자를 제의했고, 그중 성공한 20여 건의 사업이 제록스의 수익을 능가하는 데는 10년이 걸리지 않았다.

제록스는 24개의 성공한 벤처 회사들을 남긴 채 서서히 무너져갔는데, 그 회사들 가운데 제록스보다 더 크게 성장한 회사들로 3Com, 어도비Adobe, 다큐멘텀Documentum, 시놉틱스Synoptics가 있다. 즉 제록스에서 연구한 기술에 벤처 투자자본이 접목된 것이다.[86]

회사를 쪼개지 않고도 지속적으로 혁신이 일어나게 할 수는 없을까? 혁신의 아이디어와 소스를 어디서 찾을 것인가. 조직과 기술의 경계를 얼마나 넘나들 것인가 아니면 익숙한 영역 안에서만 혁신의 아이디어를 찾을 것인가 하는 이슈를 경계 탐색boundary spanning이라고 한다. 조직과 기술의 경계는 조직 내·외부, 기술의 동일함·상이함 두 축으로 결정되고, 그 결과 혁신의 아이디어를 탐색하는 방법은 2×2 매트릭스로 표현할 수 있는 4가지 유형으로 나누어진다.[87]

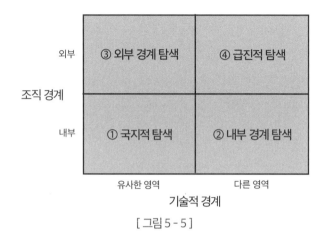

[그림 5 - 5]

① 국지적 탐색local search: 조직 내부에서 자신의 기술 영역에 혁신을 이루는 경우다. 현상 유지적인 제품과 서비스 개선 차원에서의 혁신을 말한다.

② 내부 경계 탐색internal boundary-spanning: 조직 내부에서 다른 기술이나 지식의 영역에 있는 하부단위subunit들, 즉 사업부나 기능부서 등의 하부단위들이 서로의 경계를 허물면서 교류하고 배우는 것을 말한다. 일본의 소비재 회사 카오Kao가 플로피 디스크의 코팅 문제를 풀지 못하다가 다른 사업부(비누)의 계면활성제surfactant를 다루는 기술에서 착안하여 문제를 해결한 것이 그 예다.

미국 캘리포니아 에머리빌에 위치한 3차원 컴퓨터 그래픽 기술로 유명한

애니메이션 회사 픽사Pixar의 건물 외벽에는 "우리는 더 이상 혼자가 아니다"라는 문구가 써 있다. 각자 아이디어를 따로 쥐고 있다가 결국 쓰지 못하는 일이 없어야 한다는 뜻이다. 사업부와 제품이 다양하고 규모가 큰 다각화된 회사일수록 내부 경계 탐색을 통해 독특한 혁신의 아이디어를 얻을 수 있는 가능성도 높아지지만, 사업부나 부서 간의 거리가 그만큼 멀기 때문에 조직이 커질수록 내부에 산재해 있는 혁신 아이디어들이 사장될 가능성도 그만큼 커진다. 이에 비해 작은 회사는 멤버들 간에, 사업 간에, 기능 간에 물리적 거리가 가까워서 아이디어들을 알아볼 가능성이 그만큼 높지만 작은 규모로 인해 내부에 가지고 있는 역량이나 기술이나 아이디어들이 더 제한적일 것이다.

즉 중요한 것은, 내부에 여기저기 있을 아이디어들을 지나치지 않고 알아볼 수 있고, 또 통합·응용할 수 있게 할 어떤 메커니즘knowledge governance mechanism을 장착할 것인가이다. 앞에서 본 카오의 경우 이러한 내부 경계 탐색이 우연히 일어난 것이 아니라 평소부터 회사 내부의 모든 정보를 웬만한 직원들이 알 수 있도록 정보를 공개하고, 특정 회의에는 원하는 사람이면 누구든 참석할 수 있게 하는 등 물리적으로도 서로 교류할 수 있는 배치와 환경을 마련했기 때문이었다.[88]

③ 외부 경계 탐색external boundary-spanning: 기술과 지식의 영역이 같거나 유사한 영역에서 조직 외부에 있는 플레이어들에게서 혁신의 소스를 가지고 와서 통합하는 것을 말한다. 가장 단순하게는 나보다 앞서가는 경쟁자에게서 배우는 것이 가장 기본이다. 스티브 잡스가 제록스 연구소 PARC에서 개발하던 GUI를 잠깐 보고 애플 기술자들에게 자신이 본 것을 설명하

고 마우스와 커서를 이용한 소프트웨어 인터페이스를 만든 경우가 이에 해당한다. 다시 그것을 갖다 쓴 마이크로소프트의 윈도우는 전형적인 외부 경계 탐색의 예들이다.

또는, 약간 확장하여 업계는 다르지만 기술 영역은 관련성 있는 곳 예를 들어, 가구업체 시디즈가 자동차 좌석을 만드는 기술을 접목한 사례도 외부 경계 탐색의 예다.

④ 급진적 탐색radical exploration: 현재 상황에서 가장 획기적으로 진보한 혁신은 조직 내부와 이미 아는 지식과 경험의 경계를 넘어서야 가능하다. 이 것을 급진적 탐색이라고 한다. 마쓰시타가 직원들을 빵 굽는 장인에게 보내어 도제식 교육을 받게 함으로써 거의 수제 빵 수준의 제품을 구현할 수 있는 기계를 개발한 것이 급진적 탐색의 예다.

전기차 회사 테슬라는 배터리 충전 속도를 높이려고 고민하는 대신 300 킬로그램이 나가는 방전된 축전지를 2분 이내에 새 것으로 교체하는 교환 장치를 채택한다고 한 적이 있는데, 이러한 장치를 개발한 회사가 이스라엘의 베터플레이스Better Place다. 이 아이디어는 전기 기술자가 아닌 전투기 조종사 출신 직원이 미사일 장착용 로봇에서 얻은 아이디어에서 출발했다고 한다. 회사는 파산했으나 회사의 노하우는 계속 진화 중이다.[89]

1964년 발표된 무어의 법칙에 따라 인텔의 프로세서는 매 18개월마다 그 성능과 속도가 두 배씩 성장해왔다. 그런데 8088칩에 이르러 발열 문제가 심각해지면서 무어의 법칙이 중단될 위기에 놓인 적이 있다. 미국 산타클라라 본사가 오직 '속도=경쟁력'이라는 공식에 집착하고 있을 때, 이스라엘 연구소는 속도에 주목하는 대신 소프트웨어적 변속기어를 개발하여 칩의 구동속도를 늘리지 않고도 성능을 올리는 방법을 개발했다. 즉 자동차 변속기가 없는 엔진의 속도가 지나치게 높아져 생기는 발열 문제를 해결한 것과 같았다. 엔진속도가 곧 인텔의 기술력이라는 생각을 가진 경영진을 설득하는 것이 가장 난제였고, 결국 이스라엘 연구소의 안이 채택되었다. 듀얼코어, 트리플코어와 같은 지금의 멀티코어 칩이 그때 하이파연구소에서 제안했던 다단계 변속기가 달린 칩이다. 이 개발은 무어의 법칙을 계속 유지하게 했을 뿐 아니라 침몰 직전의 인텔을 구해냈다고 한다.[90]

경계 탐색Boundary-spanning의 프레임을 우리의 혁신 유형 매트릭스와 겹쳐서 병치juxtapose해보면, 다음과 같이 혁신의 유형과 혁신 아이디어 탐색의 유형이 매치가 되는 것을 볼 수 있다. 즉, 어떤 혁신의 유형을 추구하기 위해서는 그에 맞는 아이디어 탐색 활동을 해야 한다는 것이다. 또한 이렇게 두 매트릭스를 겹쳐봄으로써 어떤 혁신이 어떤 Type에 해당하는지가 불분명할 때 교통정리를 해주는 역할도 할 수 있을 것으로 보인다.

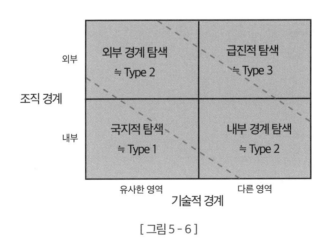

[그림 5 - 6]

예를 들어, 다른 시장에 속해 있다고 생각되던 고객의 니즈를 채우는 혁신을 생각해보자. 치약의 기능과 향미 등을 지속적으로 개선하는 것은 분명히 국지적 탐색이고 Type 1 혁신에 속한다. 그러나 치아 미백 스트립은 언뜻 보면 치약에 미백제를 넣은 제품의 연장선(Type 1)으로 보이지만 그러기에는 지속적으로 성장하는 상당히 큰 새로운 시장이 형성됐다(2016년 기준 9억 달러 시장, 2024년까지 70억 달러로 성장 예측). 앞의 매트릭스를 적용해서 생각해보면, 미백 스트립은 기존의 치약을 쓰던 소비자를 겨냥했다기보다 치과 고객을 겨냥하여 고품질과 저비용의 안전한 소비재 제품으로 동일한 미백 효과를 해결한 것으로 볼 수 있다. 따라서 미백 스트립은 오히려 외부 경계 탐색의 Type 2로 분류하는 것이 더 적절할 것으로 보인다.

LG전자가 먼저 개발하고 삼성전자가 뒤쫓고 있는 트롬 스타일러(삼성은 에어드레서)도 같은 방식으로 평가해보면, 제품 자체는 기존의 기술들을 통합하여 크게 획기적일 것이 없는 Type 1으로 평가할 수도 있겠지만, 세탁소 고객을 겨냥하여 세탁소에 갈 필요 없이 편리함을 주고 비용도 줄여주는 솔루션으로 본다면 외부 경계 탐색 Type 2 혁신으로 향후 상당한 시장이 열릴 수도 있을 것으로 보인다.

다양한 안목에 노출되게 만드는 조직

혁신을 일으키는 주체는 개인, 기업, 대학, 연구기관, 민간 비영리단체 등 다양하다. 이들이 가진 지식과 경험이 혁신의 원천이 되는 것이다. 혁신의 원천은 개개의 지식이나 자원보다는 지식 간의 연결고리에서 발생한다(connecting the dots). 여러 다른 원천에서 생겨난 지식과 자원을 활용하고 통합할 수 있는 혁신자들의 네트워크는 혁신의 가장 강력한 요소 중 하나다.[91][92]

혁신은 old+old=new이기 때문에 다양한 배경과 생각을 가진 사람들이 함께 문제를 해결하려고 할 때 더 제대로 일어날 수 있다. 조직 안에 여러 사람이 모였을 때는 물론이고, 한 개인 안에도 다양성을 담을 수 있는 여지가 많은 경우 더 혁신적일 수 있다. 예를 들어, 아시아계 미국인인데 여성이면서 엔지니어인 경우 상이한 지식의 영역에서 문제 해결책을 이끌어냄으로써 더 창의적인 아이디어를 낼 수 있다고 한다.

다양한 영역에서 창의적인 일을 하는 사람들을 대상으로 한 인터뷰를 기초로 분석해보니, 혁신은 다른 영역, 다른 배경, 다른 전문 분야 사람들이 자신의 생각을 서로 나눌 때 더 많이 일어난다고 한다. 이것을 메디치 효과 Medici effect라고 한다. 브라운 대학의 뇌과학 프로그램에서 원숭이가 생각만으로 컴퓨터 커서를 움직일 수 있도록 하는 시스템을 만들어낼 때 컴퓨터 전문가 외에도 수학자, 의사, 신경과학자들이 팀을 이루어 완성할 수 있었다.[93] 2차 세계대전 중 레이더를 개발하고 그 이후로도 세계적인 혁신의 아이콘으로 자리 잡은 MIT미디어랩MIT Media Lab 역시 공대, 이과대, 의학, 문과 등 다양한 배경을 가진 사람들이 한데 모여서 일하면서 다양한 혁신을 이뤄내오고 있는 것으로 잘 알려져 있다. 세계적인 디자인 회사 IDEO는 디자이너들을 한 영역에 전문화하기보다는 다른 엔지니어링 솔루션을 요구하는 새로운 문제에 끊임없이 재배치하는 방식으로 다양한 기술적 백그라운드를 개발하고 다른 사람들의 지식과 기술도 배우게 한다.[94]

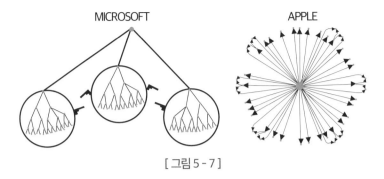

[그림 5 - 7]

Source: Microsoft and Apple organizational structure extracted from Emmanuel Cornet, Bonker's World. http://obamapacman.com/2011/06/apple-google-facebook-microsoft-org-chart/ June 29, 2011.

위 그림은 2011년 당시 실리콘밸리에서 일하고 있던 사람이 마이크로소프트와 애플의 조직 구조를 다소 희화화하여 그림으로 표현한 것인데, 혁신과 관련해 시사점이 있어 보인다. 당시는 스티브 잡스가 애플을 이끌 때였다. 애플은 아이팟, 아이폰, 아이패드iPad 등으로 연결되는 연속적인 혁신을 이루었다(아래 4장 <질문의 힘>에서 논의하듯이 애플이 다른 회사와는 달리 what부터 접근하지 않고 why부터 접근하면서 사람들의 마음을 설득한 것도 요인이 될 수 있다). 우리가 주장하는 경계를 넘나드는 탐색이 가능하게 하는 조직 환경으로 old+old=new의 혁신이 일어나게 한 것으로 해석할 수도 있다. 많은 사람들이 애플의 성공을 스티브 잡스 개인의 통찰력과 리더십에서 그 원인을 찾으려고 한다(물론 마이크로소프트는 최근 CEO 사티아 나델라의 리더십 아래 외부 회사들과의 협업과 클라우드 서비스를 강화하면서 높은 성과를 올리고 있다).

그러나 애플의 실질적인 혁신의 뿌리는 조직과 기술의 경계를 넘나들면서 조직 안팎에 있는 지식들을 통합하는 것이 가능하도록 하는 기회와 환경을 잡스가 마련해주었기 때문은 아닐까? 아마도 애플의 혁신은 많은 사람들이 생각하는 것만큼 획기적이고 급진적인 혁신radical innovation이 아닐지 모른다. PC(Mac)에서 PDA(Newton), 또 MP3(iPod), 셀룰러폰(아이튠즈 폰, 모토로라와의 조인트 벤처), 그리고 스마트폰(iPhone)에 이르기까지 애플은 내부와 외부에서 스마트폰에 필요한 모든 기술을 만들거나 찾아서 통합을 하면서 혁신을 이룬 것은 아닐까. 그리고 그러한 지식의 통합이 이루어진 것은 그림에서 보듯이 스티브 잡스가 모든 사업과 사람들의 중심에서 서로가 연결성에 착안할 수 있는 풍성한 환경을 마련한 것은 아닐까. 이에 더하여 애플과 스티브 잡스는 외부로 경계를 확장하는 데도 수완을 보였다. iOS를 제록스에서 배워온 것은 잘 알려진 사례이고, 모토로라와의 조인트 벤처를 통해 무선통신 지식을 습득했을 것이며, 태블릿 PC인 아이패드 역시 그 훨씬 이전에 이미 태블릿의 전형을 보여준 나이트리더Knight-Ridder가 있었다는 사실을 고려해볼 때, 급진적으로 보이는 애플의 혁신들은 의외로 차근차근 진행되었을 수 있다. 내부와 외부의 경계를 지속적으로 넘나드는 연습을 한 애플은 상당히 균형 잡힌 흡수역량이 개발되었을 가능성이 높다.

이에 비해, 마이크로소프트의 조직도를 보면 내부의 사업끼리 총을 겨누고 있는 것으로 표현되어 있다. 이런 환경에서는 내부 경계를 넘어서는 협업이나 교류가 일어날 수 없다. 아마도 그래서 마이크로소프트는 혁신적이라는 타이틀을 잃은 지 오래된 것인지 모른다. 지속적으로 외부에만 의존하는 성향을 보이면서 급진적인 혁신으로 점프할 기회를 잡지 못한 것 같다. 결과적으로, 윈도우는 제록스 PARC의 아이디어를 상품화한 애플의 iOS를 따라 한 것이다. 스프레드시트 프로그램인 엑셀Excel도 마이크로소프트가 처음 내놓은 것이 아니라, 그 전에 이미 로터스 1-2-3(Lotus 1-2-3, IBM에 인수)라는 프로그램이 있었다. 워드Word 프로그램은 훨씬 오래 전에 나온 워드퍼펙트WordPerfect와 거의 유사한 프로그램이다. 게임기 엑스박스Xbox 역시 소니의 PS나 닌텐도 위Wii보다 훨씬 후에 나왔다.

이러한 주장은 실증적인 증명을 거친 것이 아니라서 현재로서는 추측에 불과하기는 하지만 상당한 설득력이 있는 듯하다. "혁신이란 우리 이전에 다른 사람들이 만들어놓은 것들에 새로운 뭔가를 더하는 것"이라고 규정한 스티브 잡스의 생각을 고려할 때 전혀 근거가 없는 것도 아니다.[95]

다른 영역에서 힌트 얻기

영국 전자회사 다이슨의 싸이클론 진공청소기는 상당한 인기를 끌면서 많은 경쟁사들이 따라 하도록 만든 바 있다. 집진백 없이 먼지를 걸러낼 수 있게 한 혁신적인 아이디어는 진공청소기 업계 안에서 온 것이 아니었다. 이 아이디어는 제재소에서 톱밥을 분리해내기 위해 회오리 공기 바람을 일으키는 깔때기 모양의 장치에서 왔다고 한다. 수준 높은 혁신은 종종 어떤 업계 내부가 아닌 완전히 다른 기술 영역의 지식을 끌어들여서 나오는 경우가 많다. 즉 old+old=new. 그런데 이런 유형의 혁신이 일어나기 위해서는 문제에 대한 솔루션이나 지식이 이미 어딘가에 있어야 한다. 그리고 필요할 때 그 지식을 알아보고, 찾아내서, 응용을 할 수 있어야 한다. 지식은 사실fact들의 단순한 모음이 아니다. 지식은 정보의 조각들 사이에 연결이 이루어진 거미

줄과 같은 것이다.[96]

즉 지식이 만들어지려면 먼저 정보의 조각들이 있어야 하고, 그 다음 그것들이 연결이 되어야 한다. 같은 맥락에서 혁신도 정보의 조각들이 있고 그것들이 적절히 연결이 되어야 일어날 수 있다. 그러려면 다른 사람이 가진 지식이 내가 하려는 일과 관련이 있고 도움이 될 수 있다는 '힌트'를 얻어야 '기발한 연결'에 착안할 수 있다. 내가 나의 지식과 경험과 기술로 풀지 못하는 문제를 다른 지식과 기술 영역에서는 당연히 여기는 정보를 적용해서 풀 수 있는 경우가 많다. 새로운 안목을 주기 때문이다.[97]

그런데 그것이 쉽지 않다. 사람은 근본적으로 머리를 쓰는 데 게으르기 때문이다. 심리학에서 잘 알려진 '인지적 구두쇠' 현상이다.[98] 바로 주변에 유용한 정보나 지식이 있어도 나한테 익숙한 것이 아니라면 그것이 나한테 어떻게 유용할 수 있을지 생각하기를 귀찮아한다. 그래서 같은 조직이라도 하는 일이 다른 부서나 사업부에 있는 유용한 아이디어에 관심을 두지 않는 사각지대blind spot가 생기는 것이다. 외부에서 오는 아이디어는 어떤가? 나하고 상관 없다고 생각하거나 나의 눈에 띄더라도 내가 생각해낸 것이 아니니까, 내 아이디어가 더 우수하니까라고 생각하는 NIHNot Invented Here 현상이 일어나서 좋은 아이디어를 놓치는 경우가 아주 흔하다.

그렇다면 혁신이 활발하게 일어나기 위해서는 위에서 논의한 조직 내·외부의 경계를 넘나드는 탐색이 필요하다. 그것이 가능하기 위해서는 내부의 혁신 소스에 대해서는 사각지대blind spot를 극복해야 하고, 외부의 혁신 소스에 대해서는 장벽으로 작용하는 NIHNot Invented Here 현상을 극복해야 한다.

다른 사람의 지식이나 내가 익숙하지 않은 다른 영역에서 힌트를 얻어 문제를 푸는 메커니즘에 대해서는 유명한 실험이 있다. 실험 대상자가 어떤 방에 들어가면 방 중앙 위치에 천장에서부터 두 개의 줄이 달려서 내려와 있다. 두 팔을 뻗어도 닿을 수 없는 거리에 떨어져 달려 있는 이 두 줄의 끝을 서로 잇는 것이 임무다. 한쪽 줄을 잡고 다른 줄 쪽으로 가도 팔이 닿지 않는 거리다. 실험이 진행되는 곳은 제법 공간이 큰 방인데 테이블, 의자, 펜치, 막대기, 집게 등 여러 가지 물건들이 널려 있다. 그리고 실험 대상자는 방 안에 있는 도구를 자유롭게 사용할 수 있다. 문제 해결방법은 한쪽 줄에 무게가 있는 물건을 묶어서 시계추와 같은 모션으로 흔든 다음 다른 쪽 줄을 끌고 와서 중간 지점으로 흔들리는 줄이 올 때 잡아서 연결하는 것이다.[99]

재미있는 것은 가위를 집어 들면 거의 모든 사람들이 평소에 뭔가를 자를 때처럼 가위를 잡고 그 끝으로 줄을 잡아당겨보려고 시도한다는 것이다. 가위에 잘린 줄은 점점 짧아지기만 할 뿐 문제를 해결할 수 없다. 가위를 무게추처럼 줄에 달아서 스윙을 시키면 될 텐데 대부분 실험 대상자들은 '가위'는 '자르는 도구'라는 공식에서 벗어나지 못한다. 이것이 '기능적 고착 functional fixedness' 현상이다.[100]

그런데 어떤 힌트를 주면 문제를 해결하는 능력이 급속히 올라간다고 한다. 즉 실험자가 방으로 들어와서 눈앞에서 줄을 몇 번 흔들어 보인다거나, 가위가 아닌 망치라든가 다른 물건을 앞에 놓아주는 경우 문제를 더 쉽게 해결할 수 있었다고 한다. 사람들이 가장 쉽게 문제를 해결한 경우는 실험자가 직접 집게 같은 것을 건네주면서 "이 도구나 또는 다른 물건들을 사용해 문제를 해결하는 방법이 있다"라고 말해주는 경우였다.

이처럼 개인 수준에서 관심을 신선한 각도로 돌리게 해주는 힌트를 얻는 것을 조직 수준으로 올려서 조직 내부든 외부든 다른 곳에서 하는 일이 나와 연관이 있을 수 있다는 생각을 하는 것을 사회적 상호의존성social interdependence이라고 한다. 즉 다른 영역으로부터 나의 혁신을 일으키는 아이디어를 얻기 위해서는 상호의존성을 알게 해주는 장치들이 필요하다.[101 102]

다른 영역이 나와 연결될 수 있다는 생각을 하게 만드는 메커니즘

조직 외부의 일이 나와 연관이 있다는 생각을 하게 만드는 메커니즘

일단 경쟁자이든 아니면 다른 산업에 있는 회사이든 외부에서 우리보다 잘하는 곳이 있다면 최대한 모방부터 해야 한다. 벤치마킹은 누구나 기본적으로 한다. 그러나 우리 업계가 아니라 아예 속성이 다른 업계를 벤치마킹하는 것이 혁신의 소스를 더 많이 제공해줄 수 있다.

벤치마킹의 원조는 M&M 초콜릿으로 잘 알려진 제과회사 마스Mars이다. 2017년 기준 전체 매출이 40조 원 가량 되는 대형 업체로 성장한 마스는 M&M 한 제품만 매출이 2조 원에 달하는 회사다. 그 옛날 1930년대부터 이 회사는 이미 벤치마킹을 광범위하게 했다. "모든 것을 경쟁사보다 더 싸고 더 빨리 만들어라"라는 구호 아래 다양한 업종들을 대상으로 벤치마킹을 하면서 소규모 회사들이 산재해 있던 제과산업을 제패했는데, 일례로 철강산업의 제조과정을 벤치마킹해서 어떻게 제품에 손을 대지 않고 프로세스를 할 것인가를 배웠다고 한다. 또 시멘트산업의 제조과정을 벤치마킹함으로써 재료배합 기술을 개발했다. 그리고 당시 가장 선진적인 기획 시스템을 갖추고 있는 것으로 알려졌던 화학회사 듀퐁의 기획 시스템도 벤치마킹 했다고 한다.

이와 같이, 창의적인 아이디어와 차별화를 이루는 촉매제의 역할을 할 수 있는 정보의 소스는 완전히 다른 사업 분야의 회사들에서 올 수도 있다. 도요타의 유연생산 능력은 스위스 시계산업을 벤치마킹함으로써 당시 업계에서 가능하다고 생각했던 스피드의 100배 가량의 혁신을 이루었다. 외부의 아이디어를 내부의 혁신으로 끌어들이기 위한 좀 더 구체적인 메커니즘들은 이 외에도 아래와 같은 예들이 있다.

- 경쟁자 모니터 시스템: 경쟁자들이 무엇을 하고 있는지를 추적하는 것은 기본이다. 정보를 계속 탐색하는 것도 경험이 쌓일수록 점점 더 발전하며, 외부의 정보를 내부로 가져다 활용하는 것도 연습을 하면서 점점 나아진다. 경쟁자의 특허와 출판물을 추적하는 것은 기본이고 다른 관련성 있을 만한 정보를 찾고 축적하는 정교한 시스템을 정착시켜야 한다.[103]
- 외부의 정보와 아이디어가 끊임없이 내부로 흘러들게 하기 위해서는 '지식 커뮤니티'에 항상 연결되어 있어야 한다. 연구개발자는 지속적으로 기술 영역에서 연구결과를 발표하는 것도 중요한 지식의 원천을 무심코 지나치치 않게 해주는 메커니즘이다. 또한 특허풀의 예에서 보듯이 기술적인 모임이나 커뮤니티에 속해 있으면서 주도적인 역할을 해야 경쟁자가 무엇을 하고 있는지 모니터할 수 있을 뿐 아니라, 기술발전 궤적에 영향을 미쳐서 자사에 유리한 환경을 조성할 수 있는 기회를 만들 수 있다.[104]
- 외부 조직과의 비공식적인 네트워크: 정보의 풀을 유지할 수 있고, 어

떤 정보가 유용한지 아닌지를 걸러내는 데도 도움을 받을 수 있다. 공식적인 연결보다 알음알음 비공식적인 접촉을 유지하는 것은 심리적인 거리를 줄여줘서 외부자로부터 간접 학습을 더 효과적이고 용이하게 만든다고 한다. 비공식적인 연결은 공식적으로는 형성될 수 없는 개인과 그룹을 연결시켜줘서 상당히 고급의 참신한 정보를 얻을 수 있게 해준다고 한다.[105]

- 외부의 소스로부터 아이디어를 얻기 위해 외부로부터 인력을 영입하는 경우도 많다. 문제는 외부 영입 인력이 기존 인력과 융화되지 못하는 경우가 많다는 점이다. 전반적으로 새로 들어온 인력은 높은 불확실성에 직면하게 되는데, 그러한 불확실성을 줄여주는 기능을 하는 것이 사회화socialisation 과정이다. 회사는 전향적으로 새로운 인물들이 자신의 경험과 지식의 우수성을 설명하고 입증할 수 있는 기회를 제공해야 하고 그들의 전문성과 경험이 새 조직에서 높은 가치를 가질 수 있다는 느낌을 갖게 해줘야 된다.[106]

조직 내 다른 유닛의 일들이 나와 연관이 있다는 생각을 하게 만드는 메커니즘

소니의 워크맨은 회사 내부의 카세트 테이프 재생기 사업부와 헤드폰 사업부를 연결함으로써 나온 것이라고 한다. 야마하의 가라오케 시스템은 따로 분리되어 있던 소형 키보드, 마이크, 자기식 카드(magnetically encoded cards) 기술들을 통합함으로써 만들어졌다고 한다.[107]

- 내부자들끼리 상호작용을 높이는 제도Interaction-enhancing practices: 조직 내 다른 사업부들이나 부서 간의 연결성을 높이기 위해서는 사람들

이 자주 교류하는 기회를 만들어줘야 한다. 카오가 디스크 사업의 문제를 비누 사업의 기술로 해결한 예에서 보았듯이, 카오는 공식적으로 평소에 누구나 기술적인 정보를 담고 있는 데이터베이스에 접속할 수 있도록 허용했다. 회사 건물의 내부 배열도 오픈 플로어로 디자인했고 기술 회의에는 직원들이 원한다면 참석해서 의견을 교환하고 현재 진행 중인 제품 개발에 대한 인사이트를 얻을 수 있게 했다.[108]

- 조직 내부 유닛을 가로지르는 인터페이스(Cross-unit interfaces): 사업부 간의 연락담당자를 공식적으로 선임하거나 태스크포스를 활용함으로써 조직 내부의 단절된 경계를 뛰어넘을 수 있다. 정기적으로 인력을 순환시키는 것도 한 방법이다. 이런 사람들은 기존의 익숙함 이상을 넘어서 못 보는 내부자들보다는 그들이 연결시키지 못하는 아이디어들 간의 연결성을 볼 수 있다.

- 아이디어 연결성을 찾는 제도(Linkage-identifying practices): 어떨 때는 내부에서 거의 강제로 서로 다른 영역 간의 연결성을 찾도록 하는 방법도 있다. 소니의 헤드폰 사업과 카세트 테이프 재생기 사업은 따로 떨어져 있었고 서로에게 관심이 없어서 두 사업을 연결해야 가능한 워크맨 아이디어를 지나칠 수도 있었다고 한다. 다양한 사업부의 사람들을 한 자리에 모아놓고 서로 연결성을 찾게 함으로써 단절된 부서를 관통하는 아이디어를 얻을 수 있다는 사례가 많이 보고되고 있다. EDS와 같은 회사들은 정기적으로 다른 사업부의 관리자들을 모아서 'discovery assignments'를 준다고 한다. 특히, 사업단위 사이에 밀접하게 손발을 맞춰야만 가능한 '게임을 바꿀 만한 혁신' 아이디어를 찾도록 하기도 한다.[109]

3장

다양성, 아이디어의 자유로운 교류가 가능한 조직

세계 최대의 흥행작 '해리 포터'가 영국에서 만들어진 것은 우연이 아니라고 한다. 부녀자들을 중심으로 한 영국의 스토리텔러들은 저녁 식사가 끝나면 TV 연속극을 보는 대신 가까운 카페에서 열리는 스토리텔링 클럽에 나가곤 한다. 그들은 대화를 통해 이야기를 만들어간다. 주제를 정하고 소재를 늘어놓은 다음 다양한 가지로 엮어서 스토리의 윤곽을 만든다. 매일매일 재미있는 이야기를 덧붙여가면서 양탄자를 짜듯 이야기를 만들어간다. 이 같은 문화적인 환경의 저변에서 유명 뮤지컬이나 해리 포터 같은 작품이 나온다는 것이다.[110]

구글 창업자 세르게이 브린Sergey Brin과 래리 페이지Larry Page가 구글에서 성공했던 혁신들을 추적해본 결과 자신들이 후원했던 프로젝트보다 직원들이 윗사람 지원 없이 실행한 프로젝트들이 더 성공 확률이 높았다고 한다.

조직에 위계가 강하면 아이디어 교환이 어려워지는 것은 잘 알려진 사실이다. 대표적인 혁신 기업 IDEO에서는 시켜서가 아니라 상호의존적인 네트워크interdependent network에 기여하는 재미 자체를 보상으로 생각하는 사람들과 문화를 가지고 있다. 이런 환경에서 슈퍼스타는 다른 사람이 성과를 내도록 돕고 또 다른 사람들의 도움을 청하는 사람이다. 직위와 직급을 가로지르면서.[111]

모든 사람들이 혁신적인 아이디어를 내놓게 하려면 실패해도 괜찮다는 환경을 만들어줘야 한다. 끊임없이 실험할 수 있게 하고, 일찍, 자주 실패하게 해줘야 한다. 대신 그 과정에서 새로운 학습이 일어나야 한다.

누군가의 앞에서 노래를 한다고 생각해보자. 전문적인 가수나 뛰어난 가창력을 가진 사람이 아닌 보통의 우리는 손에 땀이 나고 표정이 굳어지고 심장이 갑자기 빠르게 뛴다. 혹시 실수를 하지나 않을까? 걱정이 앞설 수 있다. 하지만 평범한 노래실력을 가진 우리라도 친구들과 같이 가는 노래방에서는 모두가 주저하지 않고 자신감 있게 노래한다. 혹시 실수하더라도 창피하지 않기 때문이다. 혁신도 마찬가지다. 새로운 생각을 남들에게 말하는 것은 경직된 조직에서는 매우 어려운 일이다. 비판들이 두려워 목소리를 내기가 어렵다면 혁신은 기대하기 어렵다. 혁신을 두려워하지 않게 하고, 창의성을 북돋아주기 위해서는 사람들이 자신 있게 의견을 제시하고 행동할 수 있는 환경을 만들어주는 것이 중요하다.[112] 자기 아이디어를 다른 사람 앞에 자신 있게 내놓고 혹시 실수하더라도 불이익을 받지 않고 굴욕감을 느끼지 않게 된다는 확신을 줘야 한다. 이것을 위해서는 말하는 것만큼 듣는 것이 중요하다.[113]

물론 그렇다고 해서 무조건적인 실패를 지향하는 것도 조심해야 하는 것은 당연하다. 린 스타트업 같은 방법론을 활용하다 보면 오히려 실패에 대해 집착하고 지나치게 긍정적인 자세를 가질 수 있다. 싸게 빨리 실패하면 바로 방향 전환을 하는 사이클을 제안하다 보니 실패에 대해서 지나치게 긍정적으로 받아들이고 쉽게 방향 전환을 함으로써 조금 더 해보면 더 나은 해결책이 나올 수 있음에도 불구하고 임계치critical mass에 도달하기도 전에 쉽게 포기할 수도 있다는 것이다.[114]

우리가 원하는 것은 혁신이 어떤 천재적인 개인에 의해 만들어지는 것이 아니다. 그렇지 않다면 그 천재를 찾아서 데리고 오는 데 모든 에너지를 집중하면 될 것이다. 우리가 원하는 것은 개인들이 들고 나더라도 시스템적으로 반복적으로 지속적으로 혁신을 일으킬 수 있는 조직이다. 그렇다면 특정인에게 의존하지 말고 조직 내 모든 계층 모든 사람들이 혁신의 아이디어를 내게 만들어야 한다. 그리고 그들이 서로 교류하고 협업할 수 있게 해줘야 한다.

토론문화와 협업의 일상화

그러기 위해서는 커뮤니케이션의 방법과 문화도 중요하다. 자신의 아이디어를 잘 전달하고 설명하는 역량도 중요하지만, 다른 사람의 말을 발전적으로 듣는 태도와 능력도 중요하다. 어떤 경우는 사람들에게 혁신적인 아이디어를 내놓게 동기부여하는 방법으로 돈을 주는 것보다 질문을 해주고 인정하는 말 한마디를 건네는 것이 더 효과적일 수 있다. 상위 직급자는 입을 다물고 인내심 있게 아랫사람의 말과 의견을 경청하는 연습을 해야 한다. 회의에서 아랫사람들이 더 좋은 아이디어와 문제 해결책을 가지고 있는데도 상위 직급자가 말하는 시간을 모두 차지하는 경향은 한국뿐 아니라 모든 국가의 조직에서 공통적으로 일어나는 일이다. 아마도 독특한 국가적 문화를 가진 이스라엘 정도가 예외일 것이다.

토론이 이루어지려면 질문을 하는 것이 당연한 권리로 여겨져야 한다. "두 사람이 각자 가지고 있는 하나의 사과를 교환하면 사과 하나씩을 갖게 되지만, 가지고 있는 아이디어를 하나씩 교환하면 두 개의 아이디어를 갖게 된다"(조지 버나드 쇼)고 했다. 아이가 학교에서 돌아오면 한국 어머니들이 "오늘 선생님 말씀 잘 들었니?"라고 묻는 데 반해 이스라엘 어머니들은 "오늘 학교에서 무슨 질문했니?"라고 묻는다는 말은 익히 들어보았을 것이다. 어릴 때부터 끊임 없는 토론과 질문을 하도록 짜인 교육 시스템 덕분에 이스라엘인들은 위아래를 막론하고 질문하는 것을 당연한 권리로 여긴다.[115] 이것이 이스라엘을 세계에서 가장 앞서가는 혁신 국가로 만든 원동력으로 간주된다.

이것도 한국적인 상황에서 시도를 해볼 수는 있지만, 질문을 하는 것만큼이나 질문을 받아주는 사람의 태도와 생각도 중요하다. 우리나라는 문화적으로 질문을 받는 사람들이 얼마나 감당해낼 수 있을지를 더 걱정해야 할 것 같다. 질문을 하는 것이 익숙하지 않다면 억지로 어색하게 분위기를 해칠 질문을 섣불리 하기보다는 익숙해질 때까지 상사가 아예 입을 다물고 들어주는 것만 한동안 연습하는 것이 더 현실적일 것이다.

1984~2005년 디즈니의 황금 성장기를 이끌었던 마이클 아이스너Michael Eisner는 창의적인 아이디어가 '갈등과 상식'에서 온다고 주장하며 '지원적

갈등supportive conflict의 환경'을 조성해 관리자들이 서로의 의견을 다투는 과정에서 최고의 아이디어가 나오도록 했다. 나중에는 이런 문화가 부작용을 일으켜 너무 전투적인 문화로 바뀌면서 오히려 성과를 끌어내리게 되기는 했지만, 이러한 문화는 균형을 잘 맞추는 한 혁신에 도움이 될 수 있다.[116]

헤지펀드 분야에서 조지 소로스를 제치고 세계 최고의 수익률을 올리며 일약 스타덤에 오른 브리지워터 어소시에이츠의 CEO 레이 달리오Ray Dalio가 자기 회사의 성공 요인이라고 말한 '감정이 실리지 않은 의견 다툼unemotional disagreement'이 혁신을 위한 키워드가 되어야 할 것이다.[117] 이것은 업종과 산업을 가리지 않고 공히 적용될 수 있는 태도와 문화라고 할 수 있다.

토론이 제대로 이루어지려면 겸손한 태도가 필요하다. 서로의 의견을 나누는 과정에서는 평등과 상호존중이 수반되어야 한다. 내가 모르는 것을 상대방이 나에게 줄 수 있다는 사실을 인정해야 한다. 오만한 사람은 토론식 학습을 통해 배울 수 없다. 다른 사람의 얘기를 듣지 않고 자신의 이야기만 하려고 들기 때문이다. 아이들, 직원들, 동료들과 함께 나누고 배우는 과정에서 자신을 계발할 수 있고, 상대방에게도 뭔가를 할 수 있는 능력을 주거나 발전할 수 있게 된다. 자신이 틀릴 수도 있다는 겸손한 태도로 토론할 때 서로 존중할 수 있고, 협업도 가능해진다.

구글 엔지니어들을 대상으로 한 협업을 증진시키는 방법에 대한 연구에 따르면, 다소 추상적으로 들리지만 겸손humility, 존중respect, 신뢰trust를 세 가지 중요한 요소로 제시한다. 생각해보면 쉽지는 않지만 상당히 상식적인 이야기다. '내가 우주의 중심이 아니고 전지전능하지도 않고 항상 성공하는 것도 아니다.' 이것이 겸손의 태도인데 겸손한 마음이 없으면 스스로 개선의 여지가 있다는 열린 생각을 할 수도 없고, 무엇보다 다른 사람의 의견을 존중하지도 못할 것이다. 존중은 '함께 일하는 사람들을 동등한 또는 더 우수한 인간으로 대하고 그들의 능력과 업적에 감사'할 줄 아는 태도다. 이렇게 다른 사람을 존중하는 마음이 없으면, '함께 일하는 사람들이 숙련된 인력이며 항상 옳은 일을 하려고 할 것'이라고 믿지 못하게 되고 그렇게 되면 협업이 일어날 수 없다.[118]

글로벌 혁신 기업과 한국 기업의 소통문화와 협업

미국 실리콘밸리에는 있지만 우리나라 대덕단지에는 없는 것이 열린 소통, 토론과 협업이라는 말이 있다. 열린 소통을 통해 도전하고 다듬어지지 않은 아이디어를 더욱 구체화시키기 위해서 토론하고 이를 실행에 옮기기 위해 협업을 하는 것이 중요함에도 불구하고 우리나라 많은 기업들이 알면서도 실행에 어려움을 느끼고 있다.

모든 직원들이 참여하는 창의적인 토론과 협업은 세계 최고 기업들의 성공 비결로 꼽히는데, 다음과 같은 일하는 순서와 방식을 공통적으로 따른다고 한다.[119]

- 모두 함께 모여 열띤 토론을 통해 다음 이슈들 결정
    - ▶ 주제나 과제의 목표 및 해결해야 할 문제 정의
    - ▶ 어떤 방향이나 방식으로 해결할 것인가?
    - ▶ 창의적이고 효과적인 솔루션이 무엇인가?

- 무슨 일들을 할지 아이디어 수집
- 담당자가 정해지지 않은 상태에서 해야 할 일 목록 작성
- 각각의 일을 가장 잘 할 수 있는 사람에게 배정
- 일정기간 수행한 후 다시 모여 통합

글로벌 혁신 기업과 다수의 한국 기업의 토론 및 협업 방식을 비교해보자.[120]

• 질문하기 (기존 생각에 도전하기, 비판적 사고, 입체적 사고) • 토론하기 (다양한 가능성, 가설 검증, 상자 밖 사고, 역발상) • 기록하여 공유하기 (모두가 볼 수 있게 벽면에 기록) • 새로운 아이디어 찾기 • 협업하기		• 자기주장 • 상대방의 의견 비난 • 혼자만의 기록 (메모나 노트 필기) • 분업 (해야할 일 각자 나누기 - 일의 방향성 부조화)

[그림 5 - 8] 글로벌 혁신 기업 vs. 다수의 한국 기업

한국 기업의 경우 회의하는 모습을 지켜보면 침을 튀기며 자기 주장을 펼치는 데 주력하는 경향이 있다. 상대방 의견은 "안 들려요!" 하거나 제대로 듣지도 않고 비난하는 데 집중하는 모습을 종종 보게 된다. 또한 노트를 들고 가서 열심히 쓴다. 혼자만의 기록으로 말이다. 일단 가야 할 방향이 어느 정도 정해지면 각자 할 일을 나누기 바쁘다. 이것이 여러분 회의 때 모습과 유사한가? 그렇다면 이번에는 해외 글로벌 기업의 회의 모습을 지켜보자. 우선 기존 생각에 도전하는 질문을 끊임없이 던진다. 다양한 가능성과 상자 밖 사고와 역발상을 하면서 함께 토론에 집중한다. 모두가 볼 수 있게 큰 화이트보드에 기록을 하며 공유한다. 이러한 과정 속에서 새로운 아이디

어를 찾고 이를 실현하기 위해 어떻게 협업할지를 이야기하는 것이다.

어떤 질문들을 던지는가도 협업이 잘 되고 잘 되지 않는 문화에 영향을 준다. 협업 중심의 글로벌 기업들이 근본적인 why 질문을 던지면서 시작하는 데 비해 분업 중심의 한국 기업들은 당장 눈앞의 what 질문을 더 많이 던지는 차이가 있다고 한다.

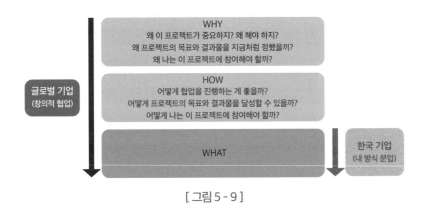

[그림 5 - 9]

글로벌 혁신 기업에서는 우선 why부터 시작하고 how 그리고 what에 대해서 공유하며 창의적으로 협업을 한다. 반면 많은 한국 기업들은 무엇을 할지에 대해서 각자가 할 일을 정하는 분업의 개념으로 접근한다. why와 how를 거치지 않고 what에 대해서만 이야기하고 토론을 끝내는 것이다. 이 경우 동기부여나 몰입을 기대할 수 없으므로 좋은 성과를 기대하기 힘들 것이다. why의 중요성은 단지 회의와 협업 등에만 해당되는 것이 아니라 세상을 바꿀 수 있는 혁신이 일어나기 위한 환경을 만드는 데도 중요하며 다음 장에서 좀 더 살펴볼 것이다.

이 외에도 우리에게 잘 알려진 글로벌 기업들은 평소에 다양한 방법으로 원활한 소통문화와 환경을 장착하고 있다. 예를 들어, 스타벅스의 스킵 레벨skip level 미팅은 CEO가 매장을 방문할 때 호텔을 빌려 해당 매장의 매니저를 제외한 직원들과(따라서, 레벨을 건너뛰므로 skip level) 미팅을 갖는다. 이렇게 하면 직원들은 상사가 옆에 있어서 받는 부담감에서 벗어나 자신의 생각을 충분히 토로할 수 있는 기회를 갖게 되는 장점이 있다고 한다. 또한 자유로운 토론을 통해 최선의 결정을 도출하고, 그 결정은 스스로가 내린 결정이므로 책임의식을 갖고 실행하는 데 동의하게 된다. 즉 조직 계층에 따른 제약 없이 자신의 의견을 자유롭게 개진하고 그 과정에서 결정된 사항에 대해서는 높은 실행력을 보이게 된다는 것이다.[121]

구글의 TGIF와 불펜Bullpen도 흥미로운 방식이다. TGIF는 Thank God It's Friday의 약자로, 미국 직장인들이 주말을 맞아 이제 한 주가 끝나고 휴식할 수 있다는 안도감을 나타낼 때 쓰는 표현이다. 매주 금요일 오후(대략 4~5시) 래리 페이지, 세르게이 브린 등 창업자나 최고경영진이 나와 전체 회의를 진행하는데 주제는 다양하다. 사내 문제에서부터 검색, 지메일, 구글 플러스 등 제품에 대한 문제, 안드로이드의 향후 방향 등 경영에 이르기까지 구글 일반 직원 누구나 최고경영진의 설명을 직접 들을 수 있다. '도리Dory'라는 사전 질문 시스템이 있어서 사전 질문 내용 중에 직원들에게 가장 많은 '엄지척thumbs up'을 받은 질문에 대해 경영진이 대답하는 형식인데, 여기에는 "왜 이번에 채용된 CFO는 그렇게 높은 대우를 받느냐" 등의 민감한 질문도 포함된다고 한다. 이런 수평적인 커뮤니케이션 구조가 직원들에게 주인의식을 고취시켜준다는 것이다.[122]

또한 마운틴뷰 본사에 43개의 작은 소파를 두고 주요 임원이 일주일에 몇 시간씩 불펜 투수처럼 대기하는 제도도 도입했다. 직원들이 오가며 즉석에서 문제를 얘기하고 해결책을 제시한다. 지위고하를 막론하고 모든 직원이 회사의 방향과 미래를 공유한다는데, 거대 기업이지만 신생 기업의 정신을 이어가려는 시도로 볼 수 있다. 위계질서를 타파하고 상호신뢰와 개방 속에서 최대의 효율을 추구하는 것이다. 아마도 이런 제도를 통해 주요 임원들이 직원들의 질문에 설득력 있는 답과 설명을 할 수 있는 역량이 있는지 검증하거나 그런 역량이 축적되는 기회로 삼을 수도 있을 것이다.[123]

원활한 소통과 토론 및 협업을 위한 인적 구성

혁신적인 환경을 위한 원활한 소통과 협업을 향상시키기 위한 제도적인 방법론들은 앞에서 언급했던 것과 같은 글로벌 기업 사례로부터 벤치마킹할 수 있을 것이다. 그러나 보다 근본적으로 접근할 필요도 있다. 왜 소통과 협업이 힘든지 근본적인 원인을 알게 된다면 더 근본적인 처방을 내릴 수도 있기 때문이다. 특히 개인의 성격에 바탕을 둔 업무 스타일의 차이를 생각해보자. 이러한 개인별 차이 때문에 소통과 협업이 어려울 수 있다. 그렇다면 다음과 같은 질문을 던져야 한다. 일하는 방식이 다른 사람들 사이에도 '비즈니스 케미business chemistry'가 생길 수 있을까? 각자 업무 스타일이 다른데 이런 차이를 고려해서 조화롭게 소통하고 협업할 수 있을까?

이를 파악하기 위해서는 일단 각자의 업무 스타일을 알아야 한다. 그리고 팀의 잠재력을 극대화시키려면 팀원 간에 다른 업무 스타일을 어떻게 관리해야 할지를 알아야 한다. 이를 위해 딜로이트에서 개발한 '비즈니스 케미스트리' 시스템을 활용할 수 있다. 19만 명의 응답자 데이터를 토대로 도출한 업무 관련 특성과 성향을 나열한 목록을 작성하고, 이를 4가지 업무 스타일로 수학적으로 도출했다. 이를 통해 각각의 스타일이 가진 고유의 가치를 파악할 수 있다. 이 시스템을 잘 활용함으로써 다양한 스타일의 구성원을 협업으로 이끄는 데서 발생하는 문제에 대한 해법과 인지적 다양성을 지혜롭게 활용할 수 있는 묘안을 도출할 수 있다.[124]

아래는 업무 관련 특성과 성향을 나열한 목록이다. 본인이 해당하는 항목에 체크를 해보자.

□ 외향적이다	□ 외교적이다	□ 계량화하기 좋아한다	□ 체계적이다
□ 큰 그림에 집중한다	□ 공감을 잘한다	□ 논리적이다	□ 속내를 감춘다
□ 즉흥적이다	□ 전통을 중시한다	□ 목적의식이 있다	□ 꼼꼼하다
□ 위험한 일에 끌린다	□ 관계 지향적이다	□ 지기 싫어한다	□ 현실적이다
□ 적응력이 좋다	□ 내적 동기가 강하다	□ 실험적이다	□ 구조적으로 사고한다
□ 상상력이 뛰어나다	□ 갈등을 회피한다	□ 호기심이 강하다	□ 선의가 있다

[그림 5 - 10]

[출처: Johnson Vickberg, S. M., & Christfort, K. (2017). Pioneers, drivers, integrators and guardians. Harvard Business Review, 95(2): 50-57.]

체크된 결과를 바탕으로 4개의 그룹으로 나눌 수 있다. 개척자 스타일 pioneer, 통합자 스타일integrator, 행동파 또는 조종자driver, 공무원형 또는 현상수호자guardian다.

비즈니스 케미 시스템에서 제안하는 것은 각 유형에 맞게 그 사람을 대하

	개척자 스타일	통합자 스타일	행동파 또는 조종자	공무원형 또는 현상수호자
이럴 때 힘이 난다	• 브레인스토밍 • 자연스러움과 새로운 시도 • 열의	• 협동 • 커뮤니케이션 • 신뢰와 존중	• 문제 해결 • 솔직함 • 승리	• 체계적 형태 • 예측성과 일관성 • 상세한 계획
이럴 때 소외감을 느낀다	• 규칙과 구조 • "No"라는 말 • 과정에 초점을 맞추기	• 조직 내 정치 • 갈등 • 융통성 결여	• 우유부단함 • 비효율성 • 목적의식의 결여	• 어수선함 • 시간의 압박 • 모호함과 불확실성

[그림 5 - 11]

[출처: Johnson Vickberg, S. M., & Christfort, K. 2017. Pioneers, drivers, integrators and guardians. Harvard Business Review, 95(2): 50-57. 수정함]

라는 것이다. 예를 들면 개척자 유형에게는 규칙과 구조에 따르도록 강요하지 말고, 무조건 안 된다는 부정적인 표현은 그 사람을 소외시키게 되므로 가급적이면 사용하지 않도록 하고, 과정에 지나치게 초점을 맞추면 이런 유형의 사람은 해당 업무에 관심이나 흥미를 잃게 된다는 것을 미리 알고 대하라는 것이다. 또한 수호자 유형에게는 가이드라인을 명확하게 주고 작업이나 회의 일정에 대해 미리 정확하게 알려주는 것이 효과적이다. 특히 회의할 때 이러이러한 질문을 할 것이라고 알려주면서 미리 생각해볼 시간을 주는 것이 좋다.

그리고 이 시스템에서는 극과 극을 가까이 두는 것을 제안한다. 개척자와 수호자를, 그리고 통합자와 행동파 또는 조종자를 함께 일하게 하는 것이다. 이들은 일하는 스타일은 극과 극이지만 상호보완적인 역량을 가지고 있다. 서로의 차이점에 관해 털어놓고 이야기를 나눈 후에는 생산적인 마찰을 통한 상호보완적 파트너십을 유지할 수 있고 팀 성과에 긍정적인 영향을 미칠 것이다.

이를 통해 상대방의 업무 스타일을 이해할 수 있다. 업무 스타일을 이해하면 소통의 언어를 얻을 수 있게 된다. 즉 개인들이 세상을 받아들이는 방식과 선호하는 업무방식 중 어디가 비슷하고 어디가 다른지를 터놓고 이야기할 수 있다. 팀원들은 특정한 상황에서 왜 서로가 힘들게 느껴졌는지, 어떤 관점과 접근방식이 상충해서 그랬던 것인지를 인식할 수 있다. 또한 서로의 차이점이 가진 숨은 힘도 깨닫게 된다. 궁극적으로 서로를 이해하고 소통을 원활하게 할 경우 공동의 목표의식이 커지게 된다. 공동의 목표를 더잘 이해하고 팀원들 스스로 최선을 다해 팀에 기여하게 되고 목표 달성 능력 또한 향상되는 것이다.

이렇게 다양한 사람들과 일할 기회를 자주 갖고 그들과의 차이점을 극복하면서 협업을 통해 일을 하는 데 익숙해지면 앞에서 말한 경계 탐색 boundary-spanning 역량도 생길 것이다.

P&G의 새로운 커뮤니케이션 방법 정착 사례

지속적이고 반복적인 경험을 통해 의사소통 방법과 협업을 개선하는 것은 당연하지만, 필요하다면 혁신에 적합한 소통문화를 정착시키는 시간을 단축시키기 위해 P&G가 그랬던 것처럼 외부 전문가를 데려와서라도 커뮤니케이션하는 방법과 문화를 바꾸는 시도도 해볼 필요가 있다.

100년 이상의 역사를 가진 P&G는 당연히 관료적인 문화와 의사소통 방법, 일처리 절차 등이 혁신을 가로막고 있었다. 그러다 2000년대 들어서면서 개방적인 혁신을 지향하고 의도적으로 그 전략적인 방향과 맞는 의사소통 방법을 도입했다. P&G도 많은 대기업들처럼 원래는 변호 스타일advocacy 의 의사소통 방법이 기본이었다. 즉 자신의 주장만을 내세우는 논의 스타일 이 주를 이뤘다. 전략이나 혁신은 불확실성이 크고 그 선택은 판단과 관련 된 것이기 때문에, 개개인은 자신의 선택을 방어하는 데 주된 관심이 생기게 된다. 그 결과 본능적으로 사람들은 협력하고 깊은 사고를 하기보다 자신 과 반대되는 의견을 공격하게 된다.

P&G는 더욱 다양한 의견을 받아들이고 최적의 의사결정을 내리기 위해 새로운 의사소통 스타일을 전사적으로 도입하는 변화를 시도했다. 적극적 탐구assertive inquiry라고 번역되는 의사소통에의 새로운 접근법이다. 이것은 자신의 생각을 명확하게 직접적으로 표현하는 기존의 방법advocacy과 다른 사람들의 생각inquiry을 합친 것이다. 즉 "내가 이런 좋은 아이디어가 있으니 까 받아들여라"가 아니라 "내가 괜찮은 아이디어가 있다. 그런데 아마도 뭔 가를 놓치고 있을지 모르겠다. 한번 들어봐라"라는 접근방법이다.

이러한 적극적 탐구방식에서 개개인들은 모두가 가치 있는 생각을 가지고 있기 때문에 모두 자신의 생각을 표현할 기회를 갖는다. 자기 스스로의 관점 을 가능한 한 명확하게 옹호한다. 그러나 자신이 뭔가 빠뜨릴 수 있고 완벽 하지 않다는 가능성을 늘 열어둔다. 자신의 의견을 하나의 가능성으로 제시 하되, 유일한 정답이라고 여기지는 않는 것이다. 그리고 다른 대안들을 귀기 울여 듣고 질문한다. 다른 사람들로 하여금 자신의 주장만을 펼치게 하지 않 고, 다른 사람의 의견을 신중하게 듣고 자신의 생각을 반영하도록 한다.

즉 다음과 같은 프로세스로 논의가 진행되게 한다.

① 자신의 주장을 먼저 펼친 후 사람들의 의견을 묻는다. "나는 지금 상황을 이렇게 보고 있고 그 이유는 이렇다. 나하고 생각이 다른 사람? 어느 정도로 생각이 다른가?"

② 다른 사람의 의견을 요약하여 자신의 언어로 표현해보고, 자신이 맞게 이해했는지 의견을 구한다. "내가 이해하기로는 당신 의견이 이러이러한 것 같은데, 제대로 정확하게 이해했나?"

③ 당신의 이해와 다른 사람의 관점 사이에 차이가 있다면 그것을 설명하고, 정보를 더 요청한다. "의견을 들어보니 내가 제안한 이 인수합병이 별로 좋지 않은 아이디어라고 생각하는 것 같다. 어떻게 그런 결론에 도달했는지 나는 잘 이해가 되지 않는다. 좀 더 설명해주겠나?"[125]

결국, 혁신을 일으키기에 적당한 환경은 '힘을 뺀 의사소통'이 활발한 조직이다. 이것은 대답하기보다는 질문을 하고, 신중하게 말하는 것이 핵심이다.[126]

혁신과 통제

혁신이라고 해서 무작정 방치하는 것이 아니라, 어떤 혁신적인 아이디어를 제품화 내지 사업화로 밀어붙일지를 걸러내는 메커니즘을 구축해야 한다.

사업적으로 성공까지 연결되는 아이디어가 있는가 하면 그보다 몇 배 더 많은 아이디어들이 시간 낭비로 끝날 수 있다. 따라서 걸러내는 장치가 있어야 한다. 문제는, 어느 시점에서, 누가, 혁신 아이디어를 계속 다음 단계로 발전시킬지 아니면 그 단계에서 멈출지 결정할 것인가?

아주 중요하지만 까다로운 문제다. 명확한 답은 없다.

아이디어를 계속 살려나갈지 죽일지를 판단하기에 가장 적당한 사람은 바로 아이디어를 만든 본인이라는 주장이 있다. 그런데 어떻게 본인이 자신의 아이디어를 포기하게 만들 것인가? 메이저 제약회사 머크Merck에는 2007년도에 'kill fee'라는 제도가 있었다. 신약 개발자가 더 이상 희망이 없는 것으로 판단되는 프로젝트를 멈추는 결정을 하면 스톡옵션을 주는 제도다. 이러한 인센티브가 없다면 사람들은 끝까지 자신의 아이디어를 증명하고 성공시키려고 시간과 에너지를 계속 투입하려 할 것이다.

알곡과 쭉정이를 걸러내기 위한 필터는 다양한 시각을 수용하는 것이어야 한다는 의견도 있다. 각양각색의 분야와 기능과 시각을 모아서 판단하는 것이 가장 좋은 결과를 만들어낼 수 있다는 것이다.

또한 이러한 필터링을 조직 외부에 맡기는 방법도 있다. 즉 시장에 판단을 맡기는 것이다. Y 컴비네이터Y Combinator나 파운드리Foundry와 같은 엑셀러레이터들이 많은 현실 상황을 활용하여 그들에게 판단을 의뢰할 수 있다는 것이다.[127]

혁신을 위해 중요한 리더의 역할은 혁신의 단계들을 그려놓고 각 단계에 맞는 프로세스, 스킬 셋, 기술적인 지원 등이 필요하다는 사실을 알고 있어야 하고 단계별로 다른 지원을 해줄 수 있어야 한다는 것이다. 혁신 프로세스의 초기에는 모든 것이 혼란스럽고 비효율적일 수밖에 없다. 이런 초기 단계에 효율성을 요구하는 통제를 가하는 것은 문제가 있다. 그렇다고 무조건 시행과 착오를 끊임없이 허용할 수도 없다. 혁신 프로젝트가 어떤 단계인지를 알 수 있는 시스템을 만들어야 하고, 혁신 아이디어를 발굴하는 단계를 지나서 상용화 단계로 들어가서는 훨씬 더 타이트한 관리를 해야 한다.

이것은 인간의 근본적인 동기부여 시스템과도 연결이 된다.[128 129]

토리 히긴스Tory Higgins 컬럼비아대학 심리학과 교수에 의하면 사람들이 일을 하고 성과를 내게 하는 동기는 두 가지가 있다. 바로 접근동기와 회피동기다. 접근동기는 무언가 좋은 것을 얻기 위해 열심히 하게 하는 반면, 회피동기는 무언가 좋지 않은 것에서 벗어나거나 회피하기 위해 열심히 일하게 하는 메커니즘이다. 접근동기는 보상 시스템에서 '내가 얻을 수 있는 것'에 민감하지만, 회피동기는 '내가 잃을 수 있는 것'에 더 민감하다.

비전을 세운다거나 혁신과 같이 불확실하고 추상적이고 장기적인 관점으로 해야 할 일일수록 접근동기에 호소해야 한다. 특히 혼란스럽고 불확실한 혁신 프로세스의 초기에는 당장 눈에 보이는 성과를 만들어야 한다는 회피동기를 자극하는 것이 아니라 접근동기에 호소해야 한다. 따라서 가시적인 보상을 약속하는 것은 이 단계에서는 효과가 별로 없을 것이다.

초반에는 자유롭게 상상하며 일할 수 있게 해줘야 하고, 구체적으로 실행에 들어갈 때는 회피동기의 개입이 요구된다. 따라서 규정이나 규칙을 만들고 데드라인을 만들고 그것을 향해 가게 해줘야 한다. 구체성과 치밀함은 후반 상용화 단계에서 더 필요할 것이다.

초반에 아이디어를 만들고 모양을 잡을 때 느슨한 룰과 환경으로 접근동기를 자극하는 것은 초반에 큰 그림을 보고 why라는 근본적인 질문을 던져야 하는 원칙과도 연결이 된다.[130 131] 후반 구체적인 실행 단계로 가면서 더 구체적인 how와 what의 질문을 던질 수 있는 환경을 만들어줘야 한다.

사람들은 회피동기가 자극되면 '어떻게how'에 관심을 두고, 접근동기가 힘을 내면 '왜why'에 대한 생각을 한다고 한다. 반대로 '어떻게'를 주로 고민하다 보면 회피동기가 자연스럽게 고개를 내민다. 또한 '왜'를 열심히 생각하다 보면 접근동기가 모습을 보인다. 둘 사이는 일방향이 아닌 쌍방향의 관계다. 따라서 혁신 프로세스의 초반에 접근동기를 자극할 환경과 보상체계, 후반에는 회피동기를 자극할 환경과 보상체계를 만드는 것이 중요하다. 예를 들어, 식스시그마 같은 모델은 가변성을 최소화하고 정해진 기준에 최대한 맞추는 것이 목적이기 때문에 혁신의 초반 단계에서 적용해서는 안 된다. 효율성을 기준으로 하는 관리 모델들은 통제와 신뢰도가 중요한 혁신의 중간이나 후반 단계에 적용해야 한다.

또한 혁신의 진행 단계에 따라 초반에는 발견 지향적인 특성을 가진 사람들, 후반에는 실행 지향적인 특성을 가진 사람들이 배치되는 것이 좋을 것이다. 제품개발팀과 마케팅팀에서 일하는 사람들은 대체로 실행 스킬보다는 발견 스킬이 더 높아야 한다(그중 일부 팀원이 실행력이 뛰어날 경우가 가장 바람직하다). 반면에, 재무 및 관리부서에서 일하는 사람들은 대체로 발견 스킬보다 실행 스킬이 더 높아야 한다(여기서도 발견 스킬이 뛰어난 사람이 몇 명 섞여 있다면 좋을 것이다).[132]

<table>
<tr><td>

발견 지향
- 연결하기
- 질문하기
- 관찰하기
- 아이디어 네트워킹
- 실험하기

</td><td>

실행 지향
- 분석하기
- 계획하기
- 세부 업무 추진하기
- 절도 있게 업무 처리하기

</td></tr>
</table>

[그림 5 - 12] 팀 및 회사 내 발견 스킬과 실행 스킬 간의 균형

출처: Jeff Dyer, Hal Gregersen, & Clayton M. Christensen ,「이노베이터 DNA」(번역서 p.246)

4장

질문의 힘

19세기 말 알렉산더 그레이엄 벨이 전화기를 발명한 이래 보급이 확산되면서 이 새로운 발명품을 가장 잘 이용한 사람들이 장의사들이었다고 한다.

갑자기 상을 당한 상주가 짧은 시간 안에 준비를 마치고 장례를 치르는 과정에서 주변 사람들에게 부음을 알리고 장의사의 도움을 받는 것이 오늘날처럼 쉽지 않았던 듯하다. 따라서 전화기는 아주 중요한 도구가 되었다고 한다. 미국 미주리 주의 시골 마을 캔자스시티의 장의사는 수동전화 교환업무를 주로 담당하던 젊은 여성 교환원들을 매수하기에 이른다. 그 당시 가장 인기 있던 제품이었던 양말로 교환원들을 매수하고 상주들을 자신의 회사로만 연결해주도록 했다. 그 지역에서 시장을 사이 좋게 양분해오던 다른 장의사 알몬 스트로저Almon Strowger라는 사람은 어느 순간부터 갑자기 고객이 줄어들었다는 사실과 그 이유를 알게 된다. 갑자기 고객을 잃게 된

스트로저는 그 역시 교환원을 매수하는 제살깎아먹기의 방식보다는 아예 교환원의 손을 거치지 않고 직접 전화를 받는 상상력을 발휘했다. 평생 장의사로만 일한 사람이었지만 3년 동안의 노력 끝에 자동교환 시스템을 개발하고 1891년 3월 10일 특허를 출원했다. 전자석의 원리를 이용하여 번호가 표시된 다이얼을 돌리면 해당 번호로 연결되는 시스템이었다. 전화기는 알렉산더 그레이엄 벨이 만들었지만, 정작 이를 널리 보급한 계기가 된 자동교환기는 미주리 주의 한적한 시골 마을에서 개발되었다. 스트로저가 만든 이 자동교환 기술을 한 단계 개선하여 스웨덴의 에릭슨은 신형 교환기를 개발했고, 그 후 컴퓨터로 제어하는 전자 교환기로 발전했다.[133]

혁신에 가장 필요한 단어 하나를 꼽으라면 그것은 바로 "왜why"일 것이다. 장의사 스트로저가 "왜 전화기는 꼭 교환원을 통해야만 할까?"라는 질문을 시작으로 자동 교환기의 시대가 열리게 된 것처럼, "왜"라는 질문은 문제의 표면what을 넘어 문제의 본질까지 파고들게 해서 발상의 전환을 가져올 수 있기 때문이다.

"왜, 스포츠를 좋아하는 사람들과 컨트리 클럽에서 테니스 등을 즐기는 사람들 중 골프를 치지 않는 사람이 있을까?"라는 질문에서 빅 버사를 개발한 캘러웨이 골프. "왜 어떤 회사들은 임원들이 상용 항공사의 퍼스트 클래스를 이용하고, 왜 어떤 회사들은 많은 비용을 지불하고 자사 항공기를 소유할까?"라는 질문에서 시작하여 타임 쉐어링 서비스를 도입한 넷젯. "왜 2,000억 원 정도 규모에 불과한 공작용 테이블톱table saw 시장에 비해 한 해 25조 원에 달하는 관련 사고가 발생할까? 왜 기존의 테이블톱들은 그렇게 많은 사고를 발생시킬까? 왜 그 많은 사고를 막을 수 없을까?" 하는 질문을 던진 스티브 가스는 혁신적인 쏘스탑SawStop을 개발했다. 또한 이 왜라는 질문 때문에 상업화의 어려움이 있었지만 포기하지 않고 성과를 이루어냈다. 벤카타스와미 박사가 "왜 많은 인도 사람들은 백내장처럼 간단한 수술로 고칠 수 있는 질환도 못 고치고 시력을 잃을까?" 하는 질문을 던지면서 시작한 아라빈드 안과병원은 획기적인 비용구조를 이루면서 세계에서 가장 큰 안과병원이자 교육, 연구기관으로 성장했다. 프레드 스미스Fred Smith가 "우편물을 보내는 것이 왜 이렇게 복잡해야 하는가"라는 질문으로 시작한 페덱스FedEx. 모두 크고 작은 임팩트를 이 세상에 던지며 혁신을 일으킨 사례들이다.

Why의 중요성

미국 일리노이대학 심리학과 연구에 따르면 "왜"라고 묻는 것은 안목을 넓혀준다고 한다. 따라서 혁신의 기회도 증가시켜줄 수 있을 것이다. 실험에서는 정치적 견해가 양극화되는 이슈를 잡았다. 9·11 테러 사건의 현장인 뉴욕 무역센터 자리, 그라운드 제로에서 얼마 떨어지지 않은 곳에 이슬람 사원인 모스크를 짓는 프로젝트가 진행되었다. 당연히 보수적인 사람과 진보적인 사람들의 견해가 나뉘었다. 9·11 테러의 배후로 이슬람 급진단체가 지목되었기에 보수적인 사람들은 절대 안 된다고 했고 진보적인 사람들은 종교의 자유가 있고 정확하게 이 사람들이 관여된 것도 아닌데 어떠냐고 했다.

1차 실험에서는 평화로운 날 항공기가 세계무역센터로 향하는 사진을 사람들에게 보여주었다. 그러고는 모스크를 짓는 프로젝트에 대한 의견을 물었다. 당연히 진보파와 보수파의 극단적인 견해 차이가 있었다. 2차 실험에서는 다른 피실험자들을 대상으로 했는데, 모스크와는 관계 없는 건강 유지와 관련된 세 차례 질문에 연속으로 대답하게 했다. 그런데 한 그룹에게는 "왜?"에 답하도록 하는 질문을, 다른 그룹에게는 "어떻게?"에 답을 하게 하는 질문을 던졌다. 이렇게 세 번 대답하게 한 후 모스크 건립에 대한 이슈에 답하게 했다. "왜?"에 대답한 그룹에서는 이슬람 센터에 대한 온건한 견해를 보였다. 즉 보수파와 진보파 사이의 답변이 근접하는 것으로 나타났다. 반면 "어떻게?"에 대답한 그룹에서는 견해 차이에 변화가 없었다.

이 연구결과의 해석은 이렇다. '왜'에 대한 답을 하다 보면 좀 더 문제의 근본을 파고들게 되고, 그 과정에서 다양한 각도로 문제를 보게 되면서 상대방의 입장도 생각하게 되고, 자신과 반대되는 입장에서 바라보는 추상적 사고가 유도되어 그 결과 안목이 넓어진다는 것이다. 대조적으로 '어떻게'에 대한 답은 구체적이고 눈앞에 있는 대상에 주의를 더 집중하게 만들고 넓은 그림을 볼 수 없게 한다는 것이다.[134]

혁신을 위해서는 "무엇", "어떻게", "왜"라는 질문 중에 "왜"가 가장 중요하다는 것은 의학적으로도, 생물학적으로도 검증이 된다고 한다.[135] [136] [137]

우리의 뇌를 단면으로 자르면 다음 그림 같이 생겼다고 한다. 가장 중심에 위치한 변연계 뇌는 why와 how를 담당하는데 우리가 원시인일 때부터 있던 부분으로 감정적인 부분이다. 짐승을 만나면 생각을 깊게 하지 않고 순간적으로 싸울까 아니면 도망갈까를 판단하고 결정하는 부분이다. 그런데 이 부분은 언어 능력과는 연결이 되어 있지 않다. 왜 그런 판단을 내렸는지

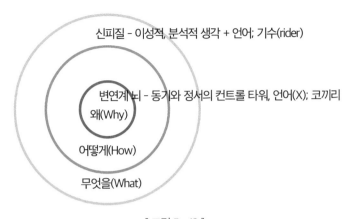

신피질 - 이성적, 분석적 생각 + 언어; 기수(rider)

변연계 뇌 - 동기와 정서의 컨트롤 타워, 언어(X); 코끼리

왜(Why)

어떻게(How)

무엇을(What)

[그림 5 - 13]

출처: Sinek, S. 2009. Start with why. 에서 수정

말로 설명할 수 없다. 그냥 그렇게 판단한 것이다.

인간이 진화하면서 뇌가 점점 커지고 지금과 같은 뇌를 가지면서 제일 바깥 쪽에 이성적, 분석적인 생각을 하는 신피질이 위치하게 되었다고 한다. 언어 능력도 여기와 관련되어 있다. '무엇'을 담당하는 부분이다.

어떤 제품이나 서비스의 구매 결정은 what이 아닌 why 담당 부분에서 이루어진다. 따라서 '왜 이 제품을 샀냐'라고 물어보면 사람들은 결정은 why에서 하고 설명은 what으로 할 수밖에 없기 때문에 전혀 엉뚱한 정보를 주게 된다.

what은 쉽게 보인다. 모든 회사들은 자신이 무엇을 만드는 회사인지 다 알고 설명할 수 있다. how 어떻게 만드는지도 안다. 어떻게 다른 회사와 다른지, 어떻게 더 좋은지 등등. 그러나 가장 중요한 why는 보이지 않는다. 그러다 보니 대부분의 회사들은 그리고 사람들은 'what'이라는 질문을 던지는 데 익숙하다. 무엇을(어떤 제품을) 만들어야 잘 팔릴까? 이런 질문은 사람들이 왜 사느냐 하는 해결과제customer-job-to-be-done에서 점점 멀어지게 만든다.

why를 담당한 부분과 what을 담당한 부분은 코끼리와 기수rider로 비유하기도 한다.[137] 평소에는 얌전한 코끼리(감정)를 기수가 이성적으로 잘 조정하면서 나가지만, 코끼리가 한 번 힘을 얻으면 도저히 이기지 못한다. 다이어트를 결심한 사람이 먹으면 안 되는 줄 알면서도 아이스크림을 마구 퍼먹는 현상이 바로 그것이다. 그만큼 감정의 힘은 이성의 힘보다 더 강하다.

대부분의 회사들은 평소에도 '무엇을' 만들면 잘 팔릴까를 궁리한다. 그리고 구매자를 설득하는것도 무엇부터 시작한다. 이런 식이다. What: 우리는 멋진 컴퓨터를 만들었습니다. How: 스펙도 이렇게 이렇게 좋고 디자인도 멋지게 했습니다. 하나 사실래요? 이런 경우 사람들의 반응은 "좋아 보이기는 하지만 잘 모르겠다"는 것이다.

애플은–적어도 스티브 잡스가 살아있었을 때– 접근방법이 달랐다고 한다. Why: 우리 회사가 뭘 만들 때는 왜 만드냐 하면, 기존의 질서에 도전하기 위해서 만듭니다. How: 디자인을 멋지게 해서요. 그리고 사용하기 아주 쉽게. What: 그 결과물이 여기 있는 컴퓨터입니다. 하나 사실래요? 이렇게 why로 설득을 했기 때문에 컴퓨터뿐 아니라 그 후속 제품들(iPod, iPhone 등)도 쉽게 받아들여졌다는 것이다.

What에 치중하게 되면 그 결과는 팔리지 않을 제품들을 잔뜩 만들게 되는 수가 있다. 일례로, 콜게이트Colgate의 치약은 1970년대에 2종류가 있었다. 2009년에는 32종류로 늘었다. 너무 선택지가 많다 보니 구매자들은 오히려 의사결정을 할 수 없게 되었다. 오죽하면 콜게이트는 결정을 도와드릴까요Need help Deciding?라는 웹사이트까지 만들었다.

애플은 mp3를 발명하지도 않았고, 나중에 아이팟이 되는 기술을 처음 만들지도 않았지만 음반산업을 완전히 바꿔놓은 회사로 자리매김되어 있다. 기가바이트급 하드드라이브를 장착한 휴대용 음악 재생기를 먼저 만든 회사가 있는데 싱가폴 회사 크리에이티브테크놀로지Creative Technology가 그 회사다. 가정용 PC가 사운드를 낼 수 있는 기술인 사운드블래스터Sound Blaster를 개발한 기술적으로 뛰어난 회사다. 애플은 크리에이티브테크놀로지가 시장에 진입하고 22개월 후에 아이팟을 내놨다. 크리에이티브 사가 자사 제품을 광고할 때 슬로건은 '5GB mp3 player'였다. 애플은 내용적으로는 같은 메시지를 '노래 1,000곡이 주머니 안에1,000 songs in your pocket'라는 문구로 광고했다. 크리에이티브 사는 '무엇'을 광고했고, 애플은 '왜 우리가 그 제품을 필요로 하는지'를 광고했다.[139]

기존의 대량생산, 재고 관리, 그리고 판매 후 대금 결제의 과정을 거치던 PC업계에 일대 파란을 일으켰던 델Dell 컴퓨터. 주문 후 제조, 돈이 먼저 들어오고 부품 구매 비용이 나중에 나가는 현금 흐름negative working capital cycle, 부품 회사들을 설득하여 근거리에 클러스터를 이루게 한 결정들. 이 모든 것들이 합하여 기존의 PC 대량제조 메이저 회사들에 비해 압도적으로 경쟁적인 비용 구조를 달성할 수 있었던 델. 이 모든 것의 출발은 "왜, PC 가격은 개별 부품 가격을 다 모아놓은 것에 비해 5배가 비싼가"라는 질문이었다고 한다.

창의성이 결과물이라면, 호기심은 방아쇠다.[140]
Creativity is outcome. Curiosity is the trigger.

우리 회사는 어떤가? 나는 어떤가?

더 이상 "왜"라는 질문을 하지 않는 아이들, 당연히 그들이 자라면서 "왜"라는 질문을 더 할 리는 없다. 점점 더 안 하면 안 하지. 그런 사람들이 모인 조직에서 호기심이 발동하기도 어렵고 누군가가 호기심 가득 찬 질문을 해도 무시되기 쉽다.

문화적인 원인도 있겠지만, 특히 우리의 교육제도에서도 그 원인을 찾을 수 있다. 초, 중, 고등학교에서 좋은 성적을 받고, 좋은 대학을 가고, 졸업 후 좋은 직장을 잡고, 그 직장에서 승진을 하는 사람들은 모두 '답을 빨리 찾기 게임'에서 승리한 사람들이다. 호기심이 가득한 사람들이 아니다. '왜'라는 질문을 항상 하는 사람들도 아니다. 그러니 혁신이 일어날 수가 없는 것이다.

답은 우리 회사를 호기심 천국으로 만드는 것이다. 그 누구나 '왜'라는 질문을 자유롭게 할 수 있고, 그럴 때 돌아오는 반응은 싸늘하고 냉소적인 답이 아니라 "흠~ 그거 흥미롭구먼" 하는 반응이 돌아오는 조직이다.

지속적으로 why를 서로 묻게 만들어라

그래서 큰 그림을 볼 수 있게 해야 하고, 그리고 나서 스스로 재미를 붙이고 최선을 다해 파고드는 플로우flow(아래에서 더 자세하게 설명)를 탈 수 있게 해야 한다. 그러기 위해서는 권한이 위에만 몰려 있는 수직적인 조직보다는 권한이 아래로 분산된 수평적인 조직이 더 적합하다.

국가로서 가장 혁신의 대명사로 꼽히는 나라가 이스라엘이다. 이스라엘의 인구는 750만 명 정도로 우리나라 충청도 정도의 크기다. 그 주변을 둘러싼 적대국들의 인구는 2억 5,000만에 달한다. 절대적인 수적 열세와 기름도 나지 않는 사막뿐인 황무지 같은 국토를 가지고도 꿋꿋하게 나라를 유지하고 있는 이스라엘의 뒤에는 기술적인 혁신의 근원이 되는 군대 조직들이 유명하다. 예를 들어, 8200부대Unit 8200: Shmone Matayim(쉬몬 마타힘)와 같은 첩보부대는 이스라엘에서 가장 뛰어난 고등학생들을 선발해 훈련시키며 수많은 군 관련 혁신기술들을 만들어내고 이후 그들이 제대 후 그 지식과 기술들을 사업화할 수 있게 하는 시스템이 잘 갖춰진 것으로 알려져 있다. 이런 부대들은 은밀하게 작전해야 하는 첩보부대의 특성상 각국은 전자전 관련 장비나 기술을 시장에 공개하지도 않거니와, 무엇을 구매했는지를 숨겨야 하기 때문에 장비의 대량구매도 하지 못한다. 결국, 자체 기술과 솔루션을 개발하고 필요에 맞추어 기존 시스템을 용도 변경해야 한다. 첩보와 관련된 장비의 기술 소스를 노출시킬 우려가 있기 때문에 핵심기술은 절대 외부 구매를 하지 않고 자체 개발을 한다. 이러한 상황적인 필요에 따라 기술개발이 활발하게 되었고, 군대에서 개발된 기술을 비즈니스까지 연결할 수 있게 하는 환경이 이스라엘로 하여금 세계에서 가장 혁신적이고 창업이 활발한 나라로 만들었다.[141]

이스라엘은 워낙 작은 나라라서 항상 긴장하며 주변 적대국들을 경계해야 하지만 감당하기 힘든 숫자다. 수직적 명령 체계로는 대응하기가 힘들다. 그래서 이스라엘 군대는 세계에서 계급의 단계가 가장 적다고 한다. 병장에게는 우리의 소대장에 버금가는 권한과 책임이 주어진다. 작전에 투입되면 기본 목표만 주어지고 모든 판단은 본인 스스로 하도록 교육받는다.

교본이 있지만 그것을 응용하는 것은 지휘자의 권한이다. 작전이 실패했다 하더라도 교본에 충실하지 않았다는 점에 대해서는 따지지 않는다. 항상 상황에 따라 유연하게 대처하도록 주문 받는다.[142]

이스라엘 고교생의 90%는 바로 대학에 진학하는 대신 군 복무를 먼저 마친다. 수학, 과학 성적 우수자들은 엘리트 부대가 먼저 선발한다. 그들은 엘리트 부대에서 집중 훈련을 마친 후 수십 명의 병사를 지휘하고 수백만 달러의 장비를 다루며 생과 사를 가르는 중요한 결정을 스스로 내리게 된다. 군대에서 지휘자는 최소한의 지침을 내릴 뿐이다. 나머지는 명령을 어기는 한이 있더라도 지휘를 받는 자가 알아서 처리하도록 교육받는다. 상관이 잘못했다면 지적하기도 한다. 지침을 수행하는 데 필요하다면 어떤 위험도 스스로 판단하고 도전할 권한을 갖는다.[143]

히브리어로 로시 가돌rosh gadol(큰 머리)과 로시 가탄rosh katan(작은 머리)이란 말이 있는데 로시 가돌은 넓은 안목에서 생각하기라는 뜻이다. 이스라엘에서 '로시 가탄'이라고 불리는 것은 최대의 모욕이라고 한다. 이스라엘 군대에서는 나이와 계급에 상관 없이 크게 생각하고, 스스로 결론을 내리고, 임무에 소유권을 갖는 것이 기본 작전 절차mandatory operating procedure로, 군대에서는 남들과 다르게 생각하고, 새로운 제안 또는 같은 일을 새롭게 할 수 있는 방법을 생각해내도록 훈련받는다. 예를 들면 다음과 같은 식이다.

장교훈련을 받는 19세 병사가 있다. 부대에서 과거에 있었던 주요 전투들에 대한 케이스 스터디를 한다. 예를 들어, 1973년 시리아 군대가 헤르몬 산의 한 정상을 차지한 것을 이스라엘군이 다시 탈환한 유명한 전투가 있었다. 전투 하나는 패했고, 하나는 승리했다. 입대한 지 8개월 되는 병사가 받는 기본

훈련 끝에는 자신이 소대장이라면 어떻게 헤르몬을 탈환할지 계획을 세워야 한다. 전략을 세우고 어떻게 실행을 할지 설명해야 한다. 그러고는 반대로 시리아군의 역할을 하게 해서 어떻게 헤르몬을 방어할지를 설명하게 만든다. 이렇게 어린 병사들에게 비록 그들의 생각이 쓸모없을지라도 전략적으로 생각하게 만드는 것이다. 이것이 이스라엘 군대의 훈련 방식이다.[144]

5장

혁신과 인센티브

혁신으로 유도하기 위해 금전적인 인센티브를 제안하는 것은 효과가 있을 것인가?

1930년대 칼 던커Karl Duncker라는 심리학자는 다음과 같은 과제로 사람들의 문제 해결 능력 관련 실험을 했다.[145 146] 책상이 벽에 붙어 있고 책상 위에 양초, 성냥, 박스 안에 압정들, 이와 같은 세팅에서 과제가 주어진다. 촛불에 불을 붙여서 벽에 고정시키되 촛농이 책상에 떨어지지 않게 하라.

처음에는 양초 옆구리를 성냥불로 조금 녹여서 벽에 붙여보려고 하거나, 압정으로 양초를 벽에 고정시켜보려는 시도를 해본다. 물론 소용없다. 그러나 누구나 충분한 시간이 주어지면 박스에서 압정을 덜어내고 그 압정들로 박스를 벽에 고정시킨 후, 그 박스 안에 양초를 세우고 불을 붙이는 해답을 찾아낸다고 한다.

그런데 문제를 낼 때 처음부터 압정들을 박스 안이 아닌 박스 밖에 늘어놓고 같은 문제를 주면 훨씬 더 빨리 해결책을 찾는다고 한다.

우리가 흔히 말하는 '박스 바깥에서 생각하기think out of box'가 이런 현상을 표현한 것이 아닌가 싶다. 즉 박스는 반드시 압정을 담는 기능을 할 필요가 없다는 생각을 하게 되면, 양초를 박스로 받칠 생각을 더 쉽게 할 수 있는 것 같다. 즉 문제 해결에 대한 '힌트'를 준 것이다.

그로부터 시간이 흘러 1949년 미국 중서부 위스콘신 주의 대학에서 해리 할로우Harry F. Harlow가 흥미로운 연구결과를 발표한다. 나무판 위에 경첩과 같은 장치가 붙어 있고 그 경첩을 들어올리기 위해서는 갈고리를 풀어야 하고, 또 그 갈고리를 풀기 위해서는 그 갈고리를 막고 있는 핀을 뽑아야 하는 할로우의 퍼즐이라고 불리는 도구를 빨간털 원숭이rhesus monkeys 8마리에게 주고 어떻게 하나 지켜보았다. 이리저리 도구를 만져보던 원숭이들은 결국 핀을 뽑고, 갈고리를 벗긴 후, 경첩을 열어 올리는 데 성공한다. 그러고는 좋다고 소리를 질렀다.

그때까지 모두가 진리로 받아들였던 이론과 예측은 이제 보상을 주면 이 행동을 더 빨리 반복할 것이라는 것이었다. 할로우 퍼즐을 푸는 데 원숭이가 성공했을 때 보상으로 땅콩이나 바나나를 주었다. 그런데 예상과 달리 원숭이들이 같은 문제를 푸는 속도가 더 느려지거나 심지어 이 놀이를 아예 하지 않으려 했다. 해리 할로우는 보상이나 인센티브가 특정 행동을 더 강화하는 것이 아니라 오히려 역작용을 일으킬 수 있다고 발표했다. 그 이유가 이전에는 단지 재미 삼아 문제를 해결하는 데서 내재적인 보상을 받았는데, 외재적인 보상이 주어지자 오히려 재미가 떨어지면서 그 자체가 일이 되어버렸다는 것이다. 당시에는 이 상식에 반하는 연구가 그다지 관심을 받지 못했다고 한다.

그로부터 시간이 더 흘러 많은 사람들이 할로우의 주장이 맞다는 것을 밝히는 연구를 많이 하게 된다. 예를 들어, 1960년대 프린스턴대학의 샘 글룩스버그Sam Glucksberg는 칼 던커의 양초 붙이기 실험을 재현했다. 한 그룹에게는 과제를 주고 풀어보라고 한 후 단순하게 시간을 측정했다. 두 번째 그룹에게는 문제를 푸는 속도가 상위 25%에 들면 5달러를 주겠다고 약속했다. 마지막 세 번째 그룹에게는 가장 빨리 문제를 해결하면 25달러를 준다고 했다. 상식적으로는 문제 해결 속도가 3그룹이 가장 빠르고, 그 다음 2그룹, 1그룹 순서가 되어야 할 것이다. 그런데 실험 결과 인센티브를 제시한 2그룹과 3그룹 사람들이 평균 3.5분 더 느렸다고 한다. 아무런 인센티브를 제시받지 않은 1그룹이 가장 빨랐던 것이다. 글룩스버그는 보상이 때로는 우리의 시야를 좁게 만들어서 성과에 역작용을 한다고 해석했다.[147]

창의성 연구로 잘 알려진 하버드대학의 테레사 애머빌Teresa Amabile 교수도 유사한 연구결과를 발표했다. 보상이 창의적 프로세스에 미치는 영향에 대한 연구였다. 23명의 화가를 대상으로 각자 커미션을 받고 만든 작품commissioned 10점과 커미션을 받지 않고 스스로 만든 작품noncommissioned 10점을 무작위로 선택했다. 그리고 화가들과 큐레이터로 구성된 패널이 창의성과 기술적인 스킬 측면에서 평가를 했다. 그 결과, 기술성에 있어서는 커미션을 받은 작품이나 받지 않은 작품이나 별 차이가 없었다. 그러나 창의성에 있어서는 커미션을 받지 않고 만든 작품들이 그렇지 않은 작품들보다 훨씬 더 높은 평가를 받았다. 금전적인 인센티브가 창의성을 해친 결과를 보인 것이다.[148]

이 외에도 수많은 관련 연구들이 다양한 연령층과 다양한 국가에서 이루어졌는데 결과는 모두 마찬가지였다고 한다. 즉 금전적인 보상은 생계를 해결하는 어느 정도 수준까지는 효과를 발휘하고, 또 목표가 분명하고 할 일이 명확히 정해져 있는 단순한 작업의 성과를 높이는 데는 효과를 발휘한다. 그러나 어느 수준 이상이 넘어가고 특히 창의성을 필요로 하는 일에는 금전적인 보상이 역작용을 한다는 것이 지금까지의 결론이다.[149]

혁신으로 유도하기 위해 금전적인 인센티브를 제안하는 것은 효과가 있을 것인가? 혁신을 위해서는 하고 싶은 대로 생각하고 싶은 대로 한번 해보라는 것이 인센티브가 돼야지, 금전적인 보상을 걸면서 혁신적인 아이디어를 내놓으라고 하는 것은 효과가 있을지 한번 생각해볼 문제다. 괜히 돈으로 혁신을 유도하려는 것은 역효과를 낳을 수 있다. 생계를 기본적으로 해결해주고 그 다음에는 플로우flow를 타도록만 해주면 되는 것이 아닌가 싶다.

심리학자 미하이 칙센트미하이Mihaly Csikszentmihalyi가 말하는 플로우flow. '몰입'이라고 번역을 하는데 단순한 몰입이라기보다는 뭔가 필을 받으면 그 누가 시키지 않아도 스스로 재미를 느끼면서 더 잘하고 싶은 생각에 깊이 몰입하는 상태를 말하기 때문에 우리가 흔히 말하는 '흐름을 탄다'라는 표현이 오히려 원래 플로우Flow라는 단어와도 잘 맞는 것 같다.

'흐름을 타게 되면' 현재 이 순간에 엄청난 집중력 발휘, 액션과 의식을 일치시킴, 거의 무의식적으로, 시간 감각을 잃어버리고, 현재 하고 있는 일 자체에서 내재적인 보상을 느끼는 상태가 된다.[150] 혁신에는 이런 플로우가 필요한 것 같다. 누가 시키지 않아도 재미를 느끼면서 이제까지 없던 뭔가를 만들어본다는, 스스로가 자신에게 부과하는 임무를 완수하는 과정을 즐기도록 해주면 되겠다.

6장
'나'는 무엇을 어떻게 할 것인가

이제까지 주로 회사와 조직 차원, 조직 환경을 만들어야 하는 경영자와 리더 차원에서 혁신을 생각해보았다. 그렇다면 회사와 경영자와 리더가 아닌 멤버로서의, 개인으로서의 '나'는 무엇을, 어떻게 할 수 있을 것인가? 무엇을, 어떻게 해야 할 것인가? 회사가 환경을 마련해줄 때까지 마냥 기다리기만 할 것인가? 환경 탓을 하면서? 분명히 개인으로서 내가 할 수 있는 것이 있을 것이다. 혁신적인 조직과 문화를 갖추기 위해서 필요한 것들을 개인단위로 적용을 해보면 답이 조금 보일 것 같다. 조직 내에서 다음과 같은 평가를 받는 사람이 되도록 노력하라.

"저 사람은 새로운 시각으로 상황을 바라볼 줄 안다"

끊임없이 질문을 던져라. 특히 '왜'라는 질문. 자꾸 하면 익숙해진다. 그리고 큰 그림을 보는 눈이 생긴다. 너무 인센티브만 쳐다보지 마라. 안목이 좁아지면서 혁신적인 아이디어는 더 안 나온다.

새로운 시각에서 상황을 바라보는 방법은 어느 정도 훈련을 통해 습득할 수 있다. 새로운 시각에서 문제에 접근하고, 무엇보다 문제 자체만을 주시하는 것보다 문제가 발생한 배경과 근본 원인을 찾는 훈련이 비결이다.[151] 즉 혁신가로서 '생각하는 힘'을 이해하고 훈련하라.

생각하는 힘은 세 가지로 구성되어 있다고 한다. 첫째, 결론부터 생각함으로써 최종 목적까지 가장 효율적으로 도착할 수 있는 가설 사고력. 둘째, 전체상을 공유함으로써 개인의 생각이나 사고방식의 쏠림 현상을 배제할 수 있는 프레임 사고력. 셋째, 단순화를 통해 의사소통을 원활하게 할 수 있는 추상화 사고력.

이 세 가지 사고력은 항상 바쁜 우리들이 적은 시간 내에 최고의 결과를 낼 결정을 해야 할 때 필요하다. 결론부터 생각한다는 점, 부분이 아니라 전체적인 관점으로 사고를 한다는 점, 파악해야 할 정보의 양이 많아서 기억력에 의존할 수 없으므로 방대한 지식을 정리하고 활용하기 위한 사고력이 필요하다는 점이다.

다음의 표는 생각하는 힘의 세 가지 사고력을 비교한 것이다. 기존의 행동방식을 바꾸기를 원한다면 생각하는 힘과 같은 기본적인 사고회로를 변경해야 할 것이다.[152]

또한 새로운 시각에서 사물을 바라보려면, 생각의 유연성을 유지하고 다양한 분야를 접할 수 있게 해주는 교육이나 훈련의 기회는 꼭 붙잡아라. 예를 들어, 픽사는 직원들을 위한 픽사대학을 개설한다. 픽사는 이 픽사대학

	가설 사고력	프레임워크 사고력	추상화 사고력
한마디로 정리하면	결론부터 생각한다	전체로 생각한다	단순하게 생각한다
이점	최종 목적까지 효율적으로 도달한다.	자신만의 편견에서 벗어나 ① 아이디어 창출, 효과적인 커뮤니케이션 ② 사고습관에서 벗어나 제로베이스 사고	응용범위를 넓혀 '하나를 들으면 열을 안다'
과정	① 가설을 세운다. ② 세운 가설을 검증한다. ③ 필요에 따라서 가설을 수정한다 (이하 반복).	① 전체를 조감한다. ② 절단 위치를 선택한다. ③ 분류한다. ④ 인수분해한다. ⑤ 재조감하여 에로점을 찾는다.	① 추상화한다. ② 모델을 해석한다. ③ 다시 구체화한다.
키워드	- 방향 전환(역산) - 적은 정보로 가설을 세운다. - 전제조건을 정한다. - 기한을 정하고 기한 내에 결론내기	절대좌표와 상대좌표 줌인(전체 부분) 시점이동 적정한 절단면(축) 설정 빠짐 없이 중복되지 않게	구체-추상의 왕복 모델화 가지치기 아날로지(유추)

[그림 5 - 14]

출처: 호소야 이사오. 2008. 지두력. P. 29

을 통하여 새롭게 보는 방식을 기업 전반에 교육하고 있다. 픽사대학의 커리큘럼은 조각, 회화, 연기, 명상, 발레, 디자인, 색상 이론에 이르기까지 다양한데, 이러한 교육을 통해 새로운 것을 계속 배우는 것은 생각의 유연성을 유지하는 최고의 방법이다. 아울러 이러한 교육 프로그램은 직원들 간의 상호작용 방식으로 바뀌며, 업무적인 연관이 없는 직원들과도 가까워지는 계기가 되어 조직 전체의 소통이 활발해진다.[153]

"저 사람은 다른 사람들의 아이디어를 통합하고 접목해서 새로운 걸 만들어낼 줄 안다"

모든 아이디어를 스스로 만들어내려고 하지 말고 다른 사람의 아이디어를 발전시켜보는 습관을 들여라.[154] 어떠한 아이디어가 처음 그것을 제안한 사람에 의해서 너무 구체적으로 정의되어 있다면 더 바꾸는 것이 나을 가능성이 있다. 아이디어는 끊임없이 결합되고 바뀌어야 더 발전할 수 있다. 아이디어를 낸 사람의 생각을 훼손할까 두려워 말고 수정하고 다른 것과 결합하는 습관을 만들어보라. IDEO에는 다음과 같은 구호가 있다. '전체는 한 사람보다 스마트하다.' 그리고 Old+Old=New 등식도 기억하자.

"저 사람은 다른 사람을 도와주기도 하고 도움을 요청할 줄도 아는 팀 플레이어다"

내가 모든 것을 다 알 수 없고, 내가 모든 필요한 능력을 다 가지고 있을 수 없다는 사실을 받아들이자. 혼자 하는 것이 더 편한 경우도 많다. 다른 사람들과 손발을 맞추는 것은 시간과 인내심이 필요하다. 둘이서 하던 것을 한 사람만 더해져도 처음에는 문제가 생긴다.

그러나 내가 스스로 실수하며 깨우쳐가며 배우는 것에 비해 내게 없는 정보와 역량을 가진 사람과 협력하면 시간을 절약하고 시행착오를 줄일 수 있다. 물론 '어떤 수업료를 치르더라도 반드시 습득해야 하는 역량'이라면 얘기가 달라진다.

협업의 기회가 있으면 자원해서 경험을 쌓아라. 이전에 협업한 경험을 살려라. 협업도 해본 사람이 할 줄 안다.[155] 스타일이 나와 맞지 않는 사람들과도 같이 일하는 것을 피하지 마라. 다 피가 되고 살이 된다. 그런 과정을 통해 상대방의 장점을 찾는 연습을 하고, 팀원들이 나와 다르다는 것을 인정하고, 그래서 다양성과 장점을 살릴 줄 아는 법을 체득하라.

평소에 말을 할 때도 '내'가 이런저런 것을 했다고 하기보다 '우리'가 이런 저런 것을 했다라고 말하는 연습을 하라. 다른 사람들을 도와줄 뿐 아니라 도움을 자주 청하는 습관을 들여보라.[156]

"저 사람은 아이디어도 잘 내지만 결과를 내기 위한 실행력도 있는 사람이다"

머릿속으로만 생각하지 말고 아이디어를 프로토타입으로 만드는 연습을 하라. 정교한 프로토타입을 말하는 것이 아니다. 간단한 스케치일 수도 있다. 아이디어를 시각화하고 계속 고쳐나가면서 현실화하는 버릇을 들여라. 다른 사람에게 설명하기도 좋다.

프로토타입은 새로운 아이디어를 발전시키는 데 유용한 도구다. 시각화는 새로운 생각을 발전시키는 데 유용할 뿐만 아니라, 핵심 아이디어를 공유하고 여러 사람의 피드백을 받는 것에도 매우 유용한 도구다. 여기서 한 가지 유의해야 하는 것은 좋은 시제품을 만드는 것에 너무 많은 노력을 들여서는 안 된다는 점이다. 아이디어를 공유할 정도면 충분하다. 피드백을 통한 더 좋은 아이디어 발전의 도구로 사용하고, 빠른 템포를 유지하는 것이 더욱 중요하다.[157]

이러한 프로토타입은 제품에서만 유용한 것이 아니다. 다양한 분야에서 활용할 수 있다. 조직 구조 변화, 서비스 등의 형태가 없는 것에도 시도할 수 있다. 이러한 프로토타입은 많은 이의 공감을 얻고 그들로부터 피드백을 이끌어내어, 보다 완성도 높은 대안과 방법을 찾고 이를 성과로 이어주는 힘을 갖는다.[158]

가능하다면 현장에 직접 가봐라. 현장답사는 선입관을 무너뜨린다. 머릿속으로만 생각하는 것보다 그와 유사한 현장을 직접 가보는 것이 몇 배의 효과가 있다. 머릿속 선입관을 무너뜨리고 복제보다 창작에 집중할 수 있도록 영감을 부여한다. 픽사Pixar에서 현장답사 및 사전조사로 얻은 세부정보를 활용해 현실과 유사한 장면들을 그리면 그곳이 가상의 공간이라고 할지라도 관객들은 실제로 가본 적이 없는 장소인데도 사실적인 묘사라고 공감한다.[159]

이와 같은 4가지 명성을 얻게 되면 조직 내에서 혁신가로서 남다른 아이디어를 만들고 실행할 수 있는 역량을 갖출 것이고, 혁신가로서의 입지도 굳힐 수 있을 것이다. 혁신에 목말라하는 조직이 항상 찾는 사람이 될 수 있을 것이다.

마지막으로, 의사결정을 리더에게 의존해야 하는 조직의 멤버로서 혁신 아이디어를 현실로 만들기 위해 마티 케이건Marty Cagan이 제안한 큰 회사에서 성공하기 위한 십계명을 수정, 축약해보았다.[160]

① 회사의 의사결정 과정을 파악하고 습득하라. 의사결정 과정에서 핵심인 사람을 파악하여 최적의 방법을 찾도록 노력하라. 특히, 큰 회사에서는 많은 사람들과 함께 협력하여 일해야 한다. 각각의 주요 담당자와 평소 소통하여 그들의 협력을 끌어낼 수 있도록 노력하라.

② 아이디어가 있어도 그 아이디어가 주요 결정권자에게 전해지기 어려울 수 있다. 이 경우 동료와 함께 아이디어를 추진하여 프로토타입으로 만들어보라. 이 단계까지 간다면 회사에서 적극적으로 투자하고자 할 수 있다.

③ 결정을 내려야 하는 회의 전에는 미리 주요 당사자들과 소통하여 공감대를 형성하라. 이 과정을 통해 반대 의견을 단순한 반대로 남기지

말고 공식 회의에서 모두가 해결해야 할 문제로 만들어라.

④ 쓸 만한 정보를 수시로 공유하라. 많은 사람들이 정보를 통해 개인적
이익을 얻으려 하지만, 혁신을 위해서는 모두가 서로에게 정보를 공유
하여야 한다. 당신의 업무를 계속해서 퍼뜨려 많은 사람들의 도움을
이끌어내라. 최대한으로 회사의 자원을 활용할 수 있어야 한다.

⑤ 당신의 관리자와의 관계를 최대한으로 활용하라. 평소에 관리자와 신
뢰 관계를 형성하여 꼭 필요할 때 적극 활용할 수 있도록 해야 한다.

핵심 요약

- 혁신 아이디어가 부족한 것이 아니다. 대부분 조직에서는 혁신적인 아이디어가 조직 계층과 결제 과정을 통과하지 못하기 때문이다. 당장의 성과에 관심을 가지는 관리자들은 내일의 혁신을 오늘의 잣대로 평가하게 된다. 병목은 병 위에 있다.

- 혁신적인 아이디어를 탐색하는 환경을 체계적으로 만들어야 한다. 조직 내부와 내가 익숙한 영역에서만 아이디어를 찾는 국지적 탐색을 벗어나라. 그래야 다른 영역에서 힌트 얻기도 가능하다. 다이슨의 싸이클론 진공청소기는 제재소 톱밥 집진장치에서 힌트를 얻었다.

- 원활한 소통과 토론 및 협업을 위한 조직을 구축하고 일하는 스타일이 다른 인적 구성을 이해하고 의도적으로 다른 스타일의 사람들이 함께 일하는 환경과 습관을 구축할 필요가 있다.

- 혁신에서 가장 중요한 질문은 "무엇", "어떻게"보다는 "왜"라는 질문이다. 누구든 자신의 의견을 과감하게 발표하거나 알리되 창피당하지 않는다는 확신이 있는 조직과 문화를 만들어야 한다. 무엇보다 "왜"라는 질문을 항상 던지는 환경을 만들어야 한다.

- 혁신과 인센티브는 반드시 연결되지는 않는다. 오히려 인센티브가 창의적인 혁신을 죽일 수도 있다.

- 혁신을 조직에만 맡길 것이 아니다. 개인으로서의 나도 미리 준비할 수 있다. 항상 새로운 시각으로 일을 바라보는 연습을 하고, 다른 사람의 아이디어를 통합하고 접목해서 새로운 아이디어를 만들어내는 연습을 하고, 혁신 관련 다른 사람들을 적극적으로 돕기도 하고 그들의 도움을 요청할 줄도 아는 사람이 되어야 한다. 아이디어뿐 아니라 프로토타입을 만들어 보는 등 작더라도 성과를 낼 수 있는 실행력을 갖추도록 평소에 연습을 할 필요가 있다.

6부
·
미래 혁신,
정부와 정책의 역할

혁신에는
외부 환경도 중요하다

이 마지막 파트에서는, 4차 산업혁명 시대라는 현재 두드러지는 트렌드를 잡아내 보고 미래 혁신의 방향과 그와 관련한 정부와 정책의 역할에 대해서 생각해 본다.

먼저 소비자 영역에서 부상하고 있는 트렌드들을 정리하고 그와 함께 수요자 사이드에서 나타나는 고객 가치사슬의 해체 현상과 그 사이를 비집고 들어오는 각종 새로운 혁신들을 살펴본다. 그 결과 가장 두드러지는 현상의 하나인 사업 생태계와 플랫폼이 보일 것으로 생각된다.

플랫폼은 기존의 전통적인 단품 및 서비스 사업과 달리 자원과 힘이 몇 군데로 모이는 효과가 있기 때문에 각종 부작용도 야기할 수 있다. 따라서 정부 정책이나 규제 등에 대한 방향성도 함께 생각해볼 수 있다. 정부와 공무원들은 기업들의 혁신을 위해 어떤 역할을 하며, 특히 혁신을 막는 규제가 아니라 혁신을 활성화하는 길을 미리 닦아주고 예상되는 장애물을 없애 주는 적극적인 역할을 해 줄 수 있을지 그와 관련된 외국 사례를 살펴본다.

혁신의 결과로 오는 사업적인 성과와 영향력은 특히 Type 3 혁신으로 갈수록 더 커지게 될 것이고, 그에 따른 책임 역시 더 커질 것이다. 이와 관련한 혁신기업들의 선제적인 자기규제와 자기검열에 대해서도 살펴본다.

1장

B2C 영역 트렌드[161]

이 책을 마무리하는 지금 시점에서 B2C 영역, 즉 소비 트렌드를 먼저 생각해 보는 것은 우리 주변에서 진행되고 있는 변화들을 이해하는 과정에서 앞으로의 혁신의 기회와 방향에 대한 감을 잡을 수 있는 방법일 수 있다. 그리고 무엇보다도 그 많은 변화들 밑에 자리 잡은 기술과 비즈니스의 큰 흐름도 이해할 수 있을 것이다.

트렌드에 대한 일관성 있는 비교, 분석이 쉽지 않은 것은 사람마다 트렌드를 표현하는 방법이나 용어가 다르기 때문이다. 그 내용을 보면 기술, 문화, 행동양식, 선호도, 사업 모델 등 다양한 것들을 포함한다. 또한 어떤 트렌드, 그 원인이 되는 큰 흐름, 또는 어떤 트렌드의 결과물(제품, 사업 등)을 혼합해서 트렌드라고 부르기 때문에 일대일 비교도 어렵다.

예를 들어, 1인 가구가 증가하는 흐름(이것도 트렌드라 할 수 있음)이 있다.

▶ 이런 사람들은 시간 관리를 중요하게 여기고, 음식물이 남는 것을 싫어하면서, 소소하지만 중요하게 여기는 것에 과감하게 돈을 쓰고 나머지는 절약한다. ▶ 이런 트렌드는 신선식품 배달, 총알 배송, 소량 포장의 식료품과 편리한 가전 소비의 증가로 이어진다. 이 원인-과정-결과물 세 가지 모두를 트렌드라고 부를 수 있다.

또, 누구(예: 연령대, 남성/여성)의 눈으로 보는 트렌드인가도 중요하다. 아무래도 소비 트렌드라 하면 현재 소비를 주도하는 20~30대 세대를 기준으로 한 것들이 많다(자산의 대부분을 보유한 것은 50~60대 이상지만 소비는 또 다른 얘기다). 그 증거 중의 하나는 많은 트렌드들이 모바일 기기, 온라인 또는 모바일 플랫폼과 연관이 있다는 점이다. 즉 컴퓨터, 온라인, 모바일 등에 익숙한 밀레니얼과 Z세대가 중심이다. '엄마가 낳아 유튜브가 키웠다'는 요즘 세대는 모든 검색을 유튜브로 한다. 또한 식당에 갔을 때 나오는 음식들을 각자 사진 찍어서 마음에 드는 샷이 나와서 각자의 인스타그램에 올리기까지 그 누구도 음식에 손을 댈 수 없고 손을 대지도 않는 '인스타그래머블' 트렌드도 신세대의 것이다. 먹는 것마다, 사는 것마다, 가는 곳마다 인증샷을 올리고 사진을 찍어서 지인들에게 카톡으로 보내는 정도를 넘어서 사진이 잘 나오기로 알려진 스팟을 찾아서 어떨 때는 많은 돈을 주고 전문가에게 사진을 찍어달라고 해서, 아니면 스스로 찍어서 특정 스팟과 특정 시간대, 특정 각도로 마음에 드는 사진이 나올 때까지 계속 같은 자리에서 사진을 찍는 것도 신세대의 특징이므로 좀 알아둘 필요가 있다.

여기서는 2020년 소비 트렌드를 분석한 6권의 책의 내용을 무작위로 요약한 후 간략한 분석을 해보기로 한다.

2020 팔리는 라이프스타일 트렌드[162]

김나연 외 8인이 공동 집필한 책이다.

① 평범하지만 행복한 삶을 추구한다. 그래서 소소한 것에 돈을, 그것도 때때로 과감히 쓴다.

② '내'가 가장 중요하고, 자신의 취향이 가장 중요하다. 동시에 사회적 올바름에 관심이 많아서 여차하면 불매운동도 한다(미닝 아웃 Mean+Coming out).

③ 온라인상에서 영향력을 발휘하는 '인플루언서'들의 출현.

④ 재미가 가장 중요하다. 가성비보다는 가심비(주관적인 만족), 그보다는 가잼비(재미 추구)가 중요하다. (예) 팔도 비빔면이 팔도 '네넴띤'으로 출시되어 히트를 쳤었다. "이게 무슨 뜻이지?"라고 머리를 쓰지 말고 '네넴띤'이라는 글자의 모양새를 보라. 비빔면하고 비슷하게 생겼다. 요즘 세대는 멍멍이는 '댕댕이'라고 한다(역시 글자 생긴 모양을 봐야 한다). 귀엽다는 '커엽다'이다.

⑤ 픽셀(관계의 파편화), 나홀로, 가상 자아, 원하는 관계만 선택. 온라인상에서 남의 아이를 보고 귀여워하고 좋아라하는 랜선이모, 남의 애완동물(이라고 하면 안 된다. 뒤에서 설명)을 보고 감탄의 글을 올리는 랜선집사(왜 집사인지 뒤에서 설명), 온라인에서 각자의 자리에서 하는 랜선 집들이, 랜선 술파티 등이 그 결과물.

⑥ 인스타그래머블, 사진을 찍어서 잘 나와야 된다. 그것이 음식이든 무엇이든.

⑦ 과시하고 싶다. 관심받고 싶지만 주목받긴 싫다. 음성만으로 방송하는 유튜브도 있다.

⑧ 뉴트로: 단순 복고풍이나 레트로가 아니라 예전 것을 현대적으로 재해석하고 구세대의 것에 신세대가 재미를 느낀다.

⑨ 밀레니얼 맘(1980년대생): '내 아이는 최고로' '환경친화 소비' '편의제품 (완전한 희생은 싫다 그래서 내 시간 아껴주는 제품을 소비한다)'

⑩ 시니어와 신중년층, 조연에서 주연으로. 20~30대가 소비 흐름을 주도하지만 시니어 세대가 모바일 기술을 따라잡으면서 두둑한 주머니로 사회활동과 트렌드에 재진입하기도 한다.

⑪ TMI(Too Much Information): 정보가 너무 많다. 그래서 읽지 않고 '관람'만 한다. 문맹률은 떨어져도 문해율(읽고 이해하는 정도)은 올라간다. 그래서 정보를 요약해주는 서비스가 나오고, 카드뉴스(핵심만 추려서 카드형식으로 보여주는 뉴스)와 책을 요약해서 설명해주는 북튜브(책+유튜브)가 등장.

⑫ 반려동물: 애완동물이 아니다. 가족이다. 아니 나보다 더 상전이다.

⑬ 나노마케팅: 개성이 뚜렷한 세대의 취향이 초세분화되고 그에 맞는 서비스와 제품이 나온다. 이것들은 빅데이터, 3D 프린팅, 스마트 팩토리 등 기술의 발달로 가능해진다. (예) Tab Public은 60여 종의 수제 맥주를 원하는 만큼만 마시고 결제하는 팔찌를 사용한다.

⑭ 엉뚱한 것들의 조합(hyper balance). 앞의 재미 추구 트렌드와도 관련이 있다. (예) 1020 화장품 브랜드 광고에 중년 아저씨 등장. 패션 브랜드와 소주의 콜라보, 곰표 밀가루와 컴팩트의 콜라보, 구찌 제품에 미키마우스.

⑮ 사회적 책임, 올바름, 친환경 중요. 비건이 급격히 증가하고 대체육류(비욘드 미트, 임파서블 버거)의 폭발적 성장[필자 주: 기술 발달도 맛과 식감 등이 실제 고기와 상당히 비슷하고, 미국 주식시장에서 ICT 기술주

대체육류인 비욘트 미트와 임파서블 버거

보다 더 핫한 주식으로 등장].

밀레니얼-Z세대 트렌드 2020[163]

대학내일연구소. 38명의 트렌드워칭그룹이 정보를 모으고, 9명이 대학생들을 인터뷰하고, 15명이 집필했다.

① 나와 닮은 삶, 평범한 사람의 삶에 대한 관심. (예) 평범한 직장인의 하루를 담는 브이로그

② 마이웨이(틀린 길은 없다), 다양한 라이프스타일+친환경 관심. (예) 비건증가, 동물실험 화장품 안 쓰기, 동물성 원료 사용 제품 안 쓰기, 대체육류 소비 증가

③ 1인 가족. 플랫폼으로 연결

④ 온라인에서 누구와도 친구가 된다(관계의 재정의).

⑤ '인싸(인사이더)': 다른 사람들의 주의를 끌어서 따라 하게 만드는 사람. (예) 미국 커피숍 블루 보틀이 성수동에 들어올 때 새벽부터 줄서서 커

피 맛보고 인스타그램에 올리기. 이것도 첫 10일 지나면 효과 없음.

⑥ 연결되고 싶지만 드러내기는 싫다. 목소리/이야기만 하는 BJ.

⑦ 모바일 콘텐츠 시장 변화: 텍스트 ▶ 이미지(사진) ▶ 동영상 ▶ 숏폼 콘텐츠(틱톡, 최장 15초 영상)

⑧ 그러나 오디오 콘텐츠는 다시 컴백. ASMRAutonomous Sensory Meridian Response(자율감각쾌락반응)이라고 들어봤는가? 우리은행 ASMR은 아무런 영상 없이 '근저당설정계약서'에 대한 설명 등 오디오 콘텐츠를 제공한다. 지루하고 복잡한 약관을 들으면서 자연스럽게 잠들 수 있다나? ASMR은 이어폰을 귀에 꽂고 다른 일을 하는 신세대들의 멀티태스킹에 방해가 안 되서 인기란다.

⑨ '사회'에 관심이 많은 요즘 젊은이들. 동물복지에 관심이 많고, 소액기부문화도 일상화되어 있다. (예) 2019 강원도 산불 복구 기부는 연예인과 인플루언서들이 주도해서 짧은 시간에 거액을 모았다. #가지 않습니다, #사지 않습니다 캠페인도 마찬가지.

⑩ '재미' 없는 건 죽기보다 싫다. 그래서 가끔 어울리지 않는 것들을 믹스하고 재미있어 한다.

⑪ 소유보다 공유 또는 구독.

⑫ 잉여는 필요 없다, 밸런스 소비. (예) 소포장/소량 과일, 맥주, 와인. 아트몬스터(위의 Tab Public과 유사): 맥주 몇 밀리미터 마셨는지 자동으로 측정되고 그만큼만 결제되는 팔찌. 독일의 오리기날 운페어팍트Original Unverpackt에서는 식재료와 생필품(카레, 조미료, 시리얼, 곡류, 비누, 샴푸…)을 원하는 만큼만 살 수 있다. 플라스틱 포장/용기는 없다.

⑬ '나'와 나의 성장이 중요: 칼퇴/정퇴, 워라밸, 돈 주고 배우는 하루 클래스(퇴근 후 시간 활용) 활성화, N잡러(여러 개의 직업: 경제적 소득뿐 아니라 본업에서는 충족할 수 없는 개인의 자아실현 추구). (예) 탈잉taling(비전문가가 다양한 재능을 발휘할 수 있는 수업개설 플랫폼).

2020 트렌드 노트[164]

염한결 외 6인이 공저한 책이다. 밀리니얼 세대 위주로 '소셜 빅데이터'에서 뜨고 지는 단어를 분석했다.

① 인싸: 무리에 잘 섞여 어울리는 사람이라는 의미에서 집단의 중심에서 유행을 선도하는 사람이라는 의미로 진화

② 인증 못할 바에는(인스타그래머블 안 하면) 안 가고 만다. 그래서 맛이 없어도 맛집이 될 수 있다. 분위기 좋고, 사진만 잘 나온다면.

③ 검색창, 각종 커뮤니티, 소셜미디어(특히 인스타그램)의 발달로 누구나 자기주도적인 탐색 가능. 여기에 1인 가구 증가와 눈높이가 높아지면서 전문성이 높아지고 고퀄리티를 추구한다. 예를 들어, 개인이 인테리어 업체 사장보다 최신 정보를 더 많이 안다. '루이스폴센'이라고 들어봤나? 알아알토, 핀율, 아르네 야콥슨, 한스 웨그너는? 우리도 처음 들었다. 북유럽 디자이너들 이름이다. 루이스 폴센 조명 스탠드는 100만 원이 훌쩍 넘는다. 그래도 돈을 쓴다.

④ 취향의 세분화/전문화. 요새는 단순히 디저트, 빵이라고 하지 않는다. 디저트는 마카롱, 다쿠아즈, 에끌레어로 구체적으로 말해야 한다. 고로케만 파는 가게, 팥빵만 파는 가게, 식빵만 파는 가게도 있다.

⑤ 애완동물이라고 하면 안 된다. 반려동물이다. 나는 집사다. 집사는 반려동물 입장에서 자기 자신을 일컫는 말이다. 반려동물을 직접 키우고 유지하기 부담스러운 사람은 온라인으로 다른 사람들의 반려동물을 보면서 감탄하고, 칭찬하고, 대리만족을 느낀다. 이런 사람은 랜선집사라고 한단다.

⑥ 팬들과 함께 히트 콘텐츠 만들어가기. 40~50대 아저씨들을 위한 콘텐츠는 없단다. 왜냐하면 아저씨들은 콘텐츠를 올려도 반응을 보이지 않기 때문.

⑦ 소유보다 할부/렌털/공유/구독. 눈높이는 높아지고, 가용자원은 없기 때문.

⑧ 친구의 세분화. 실친(실제 친구), 인친(인스타그램 친구), 트친(트위터 친구), 각기 다른 기능을 하는 여러 명의 친구. 여러 개의 자아로 사는 요즘 세대의 수요에 맞다.

⑨ 밀레니얼다움: 경험을 중시+미타임(나 중심)+가성비. 이 조건이 맞으면 지불의사는 올라간다.

⑩ 신중년층: 4050들의 아날로그에서 디지털 따라잡기.

⑪ 가성비 중요성이 더 커져서 이제는 가심비. 내 시간의 가치를 높여준다면 가격은 문제가 아니다. 한두푼 아껴서는 부자가 될 가망이 없기 때문. 그래서 막걸리계의 돔페리뇽(복순도가 손막걸리), 치약계의 샤넬(루치펠로), 감자칩의 샤넬, 식기건조대의 샤넬이 있다.

트렌드 코리아 2020[165]

김난도 외 9인이 공동 집필한 책이다.

① 소유에서 구독으로. 자원은 없고, 욕망은 높고, 듣고 보는 것도 많다. 그래서 선택적 소비를 한대[필자 주: 이제 자동차도 구독한다. 그것을 가능하게 하는 플랫폼과 결제기술 발달이 한몫을 한다. 몇 억짜리 람보르기니 가야르도를 언제 타보겠나. 그러나 자동차 P2PPerson-to-Person 카셰어링/렌털 플랫폼인 Turo를 이용하면 하루 40만 원 정도에 꿈의 스포츠카를 타볼 수 있다. 자동차 주인은 어차피 차가 노는 시간에 엑스트라 소득을 올릴 수 있다. 다음의 고객가치사슬 부분에서 좀 더 설명한대].

② 초개인화+다양한 자아(멀티플 페르소나)+공정성 갈망. 출근하는 엘리베이터는 아직 직장이 아니다. 그 안에서 이어폰을 꽂고 상사를 무시하더라도 기분 나빠하지 마라. '내'가 중요하기 때문에 일과 퇴근 후 생활은 엄격히 구분된다. 회사에서는 존재감 없어도 퇴근 후에는, 온라인에서는 인싸일 수도 있다. 직업도 여러 개일 수 있다. 나의 성장과 계발(업글)이 중요하고 그래서 워라밸을 찾는다.

③ 모든 것의 데이터화[필자 주: 넷플릭스는 영화를 만들 때 주제, 감독, 주연 등도 모두 고객들의 선호도를 분석하여 만든다. 대표적인 사례가 히트작 <하우스 오브 카드>]. 모든 데이터를 개인에게 연결되지 않도록 청소해서 되파는 데이터 거래소도 성업 중이다.

④ 초개인화와 데이터화는 시장에서 특화 생존 및 세포 마켓으로 이어진다. (예) 고가 운동복 브랜드 룰루레몬의 타깃 고객 프로필은 '자신의

아파트를 소유하고 여행과 운동을 좋아하는 32세 전문직 여성. 33세
나 31세는 안 됨'이란다. 왼손잡이들을 위한 모든 것을 파는 회사(레프
티스)도 있고, 다른 건 안 해주고 머리 감기와 드라이만 해주는 미장원
'드라이바'도 미국 전역으로 퍼지고 있다.

⑤ 영상 콘텐츠가 대세. 그것도 유튜브에서 최장 15초 영상을 올리는 틱
톡이 떠오르고 있음.

⑥ 뉴트로(복고)

⑦ 친환경이 아니라 필환경. 즉, 선택이 아닌 생존이고 필수가 되고 있다.

⑧ 팬슈머fansumer. 단순한 고객이 아니라 팬이다. 팬과 함께 제품과 서비
스를 만들어간다[필자 주: 예를 들어, 중국의 전자 회사 샤오미는 고객
들을 '미펀'(샤오미의 팬)이라고 부르는데 수천만 명의 고객들이 회사의
OS를 업그레이드해서 올리고 아이디어를 매일 제안하고 회사는 매주
피드백을 해준다].

⑨ '내'가 중요하고 그러다 보니 편리함과 시간 활용이 중요하다. 이것을
도와주는 가전 세 가지(식기건조기, 로봇청소기, 의류건조기)를 신이 내린
세 가지 가전이라는 뜻으로 '삼신가전'이라고 한다.

⑩ 오팔의 컴팩. 여기서 오팔은 OPALOld People with Active Lives, 신중년
층을 말한다.

90년대생 소비 트렌드 2020[166]

국내 소매 대기업에서 일하는 이커머스 기획자이면서 90년대생 여성이 자
신의 입장과 경험을 바탕으로 분석한 책이다.

① 세상의 중심은 '나'. 자기애가 강한 요즘 세대. 그래서 자기계발에 신경을 쓰고, 따라서 퇴근 후 시간을 중요하게 여긴다. 돈 내고 독서 클럽에 가입하는 사람이 많아지는 것도 같은 트렌드

② 인스타그래머블. 인생샷을 남기기 위해 시간과 돈을 아끼지 않고 투자한다. 요즘 잘나가는 카페나 식당들은 테이블 높이가 의자보다 낮다. 음식이나 디저트 사진을 일어날 필요 없이 앉아서도 제대로 '항공샷'을 찍을 수 있게 하기 위해서다.

③ 1인 가구 시대가 발전하면서, 혼자 살 때 필요한 것과 혼자 할 수 있는 것이 중요해진다. 혼밥, 혼술, 혼행(혼자 여행)은 당연한 결과.

④ 외모 지상주의

⑤ 소소하지만 나에게 중요한 것에 과감하게 돈 쓴다.

⑥ 광고보다 랭킹과 추천, 리뷰를 믿는다.

⑦ 그래서 인플루언서가 뜨는 것 같다. 많은 팔로워를 거느린 메가 인플루언서도 있지만, 특정 분야에서 소수를 이끄는 마이크로 인플루언서, 나노 인플루언서도 있다[필자 주: 초세분화되는 관심사와 취향과 관련이 있는 것 같다].

⑧ 상품이 아니라 이미지를 산다. 맛이 없어도 맛집이 될 수 있다는 트렌드와도 관련 있는 듯.

⑨ 반려동물과 집사. 처음부터 읽었다면 이제는 무슨 말인지 알 것이다.

⑩ 인싸와 스포츠. 특히 스포츠 분야에서 일반인들의 인싸가 많이 나온다.

⑪ 식품도 아주 편하거나, 아주 예쁘거나 해야 한다. 1인 가구와 쓰레기 줄이기 수요에 맞물려 가정 간편식HMR: Home Meal Replacement, 한 끼

해먹을 수 있도록 필요한 재료들을 손질해놓은 밀키트, 먹기 좋게 미리 손질해놓은 믹스 샐러드가 뜨고 있다. 요즘 사과, 배, 포도, 수박의 판매량이 줄고 방울토마토, 바나나, 딸기의 판매량이 눈에 띄게 증가하고 있다고 한다. 두 그룹의 차이를 알겠는가? 전자는 씨, 껍질 등 쓰레기가 생기고 손질을 해야 하는 것들이다. 그러다 보니 칼, 도마의 판매량도 줄고 있다고 한다.

2020 한국이 열광할 세계 트렌드[167]

대한무역투자진흥공사KOTRA가 84개국 129개 도시 소재 코트라 해외무역관 직원들이 현지에서 포착한 최신 비즈니스 사례 37개를 12개 트렌드 키워드로 엮은 책이다.

① 모빌리티와 공유. 자동차 공유에서 헬리콥터 공유까지(베트남 하노이의 Fast Sky). 전동 킥보드가 유행하면서 사방에 흩어진 킥보드를 찾아서 충전을 해주고 돈을 버는 스쿠터 차저Scooter charger라는 새로운 직업도 출현하고 있다. 일본은 노년층을 병원에 데려다주는 자율주행 자동차 병원 서비스가 있다. 요약하면 CASE(연결Connected, 자율주행 Autonomous, 공유Shared, 전동화Electric).

② 원격 사무, 원격 지휘, 원격 진료도 발달 중. 중국의 5G 스마트 법원. 재판관과 사무직은 한 자리에, 피고와 원고는 수백 킬로미터 떨어진 곳에서 재판[필자 주: 즉, '거리distance' 의미가 퇴색하고 있음].

③ 워킹 맘과 유능한 여성 직장인 증가와 그들을 위한 서비스. (예) 미국 댈러스의 모유 운송 서비스 밀크스토크Milk Stork, 모유 수유 어려운

산모를 위한 세르비아의 초유 은행, 손목 디바이스로 정확한 배란일을
분석하고 알려 직장 여성들의 임신 가능성을 높여주는 스위스 아바사
이언스Ava Science.

④ 잉여는 싫다. 가치 소비, 식자재 폐기물 줄이기, 친환경 트렌드. 그 결과
중고 플랫폼 등이 활성화. (예) 크로아티아 자그레브의 자바츠 푸드
아울렛은 B급 상품 전문 식품점으로 유통기한이 임박하고, 제조 과정
에서 미세 손상이 생기거나, 포장에 흠집이 있거나, 악성 장기재고 상품
을 50~90% 가격으로 할인해서 판다. 암스테르담의 투굿투고Too good
to go는 영업 종류 후 남은 음식의 재판매를 원하는 레스토랑과 저렴
한 가격에 구매하기 원하는 소비자를 연결하는 플랫폼이다. 일본의 타
베테TABETE도 음식물 쓰레기 줄이기 플랫폼이다.

⑤ 친환경. 멕시코 레노바레Renovare는 페트병과 해조류로 친환경 신발 제조.

⑥ 친환경의 일환으로 부상하고 있는 그린 다이닝. 그 결과 채식과 비건
증가. 호주의 100% 식물성 밀크, 멕시코 지니어스 푸드는 버려지는 농
작물로 건강 식품(예) 식물성 패티 제조 판매.

⑦ 1인 가구와 모든 것의 공유. 폴란드 가정식 셰어링 플랫폼 이트어웨이.
인도 가구와 가전제품 공유 플랫폼 퍼렌코Furlenco. 캐나다 이그제큐
티브 퍼니처 렌털스. 중국의 공유 주방은 개인이 아니라 음식점들이 영
업을 목적으로 주방공간 임차해 사용함.

⑧ GWPGreat Work Place와 워라밸, 퇴근 후 시간 활용, 자기계발, 성장의
중요성. 직원 복지 대행 플랫폼 영국 퍼크박스Perkbox는 복지혜택 관련
자금력이 부족하고 프로그램 설계 운영이 어려운 소규모 기업들이 직

원들을 위해 가입, 250가지 무료혜택과 식당 및 백화점 할인, 각종 운동 프로그램과 건강 관리 프로그램들을 사용할 수 있게 한다. 불가리아 소피아의 베네핏시스템인터내셔널Benefit System International 사의 멀티스포츠 카드는 가입회원사의 직원들이 수영, 승마, 요가, 에어로빅 등 각종 스포츠를 즐길 수 있게 해준다.

⑨ 100% 리사이클을 목표로 하는 스마트 리사이클링. 터키의 스마트 컨테이너는 플라스틱, 알루미늄 용기 수거하고 압축해서 보관하고 대신 사용자의 교통카드를 충전해주는 인센티브를 제공한다. 독일 아디다스의 Futurecraft Loop 브랜드는 신발의 모든 소재를 재활용한다. 경쟁사 푸마의 엑스 퍼스트 마일 컬렉션 역시 면, 폴리에스터 소재 가죽, 종이판지 등 모든 재료를 지속가능한 원단을 사용한다[필자의 사족: 아디아스와 푸마는 원래는 형제 아디 다슬러(아디다스)와 루디 다슬러(푸마)가 같은 동네에 강 하나 사이를 두고 만든 회사인데 둘이 지금까지 원수지간이라는 사실].

2장

소비 트렌드에서 보이는 미래 혁신 방향

이 모든 트렌드들의 주된 주체는 MZ세대(밀레니얼 세대와 Z세대)다. 이들은 이전 세대보다 풍요로운 환경에서 살고 있다고는 하지만, 1997년 IMF 외환위기를 겪는 부모를 보았고, 2008년 글로벌 금융위기를 겪는 선배들을 보았다. 좋은 것들을 많이 듣고 보고 자랐지만, 경제상황으로 인하여 한두푼 아껴서는 부자가 될 가망이 없다고 생각하는 세대이기 때문에, 과감한 선택적 소비를 하게 되는 것 같다. 또한 과거로부터 전해 내려오는 행동양식과 역할 그리고 "나는 그렇게 하지 않으리라, 나는 이렇게 하리라"고 마음먹은 이상적인 행동양식과 역할 사이에서 고민하고 있는 세대이기도 하다. 그 예로, 일요일이면 '나라 잃은 표정으로' 아이를 데리고 나온 아빠들이 많다는데 바로 밀레니얼 대디들이다. 어릴 때 꿈꿔왔던 아빠상/남편상과 전통적인 모습/역할 사이에 끼어 있기 때문이란다.

즉 우리가 지금 보고 있는 소비 트렌드는 젊은 세대들이 주도하는 것들이다. 그러나 그게 끝이 아니다. 오팔 또는 OPALOld People with Active Lives이라고 불리는 신중년층 역시 소비 트렌드의 주체로 들어오고 있다. 그들은 젊은 세대가 배낭여행을 갈 때 퍼스트 클래스 항공권에 특급 호텔 숙박을 포함한 여행을 한다. 나이가 들어서 새로운 로맨스를 시작하면서 소비를 하기도 하고, 건강 관리와 외모 관리에도 관심을 많이 쏟는 등 더 많은 자원으로 무장하고 디지털 트렌드를 빠르게 따라오고 있다. 일부 책에서 이들의 부상을 새로운 트렌드로 소개하기도 하지만, 사실 벌써 10여 년 전에 보스턴컨설팅그룹BCG은 이들이 큰 시장과 고객층을 형성하며 경제적인 영향력을 발휘할 것이기 때문에 잘 잡으라고 하면서 <Silver to Gold>라는 보고서를 발간하기도 했고 《Turning Silver into Gold》라는 책도 나왔었다는 점도 기억하자.[168]

어쨌든 6권의 책들이 공통적으로 말하는 트렌드를 굵직굵직하게 묶어보면 다음과 같다.

① 신세대들의 많지 않은 가용자원, 높은 눈높이, '나'에 대한 중요성이 합해지면 가치 있게 여기는 것들에 화끈하게 돈을 쓰는 선택적 소비와 특히 자신에 대한 투자가 증가하게 된다. 일과 생활을 엄격히 분리하게 되어, 예를 들면 회사 출근시간의 엘리베이터 안은 아직 직장이 아니라고 생각한다. 그러니 뻔히 상사가 눈앞에 있는데도 이어폰을 끼고 인사를 안 한다 하더라도 괘씸하게 생각하지 말자. 그를 위해서라도 점잖고 부드럽게 에티켓을 가르쳐주는 것은 좋을 듯하다. 그리고 워라밸을 중시하니 칼퇴와 정퇴가 일상화되고, 퇴근 후 자기계발과 성장

에 과감한 투자를 한다.

② 1인 가구가 급증하고 '나'를 중시하는 초개인화가 눈에 띈다. 반려동
물 시장이 급성장하고, 한 번 먹거리, 가정간편식, 밀키트, 미리 손질한
식재료, 편리한 가전(삼신가전)에 대한 수요가 아주 높다. 관련 비즈니
스에 많은 시사점을 준다. 예를 들어, 미국의 한 보고에 의하면 소비자
가 치즈를 직접 가는 대신 미리 갈아놓은 제품을 사는 경우 비숙련 노
동자에게 시간당 100달러 이상을 지불하는 효과가 있다고 한다.[169]

　이러한 취향의 세련화, 세분화 역시 이미 20년 전쯤부터 앞으로
는 시장 세분화market segmentation가 아니라 시장 파편화market
fragmentation가 필요할 것이라는 예측이 있었다. '방송도 같은 콘텐츠
를 불특정 다수에게 뿌리는 브로드캐스팅broadcasting이 아니라 개인에
게 맞춘 정보를 직접 전달하는 내로우캐스팅narrowcasting으로 갈 것'
이라고 했는데[170] 그대로 진행되고 있다. 개인 개인이 시장단위가 된다
는 것이었는데, 이제는 개인의 취향도 영역에 따라 다양해져서 그보다
더 작은 단위로 쪼개야 할 것 같다. '아마존은 0.1명 단위로 세분화를
한다'고 하지 않는가.

③ '나'의 취향을 중히 여기고, 선택적 소비로 가성비/가심비를 중시하며,
특히 재미를 가장 중요한 기준으로 두다 보니 '의외성의 믹스'가 트렌
드로 부각된다. 뭐든지 하여튼 재미있어야 한다. 최근 우리나라 선두
화장품/뷰티 회사의 최고경영자와 이야기를 나눴는데, 20~30대 직원
이 전체 직원의 70%에 육박하고 그들은 특히 재미를 중요하게 생각해
서, 예를 들어 구내 식당의 음식물 쓰레기를 줄이는 것도 단순한 캠페

이케아의 쇼핑백

인이 아니라 관련 통계를 그래픽으로 공개하면서 어느 수준에 도달하면 스테이크 메뉴를 돌리겠다고 했더니 참여도가 급격히 올라가는 경험을 했다고 한다.

조금 다르기는 하지만 유사한 흐름이 2020년 2월자 <하버드 비즈니스 리뷰>에 소개됐다. 명품회사 발렌시아가는 2,000달러짜리 여성용 백을 출시했는데, 그 모티프는 1달러짜리 이케아 쇼핑백이라고 한다. 사진을 보면 거의 똑같이 생겼다. 물론 재질은 다르지만.

미쉐린 스타 이탈리안 쉐프가 운영하는 레스토랑 음식에 슈퍼마켓 포테이토칩이 올라오고, 고급 향수를 가정용 청소액 병같이 생긴 용기에 담아서 파는 등, 럭셔리 제품에 로우 엔드 요소를 통합하는 것이 돈 많고 지위 높은high status 사람들에게 어필하고 있다고 한다.[17] 여기에 옛것을 가져다 재미있게 재해석하는 뉴트로도 관련된 트렌드로 볼 수 있다.

④ 또 하나의 큰 흐름은 뭐니 뭐니 해도 남에게 보이고 싶어하고 인정받고 싶어하는 인스타그래머블, 인싸, 거기서 나오는 인플루언서들의 출현이다.

⑤ 또 한 가지 큰 트렌드는 올바름, 공정, 사회적 책임에 관심이 많고 그것이 소비에 반영된다는 점이다. 기업 입장에서 이제 친환경은 하면 좋은 일이 아니라 생존의 문제가 되고 있다. 사회적 책임CSR은 공유가치창출 CSV로, 또다시 ESG(환경, 사회, 지배구조: Environment, Social, Governance)로 확장, 발전되고 있는 기업 트렌드와도 관련이 있는 것 같다.

⑥ 마지막으로, 이 모든 것들의 아래 흐르는 일종의 '기저 트렌드'라고 할 만한 것이 있는 것 같다. 일단 시간이 지나도 변하지 않는 큰 전제는 우리에게는 정보가 부족한 것이 아니라 정보를 프로세싱할 능력이 부족하다는 점이다. 그래서 TMIToo Much Information라는 용어도 출현하고, 디지털 디톡스와 정기적인 인맥 커팅 경향도 나타난다.

무엇보다 정보 프로세싱을 도와주는 것들의 중요성은 점점 부각되고 있다. 바로 플랫폼이다. 플랫폼은 '모든 것들의 데이터화'와 맞물려 쇼핑, 공유, 친환경 중고 사이트, 모빌리티, 인간관계 관리 등 우리 생활 구석구석과 모든 트렌드들의 바닥에 자리 잡고 있다.

그러니 이제 플랫폼 얘기를 조금 해보고 마무리를 하자. 우리가 생각하는 앞으로의 큰 흐름은 다음과 같이 요약할 수 있다. 공급 사이드 가치사슬은 통합되어 플랫폼화되고 그에 따라 파워도 집중되지만, 수요 사이드 가치사슬은 해체되고 있다. 플랫폼의 공급 사이드 집중과 그에 따른 책임에 대한 논의는 아래 4장에서 하기로 하고 먼저 수요 사이드 쪽의 가치사슬 해체에 대해 생각해보자.

3장

고객가치사슬과
수요 사이드 가치사슬의 해체

우리가 흔히 언급하는 가치사슬, 그리고 이 책에서 X축의 주요 요소로서 이제까지 주로 논의한 가치사슬은 회사, 즉 공급자 쪽의 가치사슬이다. '회사가 무엇을 얼마나 잘하고 있느냐'를 분석하는 것이라고 보면 되겠다. 그런데 최근에는 고객들에게도 가치사슬이 있으며 많은 파괴적 혁신들은 고객 가치사슬의 변화에서 온다고 한다.

고객의 가치사슬을 이해하는 것이 우리(공급자)의 경쟁우위를 높이는 데 도움이 될 수 있다는 말은 이미 1980년 마이클 포터가 가치사슬 개념을 소개하는 책에서 언급을 하고 있다. 그 당시 포터는 주로 B2B에서의 고객가치 사슬을 건드렸다. 만약 우리 회사가 부품을 만드는 회사라면 고객사가 우리 제품을 사가서 어떻게 다른 제품들과 조합을 해서 사용하는가를 이해하는 것이 중요하다는 것이다. 그러면 단순히 우리 제품을 팔고 대금을 받고 끝내는 사이클이 아니라 제품 개발, 주문 및 로지스틱스 등 가치사슬 단계들에서 고객사의 가치를 높여주거나 비용을 줄여주는 쪽으로 모든 활동들을 고객에게 맞추어 운영함으로써 자사의 경쟁우위도 높이고 새로운 사업 기회도 포착할 수 있다는 것이다. 단순한 예를 들어, 우리 회사가 초콜릿 원액을 제과 회사에 공급하는데 기존에는 우리 회사에서 프로세스된 재료를 굳히고 포장해서 고객사 창고로 배달을 했었다면 이제 고객사와 협력하여 초콜릿 원액 채로 탱크에 담아 고객사 생산라인까지 바로 가서 투입을 해줄 수 있다. 포터는 B2B는 상대적으로 고객의 가치사슬을 이해하기 쉽지만 B2C 고객의 가치사슬을 이해하기가 더 어렵다고 했다.[172]

고객가치사슬customer value chain은 B2B, B2C 등 사업의 종류에 따라 세부 사항은 다르겠지만 일단 B2C 기준으로 생각해보자. 고객의 가치사슬은 대충 사려는 상품을 평가하고, 선택하고, 구매한 후, 사용을 하는 순서로 이루어져 있다.[173] 요즘 각광을 받고 있는 구독 모델subscription model을 기반으로 하는 사업들은 예전에 한 사람이 모든 스텝을 결정하던 것을 쪼개어 그 일부를 담당해주는 사업을 하는 것들이 많다.

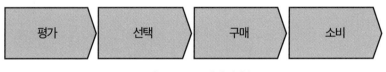

[그림 6 - 1] 고객가치사슬

예를 들어, 매달 구독료를 내면 다양한 면도 관련 제품들을 보내주는 달러쉐이브 클럽Dollar Shave Club이 있다. 투로Turo라는 회사는 P2PPerson-to-Person 자동차 공유 및 렌털 사업을 하는 회사인데 원래 이름은 릴레이라이즈 RelayRides였다고 한다. 정상적이라면 도저히 타볼 수 없는 고가의 스포츠카를 하루 빌려 탈 수 있는 서비스다. 차주는 차를 운행하지 않는 시간에 수입을 올릴 수 있다. 두 가지 경우 모두 상품을 평가하고 사는 사람과 실제 사용하는 사람이 다르다. 이와 같이 고객의 가치를 높인다는 것은 다양한 각도에서 접근할 수 있다.

기본적인 고객가치사슬을 좀 더 세분화해보면 다음 그림과 같이 '평가-선택-구매-수령-소비-폐기 등 뒤처리'로 이루어져 있다. 예전에는 한 고객이 한 회사를 상대로 처음부터 끝까지를 모두 커버했다면, 이제는 고객들이 가치사슬 활동을 쪼개서 각각 다른 회사들을 상대로 수행하고 그러다 보니 고객가치사슬 중 일부분만을 공략하는 회사들이 등장하면서 기존의 회사들을 위협한다는 것이다.

화장품을 예로 생각해보자. 버치박스Birchbox는 고객들이 구독료를 내면 다양한 제품들을 정기적으로 보내준다. 고객들은 이전까지는 접근할 수 없

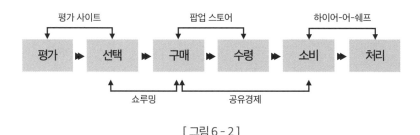

[그림 6 - 2]

출처: Thales S. Teixeira & Greg Piechota, 2019. Unlocking the Customer Value Chain

었던 제품들까지 사용해볼 수 있다. 제품들을 직접 테스트해보고 고르던 단계를 버치박스가 대신해준다. 또한 이제 많은 고객들은 오프라인 화장품 편집숍인 세포라Sephora에 가서 각종 제품을 테스트해보고 거기서 구매를 하지 않는다. 세포라에서 테스트하며 어떤 제품을 살지 결정하고 실제 구매는 그 자리에서 모바일로 아마존을 통해 한다. 이것이 쇼루밍showrooming 이다. 세포라는 오프라인숍 체인을 구축하는 데 많은 자원을 투하하고 실질적인 구매에서 발생하는 매출은 온라인에게 뺏긴다. 최근 많이 유행하는 공유경제는 구매하고 소비하는 단계를 끊어놓았다. 소유하지 않고도 소비할 수 있다.

고객가치사슬의 해체decoupling 경향을 분석한 테이셰이라Teixeira와 피에호타Piechota는 마지막 단계인 소비와 뒤처리는 아직 끊어지지 않았다고 했지만, 이것도 생각하기에 따라서는 이미 진행중이다. 앞에서 소비 트렌드를 분석하면서 등장했던, 쓰레기나 여분이 남지 않게 하는 독일의 오리기날 운페어팍트가 이 스텝들을 끊어주는 역할을 한다고 볼 수 있다. 또한 고객의 집까지 모든 재료를 준비해 와서 5성급 호텔 수준의 식사를 직접 요리해 주고 나서 주방 청소와 음식 쓰레기 처리까지 해주고 간다는 하이어어셰프Hire-a-Chef 같은 플랫폼 역시 고객가치사슬의 마지막 단계를 공략하는 예라 할 수 있다.

이에 비해 공급자 사이드의 가치사슬은 오히려 다양한 측면에서 해체가 아닌 통합이 되고 있는 것으로 보인다. 이제 공급 사이드 가치사슬의 변화를 한번 생각해보자.

4장

플랫폼과 공급 사이드 가치사슬의 통합,
그리고 반작용

우리가 이 책에서 제안한 세 가지 유형의 혁신 중에 당연히 모든 회사들은 임팩트가 큰 Type 2나 3(즉, 전장을 확장하거나 바꾸는 혁신 또는 뉴 투 더 월드 혁신)을 하고 싶어할 것이다. 즉 단품 제품이나 한 가지 서비스만으로는 그 임팩트가 제한적이라는 것을 다들 알고 있고, 비즈니스 모델을 완전히 바꾸거나 더욱 바람직한 것은 생태계를 주도적으로 구축해서 리딩 플랫폼으로 변신하고자 할 것이다. 따라서 앞으로의 혁신과 경쟁은 플랫폼 전쟁으로 이동하게 될 것이다.

이러한 경향은 AI, 머신러닝, 빅데이터 애널리틱스 등 분야에서의 빠른 발전으로 인해 더 적은 투자로 더 많은 것을 할 수 있게 되고, 많은 사람들이 적은 비용으로 기술과 정보에 접근할 수 있게 되면서 더욱 가속화될 것이다. 이미 많은 선두회사들이 자신들이 개발한 기술들을 독점적으로 지키기

보다 오히려 제3자들에게도 개방을 하여 플랫폼으로 확장시켜 시장을 장악하려는 시도를 하고 있다.[174]

요즘 흔히 듣는 용어인 '유니콘unicorn(스타트업이면서 매출이 1조를 넘기는 회사들)'들 중 60내지 70%가 플랫폼들이라고 한다. 우버Uber, 디디추싱Didi Chuxing, 에어비앤비Airbnb 등이 그들이다. 기존 기업들 중에도 마이크로소프트, 애플, 아마존, 알파벳Alphabet, 페이스북Facebook, 알리바바Alibaba, 텐센트Tencent 등 기업가치가 1조 달러, 즉 천조 원을 넘거나 육박하는 기업들의 면면을 보면 모두 플랫폼 기업들이다.[175]

구글과 페이스북 두 회사는 전 세계 디지털 광고 시장의 2/3를 차지하고 있다. 애플은 전 세계 스마트폰 시장에서 나오는 이윤 80~90%를 가져간다. 아마존은 미국 이커머스 거래의 40%를 차지하고, 마이크로소프트는 여전히 전 세계 PC 운영체제의 90%를 점하고 있다.[176]

플랫폼이 성공하면서 안정화되었다는 것은 이미 네트워크 효과가 발휘되기 시작했다는 것이고, 이는 즉 진입장벽이 생겼다는 것이며, 그래서 전환비용switching costs이 발생하고 있기 때문에 독과점에 가까운 시장지배력winner-take-all-or-most이 생기게 된다.

"플랫폼은 단순한 장터이거나 정보의 통로에 불과하다. 따라서 어떤 콘텐츠가 올라오는가, 플랫폼 참가자들이 어떻게 행동하는가는 책임을 질 수 없다"는 것이 플랫폼 기업들의 기본적인 방어 논리다. 우버는 운송 서비스가 아니라고 한다. 그래서 택시회사처럼 규제를 받으면 안 된다고 한다. 페이스북은 미디어회사가 아니라고 한다. 따라서 미디어 관련 규제는 자신들과 관련이 없다고 한다. 에어비앤비는 호텔이나 숙박 비즈니스를 하는 것이 아니고 단순히 집을 가진 사람들과 집을 빌리고 싶어하는 사람을 연결해주기만 한다고 한다. 가끔 문제가 되는 수많은 개인대 개인(P2P) 소액 대출 거래 플랫폼들은 돈을 빌리고 싶은 사람과 빌려주고 싶은 사람들 사이를 연결해주는 역할만 하지 스스로가 은행은 아니라고 한다.

처음부터 너는 택시 회사, 미디어 회사, 호텔 회사, 은행 등으로 규정하면 아예 혁신의 아이디어들을 다 죽이게 될 수 있다. 그렇다고 마냥 풀어두면 수많은 문제가 생기게 된다. 마이크로소프트는 운영 시스템의 90% 이상을 장악하는 힘을 가지게 되면서 여러 가지 유혹에 빠져들게 되고 많은 나라들에서 악명을 쌓게 되고 재정적인 패널티도 물게 되었다. 그 회사가 행한 불법적인 영역에 해당하는 것들은 다음과 같다.

① 마이크로소프트가 윈도우의 경쟁 브라우저를 쓰는 회사들에게는 라이선스를 취소한다고 위협한 것처럼 힘으로 위협하는 경우

② 공짜로 보완적인 제품이나 서비스를 번들링함으로써 더욱 높은 장벽을 치는 경우

③ 아예 제3자가 자사 플랫폼에 접근하는 것을 차단해서 보완적인 플레이어가 되지 못하게 하는 경우

자리를 잡은 플랫폼들은 약자가 아니다. 우리나라에서도 있었던 혁신적인 플랫폼들이 직면했거나 직면하고 있는 사례를 살펴보자.

타다

2018년 10월 ㈜VCNC(모회사 쏘카)가 출시한 모빌리티 플랫폼 타다는 승객이 스마트폰 애플리케이션으로 자동차를 호출하면(형식적으로는 빌리면)

택시처럼 오는(즉 렌터카에 운전기사까지 함께 따라오는) 서비스였다.

타다는 강제 배차돼 승차 거부가 없고, 기아차 카니발을 활용해 넓은 차로 이동할 수 있는 등의 장점으로 빠르게 성장해 2019년 5월 9일 기준 운행 차량은 1,000대, 회원은 50만 명에 달했다. 그러나 반사손해를 보게 된 택시 업계는 여객자동차 운수사업법 시행령에 따른 '11~15인승 승합차' 허용은 장거리 운송 및 여행산업 활성화를 위한 것일 뿐 단거리 택시 영업은 법 취지에 어긋난다며 2019년 2월 타다를 여객자동차 운수사업법 위반 혐의로 고발했다. 2019년 5월 15일에는 개인택시운송사업조합 소속 택시기사들이 종로 광화문 광장에서 타다의 퇴출을 요구하는 대규모 집회를 열었으며, 이 과정에서 70대 개인택시 기사가 분신해 사망하는 사건이 발생했다. 결국 타다 금지법으로 불리는 여객자동차운수사업법 개정안이 2020년 3월 6일 국회를 통과하면서 타다는 운행을 중지했다.

원래 렌터카에는 기사를 붙일 수 없도록 되어 있지만, 11~15인승 승합차 렌터카에는 예외 조항이 있는 점을 파고들었기 때문에 엄격히 따지면 타다가 법을 어긴 것은 없다. 그러나 가장 큰 문제는 대당 수천만 원에서 1억 원까지 가는 택시면허를 받지 않고 운행하며, 기사들은 회사에서 여러 면에서 일관된 룰을 따르게 하는 통제를 하면서도 정식 직원이 아니라 개인사업자와의 계약 관계로 유지하면서 비용을 낮추는 것에 대한 공정성과 적정성의 문제가 있었다. 기존 불친절한 택시 서비스에 지친 많은 고객들이 승차를 거부하지 않고 아무리 짧은 거리라도 친절하게 데려다주며, 넓직한 밴에 따로 요금을 지불하지 않고 페이 앱으로 간편하게 결제되는 등 기존 택시보다 월등한 서비스를 제공하는 타다를 선택했다. 결국 일종의 공급 사이드(기존 택시업계)와 수요 사이드(승객 고객)의 싸움처럼 되었지만, 결국 국회는 택시업계의 손을 들어줬다. 타다는 2020년 4월 11일 고급 서비스인 타다 프리미엄을 제외한 타다 베이직 서비스를 중단했다.

배달의 민족(배민)

우리나라의 배달 플랫폼 배달의 민족은 2019년 말 이름도 비슷한 독일의 딜리버리 히어로에 의해 40억 달러(한화 약 4조 7,500억 원)에 인수되었다. 경쟁 앱이었던 요기요와 배달통까지 이미 인수하고 있었던 딜리버리 히어로는 배달의 민족까지 더하면서 시장점유율 98.7%를 콘트롤하게 되었다. 그러고 나서 코로나19로 소상공인들이 어려운 시기에, 기존 8만 8천 원의 월정액에서 매출의 5.8%를 수수료로 받는 새로운 요금체계로 바꿨다가, 부정적인 여론의 뭇매를 맞고 10일 만에 백기를 들었다. 시장의 90% 이상을 점유할 경우 예상되었던 일이다. 이 책을 마무리하고 있는 시점에서 아직은 공정거래위의 최종 승인이 나지는 않았다.

당시 "이제 우리는 배달의 민족이 아니고 게르만족이다"라든가, "자영업자 피 빨아 성장한 기업 아니냐, 배달의 (이)민족이 음식을 만들었나? 배달을 했나? 수수료에 죽어나는 건 자영업자다", "배달앱 없던 시절이 배달료도 없었고 더 싸고 양도 많았다. 배달앱 하나로 가게, 고객 다 피해보고 앱 만든 놈만 1년에 수십 억씩 번다. 대표적인 사회악 기업" 등의 부정적인 반응이 나왔던 것은 결코 영속기업으로서 바람직하지 않다.

게다가 2020년 6월 들어서는 배달의 민족의 입지를 더욱 좁히는 정부의 판단이 내려졌다. 즉 기존 약관에서 배달의 민족은 '음식점 상품의 품질, 음식점이 앱에 올린 정보나 소비자가 올린 이용후기의 신뢰도와 정확성 등에 대해서는 어떠한 책임도 지지 않으며 고의나 중과실이 없는 한 손해배상책임을 부담하지 않는다'고 명시해왔었다. 그러나 공정위는 이 조항에 대해 "배민이 소비자와 음식물을 직접 거래하지 않는 플랫폼 사업자라고 해도 거래 과정에 귀책 사유가 있다면 법률상 책임이 면제될 수 없으며 관리 의무 이행 여부와 관계없이 광범위한 면책을 규정하면 안 된다"고 지적했다. 이에 대응해 배달의 민족은 '음식점이나 소비자의 귀책사유로 손해가 발생하더라도 배민에 고의나 과실이 있다면 이를 책임진다'는 내용으로 약관을 수정했다.[177]

차량 공유 서비스

코로나 바이러스 팬데믹의 여파로 앞으로 각종 공유 서비들은 다소 위축될 것으로 예상되고 있지만 완전히 없어지지는 않을 것이다. 우버, 리트프 Lyft 등 차량 공유ride-sharing 플랫폼들은 아직까지는 모두 적자 상태. 왜냐하면 드라이버를 끌어들이는 데 엄청난 비용이 들어가고, 경쟁에서 뒤처지지 않기 위해 승객 사이드에도 가격을 낮추는 식으로 비용이 발생하고 있기 때문이다. 특히 운전자 사이드에 많은 비용이 들어가고 있다는 점은 무인 자율주행차에 관심을 가지는 주요한 이유다. 기존 모델에 비해 인건비를 1/10 수준으로 낮출 수 있을 것으로 보기 때문이다. 2018년 기준으로 자율주행 차량을 활용하면 사람을 고용할 때에 비해서 1마일을 운영하는 비용이 평균 2달러 86센트에서 35센트로 떨어지는 것으로 예상됐다.[178] 또한 정규직에 비해 개인사업자와의 계약 관계로 묶을 경우 인건비가 20~30% 절감된다. 수당, 최저 임금, 각종 보험, 기본적인 근로시간 보장 등에서 자유로 위지기 때문이다. 그러나 앞으로는 이러한 노력들이 여의치 않을 전망이다. 그 증거가 캘리포니아 주의 ABC 룰이다.

캘리포니아주 ABC 룰

2018년 4월, 미국 캘리포니아 주 대법원 판결은 근로자를 개인사업자 계약으로 주장할 수 있는 여지를 상당히 좁혔다. 모든 회사들이 참고할 만할 듯하다. 세 가지 조건을 하나라도 통과하지 못하면 정규직 직원으로 규정하게 되는데, 그 통과 여부를 증명하는 책임은 사업자가 지도록 했다. 그 세 가지 조건은 다음과 같다.[179]

(A) 계약상 그리고 실질적으로, 일을 수행하는 방식과 관련하여 근로자가 고용 주체의 통제와 지시로부터 자유로워야 함

(B) 근로자가 하는 일이 고용 주체의 사업 영역 외부의 일이어야 함

(C) 근로자가 관례상 고용 주체와는 독립적으로 운영되는 거래, 직업, 또는 사업을 운영해야 함

예를 들어, 가정방문 청소 서비스 플랫폼을 운영하는 회사의 경우 이 룰에 의하면 아무리 서비스 제공자들이 자신이 편한 시간에 편한 복장으로 원하는 방법으로 일을 하더라도 자체 직원이 아니라고 할 수 없게 된다. 실제로 미국에서 홈조이Homejoy라는 클리닝 서비스 회사는 이런 이유로 소송을 당하고 문을 닫았다.

웬만해서 이 세 가지 조건을 모두 통과할 수 있는 경우는 힘들 것 같다. 미국은 물론 우리도 분명히 이런 먼저 만들어진 다른 나라들의 규정을 참고할 것이고 그 결과 같은 방향으로 갈 가능성도 많다. 혁신을 추구하는

사람이나 회사들은 미리 예상을 하고 대비하는 것이 좋겠다.

　이런 조건을 적용하면 우리나라에서 문제가 되었던 타다는 여지없이 운전자들을 정규직 직원으로 분류해야 할 것이고, 기존의 택시면허 취득 문제 외에도 인건비에서 대폭적인 상승이 일어나며 또 다른 문제가 생겼을 것이다. 앞으로는 다른 나라들은 물론 우리나라에서도 이미 첨예한 이슈인 정규직·비정규직, 동일노동 동일임금 등과 관련한 논란이 더 커질 가능성이 높다.

5장

정부와 공무원이
혁신을 위한 길을 닦아줄 수 있을 것인가?

한때 "공무원처럼 생각한다, 공무원처럼 일한다"는 말이 좋지 않은 의미로 사용된 적이 있었다. "선례가 없다." 공무원이 아니면서도 조직생활을 공무원처럼 하는 사람들이 자주 하는 말인데, 이 말은 당연히 혁신의 가장 큰 적이다. 혁신은 그야말로 선례를 깨는 것이 그 본질 아닌가. 언뜻 생각하면 정부와 공무원이 아예 근처에 오지 않는 것이 도와주는 것이라고 생각할 수 있다. 그러나 요즘 공무원은 낡은 사고의 수요자가 아니라고 믿는다. 국가의 엄청난 자원을 배분하고 통제할 수 있는 정부, 국회 등 공기관들이 혁신 환경을 위해서는 반드시 필요하다.

정책과 규제는 현재의 문제를 풀어주는 역할도 하지만, 혁신과 관련해서는 더 중요한 역할이 '미리 장애물을 치워주고 길을 닦아주는 것'이라고 생각한다. 문제는 다음 그림에서처럼 혁신을 촉진하고 발전시킬 수 있는 규제

환경을 마련해주려면, 안전지대를 벗어나서 우상향 사분면으로 들어가야
한다. 잘못하면 직권남용으로 떨어질 수 있는 영역이다. 공무원들이 얼마나
이런 위험을 감수하려고 할까. 따라서 공무원들도 공부를 많이 해야 한다.
앞으로 세상이 어떻게 변해나갈지 방향을 나름대로 이해해야 한다. 그래야
나름대로의 논리를 튼튼하게 만들 수 있을 것이다.

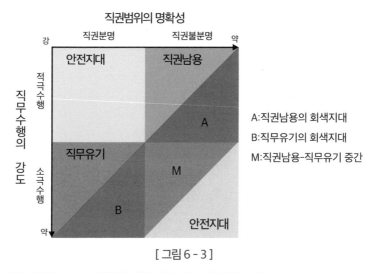

[그림 6 - 3]

출처: 이만우. 2020. 그날 법관에 대한 로망을 버렸다. 한국경제, 다산칼럼. 200/05/07: A30

물론 정부와 규제를 담당하는 공무원들의 입장으로 바꿔놓고 생각해보
면 이것이 쉽지 않은 이슈임은 분명하다. 정책과 규제를 제대로 잘 만드는
것도 중요하지만 아무리 잘 만든 정책도 허점은 있게 마련이고 규제나 정책
이 악용당하는 경우도 있을 것이다. 그럴 경우, 법적 책임을 포함한 여러 가
지 책임을 질 수 있기 때문이다. 예를 들어, 최근 시끄러웠던 한 바이오 벤처

기업은 불필요한 규제의 벽을 없애고 기술력이 우수한 기업에 대해 외부 검증기관을 통해 검증한 후 수익성 요건은 아직 충족하지 못하더라도 상장 기회를 주기 위해 마련된 '기술특례 상장제도'를 통해 상장이 되었고 획기적이라고 주장하는 암치료제의 임상이 진행되면서 기업가치가 10조 원에 달했다가 임상의 실패로 주가가 폭락하며 여러 가지 문제에 직면하기도 했다.

이러한 제도가 중요한 것은 든든한 재정적인 기반deep pocket이 있느냐의 여부가 혁신의 아이디어가 초기 불확실성을 극복하고 안정기에 접어들 때까지 생명력을 유지하는 데 상당히 중요하기 때문이다.

미국의 경우 플랫폼 스타트업 중에 모기업이 따로 없고 맨손으로 시작한 스타트업들이 평균 3.7년 만에 문을 닫은 것에 비해 대기업에 인수당했거나 대기업에서 내부 창업 프로젝트로 시작했거나 대기업들의 컨소시엄 형태로 시작한 스타트업들은 평균 7.4년으로 더 오래 버틴 것으로 조사됐다.[180] 즉 플랫폼 스타트업이 버티는 데는 재정적인 능력이 중요하다는 반증이다. 따라서 신속하게 상장을 할 수 있다는 것은 시장에서 펀딩을 끌어들여 회사를 지속할 수 있게 해주니 당연히 큰 장점이다. 그러나 여러 가지 문제들도 수반될 수 있다.

그런데 스타트업이 상장을 한다는 것은 쉽지 않은 일이다. 벤처 회사가 아이디어를 제품화, 서비스화하고 그리고 상업화하고 양산에 들어가기까지가 얼마나 어려운가. 스스로 그 과정을 모두 담당하는 스타트업들도 많지만, 앞에서 통계로 보았듯이 오히려 큰 기업에 흡수되어 든든한 자금력과 기술 지원 등으로 꿈을 현실화하는 것이 더 현실적일 수도 있다. 따라서 대기업이 벤처 기업의 아이디어를 인수하여 현실화하는 과정과 관련한 제도가 활성화되는 것도 스타트업과 대기업 양쪽의 니즈를 충족시키는 데 도움이 될 수 있다.

그러나 대한민국의 현실에서는 대기업이 스타트업을 인수하게 되면 "자회사, 계열사 또 만드냐, 스타트업의 씨를 말라냐"라는 비난에 직면하게 되는 것이 다반사다. 대기업과 정책당국 모두의 마인드가 바뀌어야 할 시점이 아닌가 싶다. 대기업도 "왜 그렇게 많이 줘야 돼"라는 마인드에서 결별해야 한다. 그리고 '벤처 회사가 여기까지 오는 데 얼마나 많은 자원과 노력이 들어갔겠는가. 최소한 그 값은 적정하게 쳐줘야 한다'는 마인드가 필요하다. 예를 들어, 인수 시점에서 벤처 회사가 3~4년 동안 100억 가량을 썼다면, 최소한 그 5배수 내지 10배수 정도의 가치로 평가하는 시스템과 합의가 필요하다. 많은 경우에 그렇듯이 벤처 창업 멤버들은 반드시 떠날 필요 없고, 계속 경영진으로 남아서 꿈을 이룰 수 있다. 아마 그렇게 하는 것이 혁신의 아이디어를 성과로 만드는 데 더 효과적일 것이다. 오히려 대기업 입장에서 반드시 자기들 테두리 안에 넣어서 운영하려는 생각도 버리는 것이 좋다. 소기업이기 때문에 부족한 점들만을 가려내서 지원을 하고, 기존의 회사 운영 경험을 대입하여 과도한 간섭으로 일을 망치지 않는 기업양육corporate parenting[181] 의 안목과 경험이 필요하다. 만약 인수 전 스타트업의 창업자가 경영에 참여하지 않고 경영진을 교체해야 한다면, 실패의 경험이 한 번도 없는 사람보다는 눈물 젖은 빵을 먹어본 사람(무작정의 실패가 아니라 성공의 경험도 있는)이 더 적절할 것으로 생각된다.

정부와 공무원의 역할이 쉽지 않기는 하다. 그러나 그들이 존재하는 이유는 국가와 국민을 위하여 바로 그런 골치 아픈 일들을 해결해주려고 있는 것이다. 이와 관련하여 미국에서 있었던 이상적인, 일련의 정책적 변화의 역사를 간략하게 살펴보자.

앨 고어의 초고속 정보 통신망

지금의 4차 산업혁명의 뿌리가 되는 본격적인 움직임은 1990년대 초부터 일기 시작했었던 것 같다(어디까지나 저자들의 생각이다). 어떤 사건의 뿌리를 찾아 역사를 거슬러 올라가다 보면 어디서 멈춰야 할지 알기가 어렵기는 하지만, 그 전 1980년대에는 지금의 디지털과 플랫폼 혁명의 기반이 되는 인터넷이 있다.

1990년대의 변화는 미디어 산업에서 그 변화가 시작되었다고 볼 수 있는데, 그 뿌리 중 하나는 '디지털 기술'이고 다른 하나는 '브로드밴드 네트워크broadband networks'였다.

아날로그에서 디지털로 넘어가면서 세상은 크게 한 번 바뀐다. 영화, 음악, TV쇼, 전화 메시지, 게임, 책 등 수많은 제품들이 0과 1로 이루어진 디지털 정보로 변환이 되었다. 온라인 쇼핑 회사들은 디지털 카달로그를 만들어 사람들이 집에 있는 컴퓨터에서 원하는 기준에 따라 정리된 제품 정보를 볼 수 있게 되었다. 1992년 클린트 이스트우드가 미국 백악관 대통령 경호원으로 나오는 영화 <사선에서In the Line of Fire>는 클린턴 대통령의 실제 경호 상황을 디지털화한 후 클린턴 부부는 삭제하고 배우들을 대신 붙여넣었다. 육안으로는 알아챌 수가 없다.

디지털 정보는 또한 압축이 가능해서 많은 정보를 전송할 수도 있게 되었다. 기존에는 한 개 채널이 들어갈 케이블 TV 채널에 500개의 채널이 들어갈 수 있다는 것은 지금은 별거 아니지만 그때만 해도 변혁적이었다.

그에 더하여 광통신fiber-optic 케이블로 무장한 브로드밴드 네트워크가 들어오면서 정보의 전송량은 엄청나게 늘어난다. 그때까지 사용하던 전화선에서는 셰익스피어의 리어왕King Lear 내용을 1초에 서너 페이지 전송할 수 있었다면 이제 머리카락 굵기의 광통신 케이블을 통해 초당 45권 분량을 전송할 수 있게 되었다.[182] 물론 지금은 물리적인 선도 필요 없이 모바일 통신망을 통해 영화 한 편을 다운로드 받는 데 0.8초가 걸리는 세상이 되었지만.

디지털화와 통신 용량의 획기적인 증가는 컨버전스라는 현상으로 연결되었고, 2007년에는 컴퓨터, 전화기, 오디오, 카메라 등이 한 군데에 모인 스마트폰이 세상에 등장하게 된다.

이러한 디지털 컨버전스는 역시 갑자기 시작된 것이 아니라 인터넷이 그 오래 전부터 시작되어 자리를 잡으면서 현실화가 되었다. 인터넷이 세상에 본격적으로 소개되어 돌아가기 시작한 것은 1991년 정도로 본다. 당연히 그 전부터 연구는 되어오고 있었다.

1990년대 디지털 혁명을 초고속정보통신망Information Superhighway이라고 불렀는데, 이 용어를 처음 제안하고 그에 걸맞는 법적인 환경을 주도적으로 마련한 사람은 클린턴 대통령 시절 부통령을 지냈던 앨 고어Al Gore였다는 것이 정설이다. 앨 고어는 이미 하원의원이던 1970년대부터 컴퓨터 및 정보통신의 중요성을 인식하고 그 후 상원의원이 되고 부통령이 되는 과정에서도 꾸준히 관련 법안과 규제 환경 조성에 리더십을 발휘했다. 초고속 통신이 경제 및 교육 시스템의 성장엔진 역할을 할 수 있다고 믿은 그는 기술의 임팩트에 대해 이해하고 과학, 학문, 경제 측면에서 필요한 지원책을 마련한 첫 번째 국회의원으로 알려진다.

앨 고어는 하원의원 시절부터 관련 청문회를 주도하여 다양한 관련자들과 교류했다. 인터넷의 전신인 ARPANETAdvanced Research Projects Agency Network도 1960년대에 시작되었지만 1980년대 들어 앨 고어가 군사적인 사용은 물론 국가적인 재난 상황에서 정부기관들이 효율적인 대처를 할 수 있도록 서로를 연결하는 컴퓨터와 통신기술이라는 비전 아래 확장하는 데 필요한 펀딩을 가능하게 만드는 법체계를 만들었다.[183] 1986년 6월에는 슈퍼컴퓨터 네트워크 연구 법안Supercomputer Network Study Act of 1986을 발안하였고, 1991년에는 상원의원으로서 고성능 컴퓨팅과 통신 법안High Performance Computing and Communication Act of 1991을 발의하였고 1991년 12월 9일 의회를 통과하여, National Research and Education Network라는 기관을 설립하고 관련 연구를 하는 데 6억 달러의 자원을 투입할 수 있게 만들었다.[184]

그 결과 1993년 소개되어 WWW 브라우저 세상을 본격적으로 열게 되는 모자이크Mosaic가 개발되는 근본이 되었다. 공저자 중 김언수가 막 일리노이대학에서 박사과정을 마치고 교수가 되었던 시기였는데, 일리노이 공대의 학생들이 모자이크 웹브라우저를 개발했다는 뉴스가 떠들썩했던 기억이 있다. 그 팀의 일원이었던 마크 앤드리센Marc Andreessen은 마이크로소프트의 인터넷 익스플로러에게 자리를 내주기 전까지 한때 전 세계를 호령했던 넷스케이프Netscape를 창업한다. 마크 앤드리센을 비롯한 많은 사람들이 만약에 민간이 주도했었다면 그런 성과를 올리지 못했을 것이라고 입을 모은다. 당시 대통령-부통령이었던 클린턴-고어 행정부는 1994년 10월 21일 첫 번째 백악관 공식 웹페이지를 열었다.

　이렇게 초고속정보통신망은 앞에서 논의한 미국 미디어산업의 컨버전스 흐름과 겹치면서 미국이 전 세계 정보통신과 지금의 플랫폼 사업들을 주도하는 계기가 된 것으로 볼 수 있다. 물론 1990년 정보, 통신, 미디어의 급속한 기술 발전과 통합 흐름을 법제도가 따라잡지 못하면서 문제도 있었지만, 정치권에서 먼저 세상의 흐름을 간파하고 주도하며 기술 및 산업 발전에 필요한 제도적 환경을 마련하려고 노력했다는 것은 배울 만한 점이라 하겠다.

6장
혁신기업들의 셀프 규제와 자기 검열(curation)

그렇다면 기업들은 기존의 틀을 벗어나는 혁신을 추구하기 위해 법과 법 사이에서 아슬아슬한 줄타기를 해야 할 것인가? 어느 정도는 모험을 해야 하는 경우가 많겠지만, 성공하는 과정에서 너무 많은 적들을 정치 사이드, 공공 사이드, 민간 사이드, 사용자 사이드 등에서 만들고 사후에 문제들을 수습하는 것은 바람직하지 않은 접근방법이다.

수많은 개인과 투자자들의 희생을 거쳐 애써 만들어 정착시켜놓은 사업이 한순간에 무너질 수 있기 때문이다. 앞에서 클리닝 서비스 플랫폼 홈조이가 정규직-계약직의 문제로 하루아침에 문을 닫았던 예를 언급했었다. 거기서 그치지 않고 더 심각한 법적인 문제에 봉착할 수도 있다. 중국의 P2P 소액 대출 플랫폼으로 시작하여 10조 원 정도까지 성장했던 이주바오Ezubao는 너무 과도한 이자율을 보장하면서 결국 폰지사기 비슷하게 변형되어 창업자가 종신형을 받는 일도 있었다. 개인과 개인 사이를 연결만 해줄 뿐 자신들은 은행이 아니라고 항변했지만 소용이 없었다.

기업의 사회적 책임을 굳이 언급하지 않더라도, 현대의 기업은, 특히 엄청난 파워를 보유하게 되는 플랫폼의 지속적인 성공을 위해서 가장 중요한 요소는 '신뢰trust'다. 플랫폼 비즈니스 대부분은 사용자와 관련 플레이어들이 서로를 실제로 만나지 않고 돌아가는 경우가 많기 때문이다. 신뢰를 쌓고 지키기 위해서는 혁신 기업들은 어느 정도의 선제적인 자기 검열과 자기 규제를 할 필요가 있을 것이다. 물론 그에 따른 투자도 필요하고 그 투자는 적지 않다는 것도 기억해야 한다. 예를 들어, 평가 시스템, 사용자 후기, AI 등 기술적인 방법으로 부적절한 플랫폼 참가자와 콘텐츠를 어느 정도 걸러낼 수 있고 그 수준도 점점 발전하고 있기는 하지만, 인력이 동원되어야 하는 부분을 완전 대체할 수 없다. 자기 '검열'이라는 단어가 말하듯이, 표현의 자유 등 개인의 자유를 제한한다는 비판에 직면할 수도 있다. 어떤 사람들은 애초에 다른 사람들은 원치 않는 제품(예를 들어, 중국에 진출했던 이베이가 명품 짝퉁이나 모조품을 걸러내자 거의 40%에 달하는 사용자들이 빠져나갔다고 한다)을 원하기도 하고, 결국 사용자의 숫자가 줄어들면 네트워크 효과의 약화를 가져올 수도 있다.[185]

아이튠스에서는 포르노가 금지되어 있고, 알리바바에서는 장기 매매 금지, 업워크에서는 아동 노동이 금지되고 있다. 전세계적으로 3,500억달러 이상으로 추정되는 모조품 시장 규모는 불법 마약 시장(3,210억달러)보다 더 크다고 한다.[186] 플랫폼은 태생적으로 개방되어 있어서 온갖 정보와 자료가 오가게 된다. 당연히 불법, 비도덕, 비윤리적인 컨텐츠와 혐오감을 일으키는 활동을 최소화하기 위해 통제를 가해야 한다.

셀프 규제와 자기검열은 플랫폼 기업들에게 일단 사업적으로도 중요하다. 네크워크 효과가 중요한만큼 부정적인 네트워크 효과도 발생하기 때문이다. 예를 들어, 에어비앤비에서 발생하는 사고나 우버에서 가끔 발생하는 사고들은 문제 있는 대여자나 사용자, 기사와 승객 참여자들을 걸러내지 못하는 것이 그 원인이다. 그런 사고가 빈번해지면 공급자와 수요자 어느 쪽에서든 참여자가 빠져나갈 수 있다. 플랫폼 참여자가 떠나기 시작하면 부정적인 의미에서의 네트워크 효과가 발생하면서 건잡을 수 없이 플랫폼이 텅 비게 될 수 있다.

전통적인 사업과 기업들은 품질을 보장하고 통제하는 메커니즘들을 모두 내부에 가지고 있었다. 출판사들은 편집자, 관리자, 감독자 등을 통해 출판물의 품질을 통제하고, 백과사전과 같은 자료들도 위키피디아가 등장하기 전까지는 많은 비용을 들이면서 학자, 작가, 편집자들로 구성된 내부 통제 체계를 가지고 있었다. 위키피디아와 같은 플랫폼이 만약 정확하지 않거나 윤리, 도덕적인 기준에 반하는 컨텐츠를 양산하기 시작한다면 당연히 사람들은 떠날 것이다. 그러나, 위키피디아는 외부 필자들의 커뮤니티 피드백을 이용하여 컨텐츠의 양적인 범위 뿐 아니라 질적인 측면에서도 기존의 백과사전들을 넘어 설 수 있었다.

소셜 데이팅 플랫폼 오케이큐피드를 생각해 보자. 이 플랫폼이 성공적으로 운영된다는 것은 사용자가 많아지면서 남성, 여성들이 모이게 된다는 뜻이다(성인지 감수성을 중시하는 요즘 세태에서 문제가 될 수도 있지만 다음 내용은 어디까지나 오케이큐피드 CEO 크리스천 러더의 설명이다). 사용자가 많아지면 자연스럽게 플랫폼 상의 남성들이 가장 매력적인 여성에게 몰린다고 한다. 그런데, 어느 정도까지는 괜찮겠지만 이런 남성들의 활동이 늘어나면 문제가 생기기 시작한다. 가장 괜찮아 보이는 여성에게 접근하는 남성들 가운데 많은 수는 매력도가 떨어지는 사람들일 것이기 때문이다. 이렇게 되면 많은 남성들의 관심대상이 되는 매력적인 여성들은 전혀 걸러지지 않은 남성들의 관심 때문에 불만을 느끼고 사이트를 떠날 수 있다. 동시에 자기가 선택한 여성이 반응을 보이지 않게 되면 남성 쪽에서도 불만이 높아지게 된다. 남성 중에서도 매력도 높은 남성들이 있을텐데 이제는 그들도 불만을 느낄 것이다. 그들이 호감을 가지는 여성들이 플랫폼을 떠났기 때문이다. 이렇게 되면 악순환의 속도가 빨라지면서 그 플랫폼은 텅 비게 될 것이다.[187]

건전한 사용자를 걸러내는 것은 또한 다른 사업적인 시사점도 가진다. 사용자가 많다고 무조건 좋은 것이 아니라 수익성을 악화시키는 사용자도 섞여 있을 수 있기 때문이다. 전략적 자원배분의 기초가 되는 파레토의 20 대 80 법칙이 매출revenue이 아닌 수익성에 초점을 맞추면 20 대 200으로 바뀐다고 한다. 즉, 전체 고객의 20%가 이윤(profit=revenue-cost)의 약 200%를 차지한다는 것이다. 그리고 나머지 80%의 고객은 수익성을 오히려 악화시키는 사람들이다. 스웨덴의 산업용 난방기술 회사인 칸탈Kanthal의 분석에 의하면 상위 5% 상위 고객이 이윤의 150%를 창출했다고 한다. 전체 고객 중 40%만이 수익성에 도움이 되었고 전체 이윤의 250%를 창출했다. 하위 10% 고객은 이윤의 약 120%에 달하는 손실을 끼쳤다고 한다. 미국의 싱크대, 수도꼭지 등을 제조하는 엘케이 플러밍Elkay Plumbing의 경우도 상위 1% 고객이 이윤의 100%를 차지했고 가장 수익률이 높은 20% 고객이 이윤의 175%를 창출했다고 한다.[188] 물론 여러가지 이유로 인해서 20%만 유지하고 나머지 80%를 반드시 버린다는 뜻은 아니지만, 고객도 모두 같은 고객이 아니라는 것은 알 수 있다. 따라서, 수익성 측면에서나 플랫폼의 네트워크 효과를 긍정적으로 유지하기 위해서나 플랫폼 스스로 참여자들을 알아서 규제하고 검열하는 것은 현명한 생각이다.

시장에서 문제가 생기기 전에 플랫폼이 스스로 미리 자기 규제를 해야 하는 이유는 또 하나 더 있다. 전통적인 사업에서도 단순히 주주가치를 넘어서 더 광범위한 이해관계자의 가치를 추구하는 추세가 자리를 잡아왔지만, 플랫폼 사업에서는 이해관계자가 훨씬 더 많고 그 관계가 훨씬 더 복잡한 것 같다. 디지털 기술을 통한 좁아지는 세상이라는 효과와 개방성이 더해지면서 개별 참여자가 회사의 사업에 영향을 미칠 수 있는 정도도 훨씬 직접적이고 광범위해지는 것 같다. 예전에 개별 소비자들이 비윤리적이거나 비도덕적인 회사들의 제품이나 서비스를 보이콧하는 것을 훨씬 넘어서는 영향력을 미칠 수 있는 것이 플랫폼인 것 같다. 다음 예를 생각해 보자.

커피 회사 큐리그 그린마운틴Keurig Green Mountain은 커피 메이커 '큐리그 1.0'으로 선풍적인 인기를 끌었다. 2015년 큐리그 2.0을 자신만만하게 내놓았지만 매출이 12% 하락했다. 문제의 뿌리는 2012년으로 거슬러 올라간다. 큐리그의 캡슐 커피 디자인이 그 해 만료되었다. 당연히 많은 다른 커피 메이커 제조회사들이 큐리그의 커피머신과 호환이 가능한 캡슐을 내놓으면서 가격이 떨어지기 시작했다. 새로운 경쟁은 큐리그의 시장점유율은 잠식했지만 그만큼 시장 크기를 더 키웠다. 여기서 큐리그는 실수를 한다. 큐리그 2.0 기계에 자사의 제품이 아닌 캡슐의 사용을 막는 스캐닝 기기를 넣은 것이다. 소비자들은 분노했고 큐리그를 쇼핑 사이트에서 비난했을 뿐 아니라, 공식 인증을 받지 않은 커피캡슐을 사용하기 위해 어떻게 큐리그 시스템을 해킹할 수 있는지를 알려 주는 유튜브 영상을 수천명이 시청했다. 큐리그는 고객들에게 더 많은 가치를 줄 수 있는 공급자들을 배제하고 다양성을 없애고 선택의 자유를 줄여서 통제력을 유지하려고 했지만 결국 큐리그 사용자들도 등을 돌리게 만들고 회사도 손해를 보는 결과를 만들었다.[189]

7장

혁신과 변화를 위한 조직 디자인

이 책의 마지막 주제다. 단품 제품이나 서비스만을 공급하는 데서 점점 솔루션 제공, 더 나아가 플랫폼으로 이전하는 트렌드가 눈에 띈다. 기존 전통적인 산업에서도 점점 솔루션을 제공하는 전략과 역량의 중요성, 그에 맞는 조직 디자인의 중요성을 강조해왔다.

　기존의 물리적인 자산을 강점으로 제품을 만들고 팔던 회사들이 생태계 구축을 통한 플랫폼 회사로 움직이기 위해서는 그야말로 '변신transformation' 수준의 변화를 겪어야 한다. 완전히 새로운 역량과 그것을 실행할 새로운 조직 구조를 갖춰야 하기 때문이다.

　오래 전부터 우리는 사일로silo라는 말을 많이 듣고 쓰고 있다. 각 사업단위나 기능부서들이 자기가 맡은 일에만 신경을 쓰고 더 큰 목표 달성을 위해 다른 사업단위나 부서들과는 협력하지 않는다는 것이다. 전략을 실행하고 성과를 창출하기 위해서 필요한 정보와 역량을 모두 스스로 알 수도 없고 가지고 있을 수도 없는 상황에서 조직 내부에서 다른 부서와 다른 조직 단위의 협조를 이끌어내야 하는데 사일로들은 걸림돌이 된다. 페이스북에서도 2004년 창업 이후 조직이 팽창하면서 사일로 효과가 발생했다고 하는데, 직원 수가 150명을 넘으면서부터 사람들이 자신이 맡은 업무에만 매몰되기 시작했다고 한다.

3부에서 현장 개선과 혁신을 구분하며 논의했듯이, 획기적인 혁신이나 우수한 성과를 어떤 한 부서가 혼자서 달성하는 경우는 거의 없다. 즉 나 혼자서 애쓰는 현장 개선으로는 두 자릿수 이상의 혁신을 일으키기 힘들며, 그러한 혁신을 일으키기 위해서는 기능을 가로지르는 협업이 필요하다고 했다. 탁월한 성과 창출을 위해서는 큰 그림에서 접근하면서 조직 내 다른 부서단위 및 사람들과 손발을 맞출 수 있는 안목과 역량이 필요하다.

그렇다면 큰 회사가 마치 작은 회사들처럼 '작고 유연하되 따로 놀거나 혼란스럽지 않은' 상태로 필요하면 서로 손발을 맞추면서 혁신이 진행되는 만큼 빨리 실행하는 조직으로 뭉쳤다 헤쳤다 하는 것은 가능할까? 앞서 4부와 6부에서 잠깐 언급되었던 하이얼의 마이크로 엔터프라이즈에 대해 좀 더 알아보자. 하이얼은 최근 매출이 350억 달러 정도 되고 전 세계에 7만 5,000명의 직원을 두고 있는데, 중국 외부에 2만 7,000명이 근무하고 있다. 대부분 2016년 GE어플라이언스GE Appliance를 인수할 때 들어온 사람들이다. 지난 10년간 핵심사업인 가전 사업은 연평균 23% 성장을 해오고 있다고 한다. '고객의 가치와 직원의 가치가 하나로 합쳐지는 것'이라는 의미의 런단허이(人單合一) 혁신을 기치로 'zero distance' 정책, 즉 '모든 직원이 고객에게 직접 책임을 진다'는 고객가치 창출을 최고의 가치로 추구하고 있다고 한다.

하이얼은 회사를 4,000개 이상의 마이크로엔터프라이즈ME로 쪼갰다고 한다. 각각의 ME는 10~15명으로 구성된다. 이 중에 200개 정도의 시장에 직접 접촉하면서 사업을 하고 매출을 일으키는 ME(market-facing ME, 사업 ME 라고 할 수 있다)들이 있는데, 이들은 단순한 제품이나 서비스를 파는 것에서 탈피해서 비즈니스 생태계ecosystem로 전환하도록 유도를 한다.

이렇게 사업을 하는 ME들 외에 신사업을 일으키는 임무를 가진 '인큐베이팅 ME'가 50여 개 있고, 3,800개에 달하는 대부분의 ME들은 사업을 하는 ME들에게 디자인, 제조, 부품, HR 서비스 등을 제공하는 '노드node ME' 들이다. 네트워크를 구성하는 점들이라는 의미인 것 같다. 일종의 기능부서 들인 셈이다.

연구전문 유닛들은 제품별로 시장 성장성 등을 조사해서, 제로 베이스에서 아주 높은 목표를 설정한다. 사업 ME들은 산업 평균보다 4~10배 높은 성장 목표를 설정하는데, 뒤처지고 있는 제품 카테고리에서 가장 높은 목표를 설정한다. 점유율을 높일 여지가 많다는 이유로. 리딩하고 있는 곳은 좀 덜 공격적이지만, 그러나 여전히 시장 평균보다는 몇 배 높은 목표를 설정한다. 노드 ME들은 맡은 기능과 관련된 목표를 설정하는데, 예를 들어 제조를 담당한 노드는 외부 회사와 비교하여 얼마나 비용을 절감시켜주는지, 배달시간을 얼마나 줄여주는지, 품질을 개선하게 해주는지 등의 기준으로 목표를 설정한다.

하이얼에서 노드node들은 평균적으로 10~12개 정도의 다른 ME들과 협업을 하는데 노드 ME들로부터 서비스를 반드시 살 필요는 없고, 필요하다면 회사 외부자와도 계약을 맺을 수 있는 옵션을 갖는다. 이러한 내부 ME 간 협상에 고위 임원들은 전혀 관여하지 않는다.

사업 ME는 매년 성과 목표를 기준으로 "이 목표를 달성하려면 어떤 디자인, 기술, 제조, 또는 마케팅 서포트가 필요할까"를 스스로 질문한 뒤 대상 노드 ME들과 협상 및 비딩에 들어간다. 이런 경우 시간이 많이 걸리고 번거롭게 될 가능성이 있기는 하지만, 이런 문제를 방지하기 위해 사전에 마진을 나누거나 최소 요구되는 성과 기준이 만들어져 있어서 협상 과정에서의 마찰을 최소화한다. 이렇게 합의한 협업 조건은 1년 동안 상황의 변화를 반영해서 계속 수정해나갈 수 있다. 경쟁력 있는 수준의 서비스를 제공하지 못하는 ME는 회사가 도산하듯이 퇴출되는 것이다.

특정 노드의 매출 대부분은 고객 노드의 성과 여부에 의해 결정된다. 고객 노드가 목표 성과를 달성하지 못하면 협업을 하는 노드들이 고스란히 타격을 받는다. 그리고 모든 직원의 보수도 고객 노드의 사업 성과에 연동시킨다. 그러다 보니 모든 노드와 모든 구성원들이 시장에서의 성과에 관심을 가지고 노력하게 된다.

이러한 성과 배분 및 연동 시스템의 결과로 몇 가지 바람직한 결과를 얻을 수 있다. 첫째, 적당히 하면 살아남을 수 없게 된다. 높은 수준의 서비스를 제공하지 못하는 노드는 내부 고객을 잃게 되기 때문이다. 둘째, 조직 내 모든 사람들이 우수한 고객경험을 창출한다는 궁극적인 목표를 향해 힘을 합치게 된다. 어떤 사용자 ME가 타깃 목표를 달성하지 못할 것 같이 보이기 시작하면 모든 공급자 노드들이 모여서 어떻게든 문제를 풀기 위해 노력할 것이다. 마지막 셋째, 유연성도 상당히 높일 수 있다. 사업을 영위하는

ME들은 새로운 기회가 생기는 대로 서비스 공급자들을 자유롭게 재배열할 수 있게 해놓았기 때문이다.[190]

이런 조직들은 일명 밸크로 조직(Velcro organization: 우리는 찍찍이 조직이라고 부른다)이라고 불리는데, 내외부에서 계속 변하는 기회를 잡기 위해 여러 조각으로 나뉘었다가 새로운 방식으로 재조립될 수 있는 능력을 가진 회사를 말한다.[191] 이전에 없던 새로운 것은 아니고, 조직 디자인에 관심이 있던 사람들은 오래 전부터 외부에서 또는 내부의 혁신으로 인하여 주어지는 기회와 위협들에 대응하여 필요한 사람들을 신속하게 한데 모아서 일하게 하는 능력인 횡적 역량Lateral capability이 점점 더 중요하게 된다는 것을 알고 있었다. 많은 조직들은 비공식적인 네트워크를 활용해 일시적으로 기능과 사업을 넘나드는 통합 문제를 해결하기도 해왔고, 공식적인 자리를 만들어서 해결하기도 했다. 제품관리자product manager나 거래처 영업관리자account manager가 그 예다. 더 나아가서는 조직의 전체나 일부를 횡적으로 엮는 매트릭스 조직도 활용되었다.

이러한 능력이 있다면, 각종 프로세스와 부서와 사업을 관통하는 횡적인 연결을 필요에 따라 새로 만들거나 변형할 수 있어서 환경 변화에 대응할 수 있고, 더 나아가서 전략적 방향에 어떤 변화를 일으켜야 할지를 미리 예측하고 디자인을 바꿀 수도 있다.

횡적 역량은 그림을 그린다고(예를 들어 매트릭스 조직 구조를 도입) 그냥 생기는 것이 아니라, 조직 아랫단에서부터 꾸준히 축적이 되어야 한다. 팀을 효과적으로 운영하려면 이미 비공식적인 네트워크들이 원활하게 돌아가고 있어야 한다. 팀을 운영해본 사람과 경험이 많을수록 여러 기능조직을 통합해서 성과를 내는 어카운트 매니저 같은 통합자 역할integrative roles을 할 수 있는 사람들이 조직 내에 준비되게 된다.

리더는 지속적으로 변화 상황을 평가하고 미래의 모습과 나아갈 방향을 정하고 커뮤니케이션해야 한다. 그러고는 가끔 한 번에 확 변하는 것이 아니라 매일 조금씩 그쪽으로 변화시켜가야 한다. 즉 갑자기 조직을 확 바꿔서 마치 갑자기 울컥하고 출발하는 차에 타고 있는 사람들(직원)이 타박상을 입게 할 것이 아니라 초기 변화는 생각하는 목표 대비 80% 정도만 바꾸고 이상적인 모습을 향해 어떻게 조정해갈 것인가 하는 계획을 가지고 있는 것이 좋다.[192]

핵심 요약

- 평가하고 선택하고 구매하고 사용하고 처분하는 수요 사이드의 고객 가치사슬은 해체되는 경향을 보인다. 고객 가치사슬의 해체는 일부만을 공략하는 수많은 사업기회를 만들고 있다.

- 공급 사이드 가치사슬은 단품과 단순 서비스에서 솔루션으로 통합되며 (개별 회사가 모든 것을 수행하기보다는 협업을 통하여) 플랫폼들이 등장하면서 기존의 단순한 제품과 서비스를 제공하던 기업들을 무너뜨리고 있다.

- 고객 사이드와 공급 사이드의 변화는 디지털 기술의 발달과 함께 새로운 플랫폼의 등장을 가속화 시킨다. 플랫폼들은 이전에는 볼 수 없던 네트워크 효과와 함께 승자독식의 구도를 형성하며 경제와 사회 전반에 방대한 영향을 미치는 플레이어로 자리잡고 있다. 그만큼 부작용도 발생하며 그에 걸맞는 사회적 책임을 요구 받는다.

- 성공적인 플랫폼의 등장은 곧 독과점 등 규제들과 부딪히게 된다. 정부와 공무원들은 혁신의 걸림돌이 될 것인가, 혁신을 위한 길을 미리 닦아주는 역할을 할 것인가를 결정하고 공부하고 준비해야 한다.

- 혁신기업들은 경제 장악력과 영향력이 커지는 만큼 스스로 셀프 규제와 자기 검열을 통해 문제를 사전에 막을 수 있도록 노력해야 한다. 외부자들과 연결되고 의존하는 플랫폼들이지만 내부 자원이 아니라

고 책임이 없다고 주장할 수 없는 세상이 만들어지고 있다.

- 혁신과 변화가 가속화하면서 모든 조직은 혁신에 상시 대응할 수 있는 조직을 갖추고자 노력한다. 조직을 수많은 작은 조각으로 나누고 필요에 따라 유연성 있게 붙이고 때며 조직을 바꿀 수 있는 일명 찍찍이 조직 또는 벨크로 조직이 대세로 자리잡을 가능성이 있다.

마치면서

지금까지 혁신의 본질, 혁신의 유형, 각종 혁신의 사례들, 다양한 혁신을 일으키기 위한 약간의 방법론들, 향후의 혁신 방향 및 그와 관련된 정부와 정책의 역할까지를 논의해보았다.

VUCA(Volatile, Uncertain, Complex, Ambiguous: 변동적이고 복잡하며 불확실하고 모호한) 시대로 대변되는 작금의 경영 환경은 해오던 것을 넘어서는 혁신을 요구한다. 이 책을 통해 우리 회사 혁신의 현주소와 앞으로 가야 할 방향에 대해 진솔하게 의견을 나누어보면서 앞으로 함께 만들어야 할 미래의 우리 회사와 그 안에서 내가 해야 할 일들을 생각해보는 기회가 되기를 기대한다.

이스라엘 군대의 전통은 '전통이 없는 것'이라고 한다. 과거에 잘 통했다는 이유로 특정 아이디어나 해법에 얽매여서는 안 된다는 생각이 확고하게 자리 잡고 있다. 이스라엘 사회에서는 잘못을 저지른 뒤 그 실수에서 무엇을 배웠는지를 반드시 보여주어야 한다. 대신 변명은 안 통한다. 이스라엘 청년들의 창업 성공 확률이 높은 것은 아니다. 5퍼센트에 불과하다고 한다. 그러나 2006년 하버드대학의 연구에 의하면 한 번 실패한 창업자가 그 다음에 성공할 확률은 20퍼센트로 높아진다고 한다.[193]

다음은 이슬람 종족 중의 한 지파인 고대 수피족Sufi에서 전해 내려오는 이야기다.

어떤 사람이 산 위에 도사님을 찾아가서 물었다.

"지혜wisdom는 어디서 오는 것입니까?"
"바른 판단력good judgment에서 오는 것이지."

"바른 판단력은 어디서 오는 것입니까?"
"경험experience에서 오는 것이지."

"그럼, 경험은 어디서 오는 것입니까?"
"잘못된 판단bad judgment에서 오는 것이지."[194]

혁신에 대해서 얘기한다는 것은 의외로 어려운 일이다. 위의 수피족 이야기에서 지혜를 혁신으로 자리바꿈하면 혁신의 속성을 설명하는 글로 손색이 없을 것이다. 수많은 크고 작은 실수들을 하면서 경험과 판단력이 생기고 그 결과 지혜가 생기는데 그 지혜의 결과물이 혁신이라고 할 수 있겠다. 즉 혁신의 첫 출발은 바로 실패라는 점이다. 우리는 지혜를 원하지만 거기로 가기 위해 반드시 필요한 실수는 원치 않는다. 우리는 혁신을 원하지만 거기로 가기 위해 반드시 필요한 실패는 피하려고만 한다. 이것이 인간과 조직의 속성이고, 그래서 혁신이 어려운 것이다. 어떻게 거의 의도적으로 실패를 하고, 거기서 배우고, 계속 발전해나가게 하는 환경을 마련할 것인가. 이것이 혁신의 열쇠인 것 같다.

"운칠기삼(運七技三)". 성공의 70%는 운이고 30%는 기술(능력, 실력)이다. 아주 흔히 듣는 말이다. 상무부터 시작하는 우리나라 대기업 임원들의 평균적인 재임 기간은 경험칙상 대략 6~7년 정도 되는 것 같다. 처음으로 임원이 될 때는 나 이전의 전임자가 무엇을 뿌려놓았느냐에 따라 나의 성과가 결정되는 경우가 대부분이다. 거기까지는 운이다. 그러나 그 다음부터는 기술이다. 1년 차 임원이 사업 성과에 영향을 미칠 수 있는 정도는 30%가 안 될 수도 있다. 2년 차, 3년 차로 가면서 내가 사업 성과에 영향을 미칠 수 있는 임팩트가 점점 커진다.

따라서 초반에는 일단 살아남기 위한 성과를 올려야 하고 차츰 시간이 지나면서는 나름대로의 높은 뜻을 펼칠 수 있는 혁신을 추진하는 것이 현실적이다. 즉 연차에 따라 다른 혁신 타깃(아무래도 초반일수록 Type I 혁신일 가능성이 높다)들을 정하고, 나 자신을 위해서 그리고 회사를 위해서 이것 한 가지는 반드시 이루고 말겠다는 'One thing'을 선택해서 공략해가는 것이 좋겠다. 그리고 그 다음, 그 다음에 공략할 혁신 아이디어들을 미리 라인업시켜 놓는다. 워크숍 프로그램도 개인별로 이러한 혁신 로드맵을 만들어보는 것을 주 목적으로 디자인하면 된다(실제 워크숍에서는 의외로 처음부터 Type 3혁신을 과감하게 추진해보겠다는 임원들도 있기는 했다).

임원이 되면 업무 파악하는 데만 시간이 많이 걸려서 혁신, 전략, 그것을 실행할 조직 갖추기 등을 하기에는 시간이 너무 부족하다는 말을 많이 한다. 그러면서, 시간을 줄여서 아주 빠른 시간에 그 모든 것을 다 해결할 수 있는 방법이 있느냐는 질문을 자주 받는다. 단순하게 답을 말하면, "그런 방법은 없다!" 그럼 어떻게 해야 하는가? 컨설턴트이자 사상가인 오마에 겐이치가 일부 답을 준다고 생각하고 그의 말을 소개한다.

누가 시키지 않아도 '회사를 구할 방책'을 생각하고 자신을 단련한다. 그리고 차례가 오기를 기다리면 된다.[195]

즉 내가 혁신을 맡아서 리드하고 관리해야 하는 자리를 맡고 나서 시작하지 말고, 미리미리 혁신에 대해서 생각해보고 사람들과 얘기하고 아이디어를 정리하고 실행을 위한 기반을 비공식적으로라도 구축하기 시작하라. 이 책을 통해 많은 사람들이 자신에게 돌아올 차례를 미리 준비하고 실제로 성과를 내는 계기가 마련되기를 희망한다.

저자 후기 1

35년간 한 기업체에 근무하면서 해외 영업부터 전략기획, M&A, 신사업 개발, 사업경영까지 여러 가지 경험을 통해 이노베이션의 중요성과 가치를 많이 체험하였다. LG 인화원(그룹교육센터)에 간 후 이노베이션을 잘할 수 있는 리더의 양성이 가장 중요하다고 생각하여 이와 관련된 프로그램을 대폭 강화하려 하였다. 그런데 재미있는 것은 그렇게 이노베이션이 중요하다고 하면서 이를 체계적으로 정리해놓은 자료가 없었다. 그때그때 좋다는 것을 열심히 새로 도입하여 소개하였지만 이전에 받아들여 그룹 내에서 진행했거나 진행 중인 여러 이노베이션 노력들은 제대로 정리가 되어 있지 않았다. 이런 점은 좋았는데 이런 점은 이렇게 개선 해보자든지, 각종 이노베이션 기법들이 어떤 배경에서 어떤 철학에 의해 만들어졌고 어떤 상황에서는 효과가 있는데 다른 상황에서는 효과가 제한적이라든지, 경영자는 어떤 역할을 하고 무엇을 유념해야 하는지에 대한 기본적인 내용이 정리되어 있지 않았다. 각 과목에서 강의를 초빙한 교수분들이 자기 나름대로의 생각을 각자 얘기하면 그뿐인 형편이었다.

그래서 김언수 교수와 김봉선 박사에게 기업에서 활용할 수 있는 이노베이션 방법들을 체계적으로 정리해달라고 요청했다. 그것이 지난 1년여의 작업을 거쳐 책으로까지 나오게 되어 매우 기쁘게 생각한다. 이제 한국에도 이노베이션에 대한 기본을 체계적으로 정리한 책이 필요하다고 생각하여 사내용으로 활용할 예정이었지 책으로까지 나오게 될 줄은 기대하지 않았다. 저작 과정에서 몇 번에 걸친 논의가 있었던 바 아예 공저자로 참여하는 게 어떻겠느냐는 제안을 받았다. 처음에는 사양하다 현장 경험이 도움이 되기를 바라는 마음에 수용하였다. 두 분의 많은 연구와 노력에 비해 너무 쉽게 공저자로 편승하는 것 같기도 하지만 이노베이션은 나로서도 기업 현장에서 항상 염두에 두었던 분야라 용기를 내었다.

아무래도 대기업의 관점에서 시작한 프로젝트이기는 하지만, 이 책에서 제안하는 혁신의 유형과 사례, 생각의 틀은 창업 초기 회사나 소규모 회사 그리고 영리, 비영리 조직 모두에 활용될 수 있다고 생각한다. 기업계의 많은 젊은 리더들에게 큰 도움이 되길 바란다.

공저자 조준호

저자 후기 2

리멤버 2018!

2018년 초가을부터 시작된 책 쓰기 프로젝트는 그해 크리스마스에 완료되었다. 지금도 크리스마스 이브에 카페에서 정신줄을 붙잡으며 마지막까지 함께 애쓰던 모습이 생생하게 떠오른다. 출판을 앞둔 지금은 그 과정이 아주 차갑지만 달게 느껴진다.

혁신이라는 것을 글로 쓰면서 정리해보고자 하는 순간 이 문장이 떠올랐다.

들판은 그것이 언어로 묘사될 때 실제보다 더욱 녹색을 띤다. 꽃을 문장으로 표현할 때 그 문장은 상상의 영역에서 꽃을 정의하는 것이며, 이때 꽃의 색채는 원래 식물 세포가 결코 이룰 수 없는 항구성이라는 특징으로 치장된다(페르난두 페소아, 2014, 《불안의 서》, p. 64).

기업들이 이루어낸 혁신을 묘사한다는 것이 상상 속 그 무엇을 나타낼 수도 있고 현실과는 다른 부분이 분명 존재할 수도 있다는 점은 인정하지 않을 수 없지만 이것을 시도하려는 노력은 헛되지 않을 것이라고 믿으며 책 쓰기 프로젝트는 시작되었다.

그 당시로 돌아가 이 책을 기획한 과정을 따라가보자.

궁금했다. 기업들이 지금까지 성장해올 수 있었던 원동력에 대해서. 그 안에는 끊임없는 혁신의 역사가 있을 것이다. 그렇다면, 여러분의 기업은 어떤 혁신의 역사를 가지고 있을지 궁금하지 않은가? 나의 선임자들이 그리고 내가 밤잠을 설쳐가며 해온 일들이 어떤 결과물로 자리매김을 하고 있는지 궁금하지 않은가? 즉, 나는 또는 우리는 어디에 시간과 노력을 집중해온 것인지 알고 싶지 않은가?

이러한 의문에 답을 찾으려는 노력은 또 다른 의문을 낳았다. 그러한 혁신의 결과물들을 의미 있는 방식으로 분류할 수 있을까? 의미 있는 분류 방식을 찾기 위해 기존의 혁신 관련 다양한 책과 논문 등을 종합하여 분석해보았다. 김언수 교수님과 박사과정 후배들(조재영, 장용진)과 열띤 논의를 하였다. 나아가 그 당시 LG 인화원 조준호 원장님과 수차례 회의를 하면서 그분의 인사이트가 빛을 발하면서 2×2 매트릭스를 제안하게 되었다.

이 분류 방식을 이용하여 여러분 기업의 혁신들을 분류해보라. 분류의 결과로 나온 혁신 분류표를 가지고 생각해보자. 이대로 좋을지, 만약 더 나아가고자 한다면 어디로 어떻게 가야 할지를 숙고해보자. Why와 How to에 대해서 고민한다면 이 책에서 제안하는 자세한 팁tip들과 사례들을 살펴보기 바란다. 물론 그러한 팁들을 일반화하여 모두 적용하는 데는 한계가 있을 것이다. 그 내용을 여러분 기업에 활용해보는 것은 여러분의 판단과 실행에 달려 있다. 이 책이 기업 내 임직원 모두가 혁신의 역사를 한 걸음 뒤로 물러나서 보게 되는 기회가 되기를 바라고, 미래에 지향하고자 하는 방향을 제시하는 데 더 나은 소통의 도구로 활용되기를 기대한다.

집필 당시에는 고려대학교 경영대학에서 연구교수로 재직하고 있었다. 연구 분야는 혁신과 관련된 기업의 R&D 전략(특히 특허전략)이었고, 학부와 MBA 경영전략을 가르쳤다. 따라서, 이 책의 토대가 된 기본 자료와 지식들은 박사과정 때부터 연구해온 내용들과 기업 강의 및 컨설팅 자료 등이다. 지금은 학교에서 스타트업으로 자리를 옮겼다. 3D 바이오프린트와 인공피부를 제작하는 CLECELL이라는 회사와 초음파기술에 기반한 약물전달 시스템 drug delivery system을 개발하는 TBB Science에서 근무하고 있다. 최첨단 융합기술을 다루는 혁신의 중심에 와 있다. 약간의 혼돈이 존재하는 현실과 미래에 대한 기분 좋은 흥분이 공존하는 현장에서 이 책의 내용들을 상기시켜보고 있다. 충분히 경험하고 느끼는 바를 기회가 된다면 후속편으로 쓸 예정이다.

고마운 분들은 늘 항상 함께한다. 혁신에 대한 인사이트를 가지고 이를 전사 차원으로 확산하고자 하는 의지를 실천으로 옮겨주신 조준호 원장님께 깊은 감사를 드리고 싶다. 그리고 더 나은 콘텐츠를 만들기 위해 함께 고민하고 임직원 워크숍에서 전체 내용과 세부적인 부분까지 다방면으로 지원하고 따뜻하게 배려해주신 LG 인화원의 김종성 책임님, 양재범 책임님 그리고 송민환 상무님께 깊은 감사를 표하며 모두 건승하시기를 기원한다. 그리고 자료 검색과 정리 등 시간을 쪼개어 도와준 잊을 수 없는 고마운 박사후배들, 멀리 미국에 있는 보고 싶은 조재영과 공군 파일럿 장용진 소령님, 모두 목표하는 바를 꼭 이루길 바란다. 마지막으로 책 쓰기 프로젝트뿐만 아니라 다양한 활동에 함께 참여할 기회를 주신 김언수 교수님께 깊은 감사와 존경의 말씀을 전하고 싶다.

공저자 김봉선

저자 후기 3

나는 전략을 강의한다. 전략 중에서도 경영전략, 그중에서도 경쟁전략(현업에서 보통 사업전략이라고 하는), 전략의 실행과 군사전략 등에 관심이 있다. 전략을 공부하는 사람이 왜 혁신과 관련한 책을 쓰는가. 너무 당연한 것 같기도 하지만, 내가 생각하는 전략의 핵심은 '같은 것을 더 잘하는 것'으로 경쟁자보다 높은 성과를 내는 것이 아니라(그것은 오퍼레이션 영역이다) '같은 것을 다르게 하거나, 아예 다른 것을 하는 것'으로 성과를 내는 것이다.

 전략과 혁신은 뗄 수 없는 관계다. 경쟁에서 이기고, 또는 더욱 바람직하게 아예 경쟁자와 부딪히지 않고, 월등한 성과를 올리기 위해서는 남다른 생각, 혁신을 생각해야 하기 때문이다. 《블루오션 전략》에서도 주요 바탕 개념으로 가치혁신value innovation을 제안하고 있는 것을 봐도 알 수 있듯이, 그리고 마이클 포터 교수 역시 우수한 전략으로 독특한 가치 제안

value proposition과 맞춤형 가치사슬 활동의 통합을 제안했듯이, 혁신은 경쟁과 전략의 가장 핵심적인 요소라고 볼 수 있다. 인류 역사상의 전쟁을 정리한 책《전략》의 저자 리델 하트도 결론적으로 말했다. "같은 전략을 반복하지 말라." 즉, 이기기 위해서는, 성과를 내기 위해서는 항상 새로운 것을 시도해야 한다. 과거 5년 대비 30% 이상의 누적 성장률을 달성한 미국, 유럽, 인도 28개 기업들을 대상으로 8년의 기간 동안 성장의 비결을 네 가지 찾아냈다는 2019년 한 연구에 의하면 그중 하나가 '게임의 룰 바꾸기 changing the rules of the game'이다. 즉 혁신적인 접근방법이다. 나머지 세 가지도 모두 관점을 바꿔야 한다는 메시지를 주고 있다.[196]

모든 회사들은 현재 들어가 있는 경쟁 필드에서 당연히 혁신을 하려 한다. 제품이나 서비스 차원에서의 혁신이다. 그러나 우리가 말하는 Type 1 영역을 벗어나기 힘들다. 더 성장하고 더 높은 이윤을 내기 위해서는 Type 2, 3으로 점프해야 하고 그때야말로 더욱 혁신이 필요하다. 그래서 이 책의 구성도 혁신의 타깃을 기준으로 한다. 성과에 임팩트가 상대적으로 약한 곳(단품 제품, 서비스)에서부터 강한 곳(프로세스, 가치사슬, 비즈니스 모델, 생태계 또는 플랫폼)으로 구분했다.

지난 2018년 후반기에 LG 인화원으로부터 '혁신 101'이라는 책을 써보자는 제안을 받았다. 책 제목도 인화원에서 먼저 제안했다. 혁신의 정신에 걸맞게 인화원에서는 처음부터 결과물을 사내에서만 쓰지 않는다는 방향성을 제시했고, 저작권은 우리가 갖고 사용한다는 조건을 망설임 없이 받아들여 줬다. 그 시점에 이미 김봉선 박사와 함께 혁신 관련 논문을 여러 편 발간했고 또 쓰고 있었기에 촉박한 일정인 줄 알았지만 제안을 받아들였다. 김봉선 박사가 대학원생 2명(조재영, 장용진)을 지휘하면서 자료를 정리하고 기초적인 분석을 했고, 나는 그동안 혁신에 대해 생각하고 강의하고 모아놓았던 자료를 정리하면서 동시에 시작해서, 3달 만에 기초 원고를 완성했다. 아직도 기억난다. 2018년 크리스마스 날 원고를 인화원에 전달했다.

원고를 쓰는 동안 인화원과 여러 번의 회의를 거치면서 이 책의 근간이 되는 혁신의 유형 2×2 매트릭스를 다듬었다. 이 전략 유형 분류 매트릭스는 이 책의 가장 핵심적인 요소이고 그것을 만드는 데 조준호 원장님이 결정적인 영향을 미쳤다. 실전 경험을 바탕으로 정리해주신 내용들이 이 책에 포함되는 등 중요한 역할을 하셨기에 공저자로 초대를 했다. 혁신 유형 매트릭스를 만드는 구체적인 과정은 이 책의 제일 마지막 부분 부록에 들어가 있다.

원고가 완성된 후 그 내용을 기반으로 3일짜리 임원 워크숍을 디자인하였고 2019년 인화원에서 5차례에 걸쳐 실행이 되었다. '실패 없이 혁신 없다'는 혁신의 정신에 맞게 평소에 우리가 공부하고 생각하고 사용해왔던 각종 툴과 접근방법을 임원 워크숍에 적용해볼 수 있었다. 기회를 주시고 적극적으로 서포트해주신 인화원 김종성 책임, 양재범 책임, 송민환 상무 그리고 무엇보다 조준호 사장님께 깊은 감사를 드린다.

제자이지만 어느덧 훌륭한 동료로 성장한 김봉선 박사에게 감사를 표하고 싶다. 그리고 바쁜 와중에 원고를 꼼꼼이 읽고 교정 작업을 도와준 삼일회계법인 조영균 부대표, 정보통신정책연구원 김민식 박사, 대한민국 공군 장용진 소령에게도 감사의 마음을 전한다. 또한 초고를 보고 바로 흔쾌히 출판을 결정하고 책으로 완성하기 위해 많은 아이디어도 주신 진성북스의 박상진 대표님께도 감사를 전한다.

코로나 바이러스가 아직도 사그라들 기미가 보이지 않는 시점이다. 다시 예전으로 돌아가는 데 앞으로 얼마나 많은 시간이 걸릴지, 또는 아예 예전으로 돌아갈 수 없는 것은 아닌지도 불명확하다. 한 가지 분명한 것은, 이런 상황에서도 혁신을 통해 성공하는 기업들이 나오고 있다는 점이다. 화상회의 솔루션 기업 줌Zoom은 말할 것도 없고, 줌의 보안이 취약하다는 점을 파고드는 노르웨이 회사 펙십Pexip 역시 급부상하고 있다. 위기상황이야말로 다양한 혁신의 기회일 수 있다.

지난 수세기 동안 세계에서도 유래가 없는 경제발전을 견인해온 우리 기업의 저력에 자부심을 갖는 것은 사실이다. 그러나 지금까지의 성과만으로 현실에 안주하기에는 주변 환경이 만만치 않아 보인다. 세계 일등상품을 더 많이 앞세워서 선진국의 문턱을 강하게 뛰어넘는 데는 긴 전략적 안목과 빠른 혁신의 실행이 중요한 과제이다. 이 책이 기업을 성공으로 이끄는 혁신의 뿌리가 되기를 기대해본다.

공저자 김언수

부 록

부록1

우리 회사 내외부 혁신 환경 평가

조직의 혁신 환경 평가

혁신의 필요성 정도를 파악하기 위해서 환경을 진단해보자. 조직의 혁신 환경을 평가하는 방법은 다음의 각 항목에서 여러분이 속한 기업의 상황을 잘 나타내는 내용을 선택하면 된다. 왼쪽 열에 해당되면 5점을 추가하고, 오른쪽 열에 해당되면 5점을 차감하여 최종 점수를 계산한다.[197]

		더 큰 노력을 요하는 혁신 환경 (-5점)	중립 (0점)	요구되는 노력의 정도가 덜한 혁신 환경 (+5점)
외부 환경	산업 성숙도	범용화의 조짐을 보이는 고도 성숙 시장	성숙의 징조를 보이기 시작하는 시장	불분명한 비즈니스 모델을 가진 초기 시장
	경쟁의 변화 정도	빠르게 변하는 산업 또는 짧은 제품수명주기를 가진 산업 (예: 생명공학)	완만히 변하는 산업 (예: 자동차산업)	변화가 드물게 일어나며 느리게 변하는 산업 (예: 철강산업)
	자산 집적도	매우 높음. 혁신이 큰 규모의 자본 설비 요구 (예: 제약산업)	혁신이 상대적으로 적은 자본 설비로 가능 (예: 소비재)	낮음. 적은 투자 또는 투자 없이 혁신이 가능 (예: 미디어)
내부 환경	혁신 활동의 범위	사업단위, 기능, 지역 간의 밀접한 협력이 있어야만 혁신 가능	사업단위 내에서 기능 간의 협력만으로 혁신 가능	최소한의 협력으로 독립된 부서에서 혁신 가능
	혁신 문화	'운영 중안' 상태의 기업. 혁신이 방해로 여겨짐	혁신의 중요성이 인식되지만 모두의 책임은 아니라는 문화	기업가적 문화 혁신이 기업의 핵심으로 여겨짐
	인재의 폭	10퍼센트 미만의 주요 경영인들만이 꼭 필요한 파괴적 혁신 아이디어를 개발할 능력이 있음	10~30퍼센트의 주요 경영인들이 꼭 필요한 파괴적 혁신 아이디어를 개발할 능력이 있음	30퍼센트보다 많은 주요 경영인들이 꼭 필요한 파괴적 혁신 아이디어를 개발할 능력이 있음

앞에서 구한 최종 점수를 확인하고 아래 채점표에서 해당 구간을 찾아보자. 여러분 기업의 혁신 환경은 어느 구간에 속할까?

20~30 **혁신 노력이 매우 요구되는 환경**: 이 환경에서는 해당 혁신단위에 대한 더 많은 자원 할당, 혁신에 대한 구조화된 접근, 상급 관리자의 지도, 높은 수준의 전반적인 조직 자율성을 요구해야 할 가능성이 크다.

10~15 **보통의 혁신 노력이 요구되는 환경**: 이 상황에서는 기업 환경 요인 중 1~2개의 주요 사항에 집중해야 한다. 내부 도전을 극복하기 위해 상당히 직접적인 관리가 필요하며, 잠재적 위협을 효과적으로 관리하는 한편 신속한 혁신을 육성하기 위해 잘 조직된 구조와 프로세스가 필요하다.

-15~5 **혁신 노력이 적게 요구되는 환경**: 여기서는 고위 리더들의 제한적인 방향 설정과 최소한의 투자만으로 혁신에 집중할 수 있다. 시장 상황과 조직 내의 인력이 혁신에 더 유연하고 느리게 접근하는 것을 허용한다.

-30~-20 **자연스러운 혁신 환경**: 이 상태에서의 혁신은 핵심 문화 안에 내재하는 경향이 짙다. 따라서 혁신은 사업의 중심 흐름에 잘 부합할 수 있으며, 사업 일부분으로서 자연스럽게 일어날 수 있다. 이 상황에서는 지나친 구조화를 통해 과도하게 방향을 설정하거나 혁신을 경직시키지 않는 것이 중요하다.

우리 회사가 얼마나 혁신적인지 평가

우리 회사, 조직, 팀의 혁신 점수를 매겨보자.[198]

(1=매우 동의하지 않음, 2=별로 동의하지 않음, 3=동의도 동의하지 않지도 않음, 4=어느 정도 동의함, 5=매우 동의함)

사람

1. 우리 조직이나 팀은 새로운 프로세스, 제품, 서비스, 비즈니스를 개발하는 데 혁신적인 아이디어를 제안해 익히 알려진 공을 쌓은 리더가 많다.

2. 우리 조직이나 팀은 직원을 채용할 때 창의성과 혁신 기술을 적극 검증한다.

3. 우리 조직이나 팀은 직원의 창의성이나 혁신 기술을 평가하는 것이 업무 고과의 중요한 과정이다.

프로세스

4. 우리 조직이나 팀은 기발하거나 독특한 아이디어를 만들어내려고 종종 브레인스토밍을 하는데, 다른 제품이나 회사, 산업에서 비유를 이끌어낸다.

5. 우리 조직이나 팀은 팀원들이 현 상황이나 기존의 업무 방식에 대해 이의를 제기하는 질문을 하도록 격려한다.

6. 우리 조직이나 팀은 팀원들에게 종종 고객이나 경쟁자, 공급자의 활동을 관찰하도록 기회를 부여해 새로운 아이디어를 배양한다.

7. 우리 조직이나 팀은 새로운 프로세스나 제품을 찾기 위해 회사 밖에서 인적 네트워크를 형성할 수 있도록 공식적으로 프로세스를 제도화해왔다.

8. 우리 조직이나 팀은 혁신을 추구하여 새로운 아이디어에 대한 실험이나 시범 프로젝트를 수시로 행할 수 있는 프로세스를 채택했다.

철학

9. 우리 조직이나 팀은 모든 사람이 제품과 프로세스 등을 바꿀 만한 창의적 아이디어를 내기를 기대한다.

10. 우리 조직이나 팀은 최고경영진이 위험을 감수하는 것을 지지, 보상하기 때문에 사람들이 위험 감수로 실패하는 것을 두려워하지 않는다.

리더

11. 우리 리더들은 적극적으로 혁신을 수행하고 모든 직원이 이러한 활동을 보고 들어야 한다.

12. 우리 리더들은 모든 직원들에게 혁신적 아이디어를 낼 수 있도록 실제로 시간과 자원을 제공한다.

13. 우리 리더들은 혁신 활동을 개인 업무 고과에 구체적이고도 일관되게 반영한다.

14. 우리 리더들은 인력과 재원의 최소 25퍼센트를 플랫폼이나 한계 돌파 혁신 프로젝트에 배정한다.

15. 우리 리더들은 혁신과 창조성, 호기심을 조직의 핵심가치에 포함시키고 언행을 일치시킨다.

설문 결과 보기

15가지 질문 모두에 대한 점수를 더한다. 총점이 68 이상이면 당신의 회사나 팀의 혁신 DNA가 매우 높고, 총점이 60~68이면 높은 편, 53~60 사이이면 중간이고, 점수가 45 이하이면 낮은 수준임을 의미한다.

부록3

우리 회사의 협업개방성과 외부개방성 평가

혁신 기업 테스트

각 항목은 1~4점이다(총 64점). Type 1을 넘어서 Type 2와 Type 3 혁신을 이루려는 기업이라면 64점 만점에 42점(65% 수준)을 넘어야 한다.[199]

HR 및 자산 운영

1. 정규직원 운영과 필요에 따른 외주 비율이 어느 정도 되는가?

   ☐ 정규직만 운영한다. (1점)

   ☐ 대부분 정규직원이지만 기업 미션과 큰 관계가 없는 부문(IT, 이벤트, 운영 등)에서는 필요에 따라 일부 외주 업체를 이용한다. (2점)

   ☐ 기업 미션에 중요한 부문(운영, 생산, HR 등)에서도 필요에 따라 일부 외주 업체를 이용한다. (3점)

☐ 소규모 핵심 팀에만 정규직원을 쓰고, 나머지 부문에서는 필요에 따라 거의 외주 업체를 이용한다. (4점)

2. 각 기능 부서에 외부 자원을 어느 정도 활용하는가?

☐ 사업 대부분을 내부 직원이 처리한다. (1점)

☐ 행정 기능 및 지원 기능은 일부 아웃소싱한다(회계, 안내 데스크, 설비 등). (2점)

☐ 기업 미션에 중요한 기능도 일부 아웃소싱한다(애플이 폭스콘에 아웃소싱하는 것처럼). (3점)

☐ 기민성을 강조하기 때문에 회사의 미션 수행에 중요한 기능 부문들까지 아웃소싱하여 고정비가 아닌 변동비로 만든다. (4점)

3. 소유한 기업 자산과 임대한 기업 자산의 비율이 얼마나 되는가?

☐ 사소한 장비(복사기 등)를 제외하면 모든 자산을 소유한다. (1점)

☐ 핵심 장비 및 서비스 일부를 필요에 따라 빌려 쓴다(클라우드 컴퓨팅 등). (2점)

☐ 여러 기능 부문에서 그때그때 필요한 자산을 빌려 쓴다(사무실을 임차하거나 사는 대신, 해커 공간이나 공동 사무실을 이용, 제트기를 사는 대신 넷젯을 이용). (3점)

☐ 회사의 미션 수행에 중요한 부문에서도 필요에 따라 빌려 쓰는 자산을 이용한다(애플과 폭스콘처럼). (4점)

커뮤니티 & 클라우드

4. 커뮤니티(이용자, 고객, 협력사, 팬)와 어느 정도 소통하며 얼마큼 관리하는가?

☐ 커뮤니티에 아주 소극적으로 관여한다(몇몇 소셜 미디어를 이용). (1점)

☐ 커뮤니티를 활용하여 시장조사를 하고 의견을 청취한다. (2점)

☐ 봉사, 지원, 마케팅 등에 커뮤니티를 적극적으로 활용한다. (3점)

☐ 커뮤니티가 우리 회사에 큰 영향을 미친다(제품 아이디어, 제품 개발 등). (4점)

5. 커뮤니티에 어떤 식으로 참여하는가?

☐ 전형적인 고객 서비스(전통적 CRM) 외에는 참여하지 않는다. (1점)

☐ 우리 커뮤니티는 중앙 집중화되어 있고 일 대 다수 방식으로 소통이 이뤄진다(테드닷컴, 애플 등). (2점)

☐ 우리 커뮤니티는 분권화되어 있고 다수 대 다수 방식으로 소통하지만 단일하고 소극적인 목표를 갖고 있다(링크드인, 페이스북). (3점)

☐ 우리 커뮤니티는 분권화되어 있고 다수 대 다수 방식으로 소통하며, P2P 가치 창조를 주도한다(DIY드론즈, 기트허브GitHub, 위키피디아 등). (4점)

정보 & 소셜 네트워크 활용

6. 제품이나 서비스가 얼마나 정보화되어 있는가?

☐ 우리 회사의 제품이나 서비스는 본질적으로 물건이다(스타벅스, 리바이스, 기타 대부분의 전통적인 소매업 등). (1점)

☐ 우리 회사의 제품이나 서비스는 물건이지만 배송이나 제조는 정보

화 되어 있다(아마존). (2점)

- ☐ 우리 회사의 제품이나 서비스는 물건이지만 서비스는 정보화되어 있고 매출을 만들어낸다(아이폰, 앱스토어 등). (3점)
- ☐ 우리 회사의 제품이나 서비스는 완전히 정보화되어 있다(링크드인, 페이스북, 스포티파이, 넷플릭스 등). (4점)

7. 제품이나 서비스에서 소셜 기능과 협업이 얼마나 중심적인 요소인가?
- ☐ 우리 제품이나 서비스에는 소셜 또는 협업 측면이 들어 있지 않다 (잔디 깎는 기계를 살 때처럼). (1점)
- ☐ 기존 제품이나 서비스에 소셜 또는 협업 측면을 가미했다(페이스북 이나 트위터에 제품 페이지가 있다 등). (2점)
- ☐ 제품이나 서비스를 개선하거나 운송하는 데 소셜 또는 협업 기능 을 사용한다(99디자인즈, 인디고고, 태스크래빗 등). (3점)
- ☐ 소셜 또는 협업 부분이 우리 제품이나 서비스를 실제로 구성한다 (옐프, 웨이즈, 포스퀘어 등). (4점)

8. 전략적 데이터 자산을 회사 전 부문에 공유하거나 커뮤니티에 보여주는가?
- ☐ 심지어 부서 간에도 데이터를 공유하지 않는다. (1점)
- ☐ 부서 간에 공유하는 데이터가 있다(내부 대시보드나 액티비티 스트림, 위키 페이지를 사용한다 등). (2점)
- ☐ 핵심 공급자들에게는 일부 데이터를 보여준다(EDI 인터페이스나 응 용 프로그램 인터페이스를 통해서 등). (3점)

☐ 오픈소스 응용프로그램 인터페이스를 통해서 기업 외부 생태계에 일부 데이터를 보여준다(플리커, 구글, 트위터, 포드 등). (4점)

인터페이스 및 확장 가능한 프로세스

9. 조직 내부에 외부 요소의 결과를 관리하는 데 특화된 프로세스가 있는가(여기서 외부 요소란 주문형 직원, 커뮤니티 & 클라우드, 알고리즘, 임차 자산, 참여를 말한다)?

☐ 외부 요소를 활용하지 않거나, 외부 요소를 포착 또는 관리하기 위한 특별한 프로세스가 없다. (1점)

☐ 외부 요소 관리를 위한 전담 직원이 있다(예컨대 엑스프라이즈는 일회성 상금이 있고, TEDx 애플리케이션은 수동으로 관리된다). (2점)

☐ 한 가지 외부 요소를 위한 자동화된 과정이 있다(이랜스, 도너스추즈 DonorsChoose 등) (3점)

☐ 여러 외부 요소를 위한 자동화된 과정이 있다(인디고고, 기트허브, 우버, 캐글, 위키피디아 등). (4점)

10. 핵심 조직 외부에 있는 중요 프로세스가 얼마나 복제 및 확장 가능한가?

☐ 우리는 대부분이 수동인 전통적 프로세스를 갖고 있다(보통 표준 업무 절차에 의해 제한을 받는다). (1점)

☐ 일부 프로세스는 확장 및 반복 가능하지만 기업 내부에만 해당된다.(2점)

☐ 일부 프로세스는 조직 밖에서 진행된다(TEDx 행사, 엑스프라이즈, 프랜차이즈 구조 등). (3점)

□ 핵심 프로세스 대부분은 저절로 공급되고 확장 가능한 플랫폼을 통해 기업 외부에서 실행된다(에어비앤비, 에드센스 등). (4점)

11. OKR(Objective and Key Results(목표 및 핵심 결과)과 비슷한 것을 사용해서 개인이나 팀의 실적을 관리하는가?

□ 하지 않는다. 우리는 전통적인 분기별·연간 실적 평가나 360도 평가 또는 상대평가만 사용한다. (1점)

□ 우리는 기업 제일선 및 혁신 부문에 OKR을 시행한다. (2점)

□ 조직 전체에 OKR을 사용한다(링크드인 등). (3점)

□ 회사 전체에 완전히 투명하게 OKR을 사용한다(예컨대 구글은 모든 사람이 서로의 실적을 볼 수 있다). (4점)

실험 & 리스크

12. 어느 정도까지 실패를 용인하고 위험 감수를 장려하는가?

□ 실패라는 선택지는 없으며, 커리어에 해가 된다. (1점)

□ 실패와 위험 감수는 장려되지만 말만 그럴 뿐 관리되거나 수량화되지는 않는다. (2점)

□ 실패와 위험 감수는 허용되며 측정되지만, 스컹크웍스나 아주 한정된 범위에서만 그렇다(록히드의 스컹크웍스 등). (3점)

□ 조직 전체에 걸쳐 실패와 위험 감수는 당연한 것이고, 널리 일어나며, 측정되고, 심지어 축하받는다(아마존, 구글, P&G의 영웅적 실패상 등). (4점)

자율 & 분권화

13. 회사가 위계서열적 대규모 구조로 운영되는가, 아니면 작고 여러 기능이 합쳐진 자율적 팀으로 운영되는가?

    □ 크고 특화된 그룹들이 폐쇄적으로 일하는 전통적 위계서열 구조로 되어 있다. (1점)

    □ 제일선에는 여러 기능이 합쳐진 소규모 팀이 일부 있다. (2점)

    □ 조직 핵심부에도 여러 기능이 합쳐진 소규모 팀이 일부 용인되고 받아들여진다. (3점)

    □ 조직 전체가 주로 여러 기능이 합쳐진 소규모 자율적 팀의 네트워크로 운영된다(밸브 등). (4점)

14. 권한이나 의사결정이 얼마나 분권화되어 있는가?

    □ 전통적인 톱다운 방식의 명령과 통제를 사용한다. (1점)

    □ R&D, 혁신, 제품 등에서는 분권화된 의사결정이 일어난다. (2점)

    □ 마케팅, 세일즈 등 고객을 상대하는 부문에서는 모두 분권화된 의사결정이 일어난다(자포스 등). (3점)

    □ 핵심적 의사결정은 모두 분권화되어 있다(목적, 기업문화, 비전은 제외, 밸브 등). (4점)

소셜 네트워크 기술 & 소셜 비즈니스

15. 지식 공유, 소통, 조정, 협업 등에 고급 소셜 툴을 사용하는가(구글 드라이브, 아사나, 레드부스, 드롭박스, 야머, 채터, 에버노트 등)?

☐ 아니다. 우리 회사의 주된 소통 수단은 이메일이다. (1점)

☐ 소셜 툴을 사용하는 팀도 있지만 회사 전체는 아니다. (2점)

☐ 대부분의 사업 부문이 소셜 툴을 사용한다(종종 권한 없이 일부 외부 판매사나 협력사가 사용하기도 한다). (3점)

☐ 소셜 툴을 사용하는 것이 정책적으로 전사적인 의무사항이다. (4점)

16. 회사의 목적이나 미션의 본질 및 초점이 무엇인가?

☐ 우리 회사의 미션은 최고의 제품과 서비스를 전달하는 데 초점이 맞춰져 있다. (1점)

☐ 우리 회사의 미션은 제품과 서비스를 전달하는 것을 넘어 조직의 핵심 가치에 초점이 맞춰져 있다. (2점)

☐ 우리 회사의 미션은 최종 고객에 대한 서비스보다 범위가 넓다. 우리 회사의 미션은 판매자, 협력사, 공급자, 직원 등 전체 생태계에 긍정적인 변화를 가져오는 것을 목표로 한다. (3점)

☐ 우리 회사는 미션 선언문을 넘어 변화를 불러오는 목적을 갖고 있다. 우리 회사는 세상에 중요한 것을 전하고자 열망한다. (4점)

혁신 포트폴리오 구축을 위한 전략적 방향 설정

기업 등 모든 조직은 한정된 자원으로 성과를 올려야 하는 태생적인 한계를 지니고 있다. 따라서, 하고 싶은 것을 다 할 수 없다. 어떤 것은 하고 어떤 것은 포기한다는 것이 전략의 핵심이다. 어떤 혁신에 자원을 배분할 것인지를 가늠하기 위해서는 환경이 어떻게 변해가는지를 추적해야 한다. 그리고 앞으로의 기회가 기다리고 있을 곳을 향해서 혁신을 진행시켜야 한다. 정확하게 미래 환경이 어떻게 펼쳐질지는 아무도 모른다. 그러나 우리는 적어도 어떤 변화의 흐름이 있는지는 알 수 있다. 그리고 혁신의 방향과 범위, 포트폴리오를 정해야 한다.

이것은 정확하게 미래가 어떤 모습을 갖추고 있을 것이고 그렇기 때문에 정확하게 "여기, 이런 것"이라는 예측을 하자는 말은 아니다. 인간으로서는 불가능한 영역이다. 그러나 현재 눈에 보이는 흐름이 앞으로 계속될 것인지 그렇다면 어디쯤 기회가 있을 것인지 정도의 방향성은 판단할 수 있어야 한다.

19세기 미국에서 금광이 발견된 지역으로 사람들이 몰려든 현상을 골드러시gold rush라고 한다. 1848~1849년 캘리포니아 주에서 발견된 금을 채취하기 위해 사람들이 몰려든 것이 시작이었다고 한다. 1848년 새크라멘토 근처 강가와 그 주변에서 많은 금이 나오자 미국인들은 의사, 변호사까지도 하던 일을 팽개치고 금을 찾아 모여들었다. 동부에서 서부로 이동하는 험난한 경로를 따라가는 과정에서 수많은 사람들이 생명을 잃었다. 나중에는 외국에서도 사람들이 몰려들었다. 1849년 캘리포니아로 온 사람들을 포티 나이너스forty-niners라고 했는데, 현재 미식 축구팀 샌프란시스코 포티나이너스이 이름이 여기서 시작되었다. 단기간에 인구가 수십만 명 늘어나면서 캘리포니아는 1850년 9월 정식으로 미국의 한 주로 승격된다.

물론 금을 찾아 횡재를 한 사람들도 있기는 했지만(1848~1858년까지 10년간 약 5억 5,000만 달러에 이르는 금이 채굴되었다고 한다), 우리가 잘 알듯이 진짜로 돈을 번 사람들은 정작 금을 찾아낸 사람들보다 삽, 곡괭이, 텐트 등 장비를 만들어 판 사람들이고, 청바지 회사 리바이스가 천막을 만드는 천에 물을 들여 튼튼한 바지를 만들면서 시작했다는 것도 잘 알려진 이야기다.

누구나 눈에 보이는 기회를 찾아 움직일 때 진짜 기회의 길목을 찾아간 사람들이 성공한 것이다. 지금 4차 산업혁명의 흐름은 우리 눈앞에서 진행되고 있다. 3D 프린터가 활성화되고 있다고 지금 3D 프린터 제조업에 뛰어드는 것은 독특한 기술이 있기 전에는 이미 늦었다. 오히려 3D 프린터가 확산되는 큰 흐름 속에서 기회는 예를 들어, 각종 제품을 찍어내는 데 필요한 소재 쪽에 있을 수도 있다. 또는, 다양한 물질을 쏴야 하는 3D 프린터의 특성상 정확하게 원하는 양과 속도로 재료를 쏠 수 있는 극도로 민감한 노즐과 같은 부품에 기회가 있을 수도 있다. 실제로 3D 프린터 노즐은 현재 경쟁이 별로 없으면서 가장 비싼 가격을 붙이는 부품에 속한다.

미래 예측과 트렌드의 이해

이 두 가지는 다르다. 우리는 미래를 정확하게 예측할 수는 없지만 트렌드를 이해하고 그 방향을 예측할 수는 있다. 델은 PC가 보급되면서 처음 지식이 별로 없던 고객들이 대리점 등 중간 판매상reseller에 가서 그들이 권하는 대로 구매를 하던 데서 어떤 고객들은 중간 업자를 필요로 하지 않는다는 현상과 앞으로는 그런 사람들이 더 많아질 것이라는 흐름에 배팅을 했다. 사우스웨스트Southwest 항공은 고가의 풀 서비스 항공이 주류를 이루고 있던 환경에서 버스처럼 자주 오고 자주 출발하면서 서비스는 없더라도 아주 싼 비용에 비행을 할 수 있다면 그 선택을 할 사람들이 아주 많고 점점 많아질 것이라는 흐름을 잡은 사례이다. 맥도날드나 버거킹 등 패스트 푸드의 거대한 흐름과 열풍이 밀어 닥칠 때 인앤아웃 버거는 1948년부터 그런 흐름에도 불구하고 또 많은 사람들은 조금 기다리더라도(맥도날드 기준으로는 너무나 느린 속도로) 즉석에서 바로 재료부터 조리하는 단순하지만 신선한 버거와 프라이를 원할 것이라는 반대의 흐름을 붙잡고 지금까지 약진하고 있다. 자동차 영역에서도 다양한 흐름과 기회가 항상 있게 마련이다. 자동차의 보급과 경쟁으로 인한 비용 하락의 흐름에 불구하고 BMW는 디자인, 운전 성능, 그리고 위신을 세워주는 브랜드의 영향력prestige에 높은 값을 기꺼이 지불할 사람들이 여전히 많을 것이라는 점에 전략과 혁신의 초점을 맞춰왔다. 포드Ford는 글로벌화하면서도 지역적으로 독특한 취향이 존재하는 흐름이 있어서 자동차에 대한 소비자의 선호도가 취향이 점점 더 비슷해지고 있다는 흐름에 배팅해서 퓨전Fusion 월드카로 높은 성과를 올렸다.[200]

"하나의 집적회로 속에 들어가는 트랜지스터 수가 18~24개월마다 2배로 늘어날 것이다." 1964년 고든 무어Gordon Moore가 발표한 무어의 법칙 Moore's Law이다. 그리고 실제 그 이후 이 법칙은 계속 현실화가 되었다. 그런데 수많은 관련 사업을 하는 회사들 중 이렇게 눈에 보이는 큰 흐름을 기회로 잡아서 획기적으로 성장한 회사는 몇 개 없다. 그중 대표적인 것들이 마이크로프로세서의 강자 인텔과 소프트웨어 분야의 마이크로소프트다.

무어의 법칙이 발표되고 거의 20년 가까이 세상은 그대로 움직이고 있었다. 1980년대 말 시점에서 그때까지 메모리 반도체를 만들고 있던 인텔은 무어의 법칙이 앞으로 컴퓨터 업계에 시사하는 바가 무엇인지를 고민했다. 즉, 인텔이 만약 계속 무어의 법칙을 실현해나갈 수 있다면 또 그러려면, 집적회로, 즉 칩을 생산하기 위해 엄청난 '규모의 경제'가 필요할 것이라는 점이 자명했다. 그런데 그때까지 컴퓨터 업계의 구조는 다음 그림과 같이 한 회사가 부품에서 하드웨어, 소프트웨어까지 다 만드는 수직통합형 거대 기업들이 수십 년간 지배하고 있었다. 그러나 이것은 한 회사가 감당할 수 있는 각각의 하부 영역의 사이즈가 크지 않기 때문에 무어의 법칙을 지속하기에는 부적합한 환경이라고 보았고, 이런 회사들은 결국 무너질 것으로 예측했다.

오히려 소수의 강력한 기업이 각각 칩, 하드웨어, 운영체제, 애플리케이션 등에서 독보적 위치를 차지하는 수평적 형태의 산업구조가 이루어질 것이라

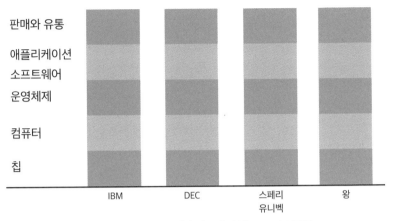

[그림 부록 - 1] 수직적 컴퓨터 산업 - 1980년 무렵

출처: 데이비드 요피, 마이클 쿠수마노. 2016. 전략의 원칙. 홍승현 옮김. 흐름출판: 64.

고 내다봤다.

인텔은 "마이크로프로세서 부문에서 선도 기업이 된다"는 비전을 세우고 여기에 전략과 조직을 모두 집중했다.

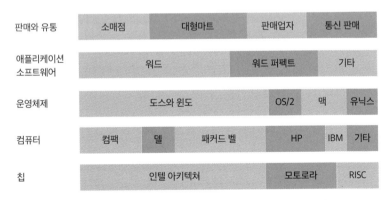

[그림 부록 - 2] 새로운 수평적 컴퓨터 산업 - 1995년 무렵

마이크로소프트는 또 다른 곳을 공략했다. 무어의 법칙이 지속된다는 것은 하드웨어의 성능은 엄청 발전하는데 가격은 거의 그대로 머물 것이기 때문에, 한 마디로 하드웨어는 '똥값'이 된다는 시사점을 주고 있다고 판단했다. 그러나 하드웨어의 공급은 지속적으로 증가하면서 시장은 커질 것이다. 그렇다면 이러한 흐름 속에서 하드웨어에 기회가 별로 없다면 기회가 있을 곳은 어디인가? 이 하드웨어들을 구동할 소프트웨어 그중에서도 운영체계 OS: Operating System라고 보았다. 마이크로소프트는 회사의 비전을 "온 세상 책상 위에 컴퓨터를Computer on every desk"로 세우고 회사 역량을 집중했고 당시 벤처 회사 수준에 불과하던 회사가 오늘날 세계 소프트웨어 시장을 주름 잡는 회사로 성장하는 초석이 되었다.[201]

대조적으로, IBM은 그 당시까지 컴퓨터 관련 모든 것을 통제하면서 "IBM은 회사가 아니라 환경이다"라는 말이 있을 정도로 업계를 좌지우지했지만, PC에서 가장 중요한 마이크로프로세서는 인텔에, 운영체제는 마이크로소프트에게 주면서 Win-Tel 체계를 만들어주고 주도권을 잃게 된다.

미래 트렌드 예측 방법 IMF

IMF는 Industry Mapping for the Future의 약자로 김언수가 만들어낸 용어이며, 거시환경 예측기법이다. 일종의 시나리오 분석기법에 해당하는데, 현 시점에서 향후 3년 내지 5년을 상정하여 미래 시점에서 여러 가지 사건들을 이미 발생한 것처럼 서술함으로써 향후 전략개발의 기초로 삼으려는 방법이다. 여기서는 산업Industry이라는 용어를 쓰기는 했으나 아래에서 설명하는 산업분석 기법처럼 산업 자체를 분석하는 것이 목적이 아니라, 어떤 산업의 배경이 되는 전반적인 정치, 경제, 사회, 문화, 기술 환경 등을 예측함으로써 향후 산업환경이 어떤 맥락에서 전개될 것인지를 예측하는 것이다. 시나리오 분석의 가장 큰 요점은 복수의 미래환경을 동시에 상정하고 그에 맞는 복수의 전략을 운영하는 것이다. 보통 전략수립의 경우는 한 가지 가장 가능성 있는 환경을 상정하고 그에 맞는 한 가지 전략을 준비한다. 그러나 미래가 정확하게 어떻게 펼쳐질지는 아무도 예측할 수 없다. 오히려, 한 가지 전략 시나리오를 가지게 되면 환경변화에 불구하고 한 가지 방향에만 집착을 하게 되어 잘못된 전략을 현실화시키는 자기충족적 예언의 부작용을 낳게 될 수도 있다.

따라서 이 IMF 기법은 4~5개의 약간은 극단적이나 가능성이 있는 복수의 시나리오들을 만들어내는 것이 가장 중요하다. 최선의 시나리오Best Case Scenario 혹은 최악의 시나리오Worst Case Scenario는 되도록 피한다. 시나리오 개발은 회사 내부의, 그리고 외부 각 분야의 다양한 전문가들과의 인터뷰를 가장 중요한 자료로 삼는다. 그 외에, 객관적인 자료나 조사를 첨가한다. 사전조사를 토대로 만들어야 하는 IMF의 가장 기본적인 구성요소는 사건Event 들과 그 사건들을 통합하여 스토리를 만들어내는 시나리오Scenario 들이다. 사건이란 특정 연도를 전후하여 발생할 것으로 예상되는 특정 사건이다. 물론 미래 시점에서 뒤를 돌아다보며 쓴 것처럼 이미 발생한 시제로 서술한다. 그 결과 정치, 경제, 문화, 사회, 산업, 그리고 필요에 따라서는 회사 내부의 상황과 관련한 사건들을 100개 가량 만들어내고, 사건목록을 만든다. 각 사건에는 신문의 헤드라인과 같은 간략한 제목을 붙인다. 그리고 간략한 설명을 포함시킨다. 제목은 '누가 무엇을 했는가', '무슨 일이 일어났는가' 하는 식으로 일종의 액션Action을 표현하도록 한다. 사건은 산업 내 이해관계자들(예: 정부, 경쟁자, 고객 등)이 촉발하는 것이어야 하며 전쟁이나 다른 천재지변에 의해 발생하는 것들은 제외시킨다. 마지막으로, 그 사건이 발생할 것으로 예상되는 연도를 ±1년의 오차로 표시하여 첨가한다. 예를 들면, '100%에 가까운 광대역 인프라 구축'이라는 제목하에 예상연도는 '2012 ±'로 한다. 사건에 대한 설명은 '정부의 지속적인 정보화 노력에 힘입어 전국을 연결하는 광대역 인프라가 구축되었다. 모든 가정과 기업, 상점은 물론 병원과 정부기관들도 연결되었다'라고 첨부하는 식이다.

사건목록이 준비되면 그 사건들을 다양한 방법으로 조합하여 4~5개의 시나리오를 구축한다. 이 시나리오의 내용은 상호배타적Mutually Exclusive 인 스토리로 만드는 것은 최대한 피하고 다른 영역들과 공통된 이슈들을 부각시키는 개별적인 스토리 라인으로 구성한다.

사건목록과 시나리오들이 완성되면, 그 두 가지를 기초로 경영진들이 모여 워크숍을 가진다. 워크숍에서는 팀을 나누어 한 가지 시나리오를 중심으로 외부환경과 내부적인 시사점을 분석하여 시나리오에 대한 이해도를 높인다. 그 후 실제로 동의는 하지 않더라도 자신들의 시나리오가 가장 현실성이 있다는 가정하에 어떤 경로를 통해서 특정 시나리오가 발생할 것인지를 발표하고 방어한다. 그 다음, 팀별로 모든 시나리오를 통합하여 하나의 시나리오를 다시 만들게 하고, 그렇게 만들어지는 통합 시나리오 사이에 어떤 차이점들이 있는지 비교 분석한다. 최종적으로는, 시나리오들을 기준으로 향후 몇 년간 집중적으로 관리해야 할 이슈들을 선정한다.

이 과정에서 던지고 답해야 할 중요한 질문들은 다음과 같다:

① 향후 가능한 사건들을 조합하여 만든 가상의 미래를 특징지을 수 있는 테마 내지 주제어는 무엇이 될 것인가?

② 따라서 미래의 환경은 오늘의 상황과 어떤 부분에서 어떻게 다를 것인가?

③ 미래 상황에서 성과를 내는 기업이 있다면, 그 기업은 무엇으로 경쟁을 하고 있을 것인가? 즉 그런 환경에서 살아남고 성장하기 위해서 요구되는 능력, 기술, 역량, 인적자원 등은 무엇인가?

여기서 이루어진 분석을 기초로 더 자세한 산업 및 경쟁분석과 전략수립으로 연결시킨다. 한 가지 기억해야 할 점은 여기서 만드는 시나리오는 단지 '이렇게 될 것이다' 하는 예측과 함께 어떤 시나리오가 현실이 되는가를 기다리기만 하는 것이 아니라, 시나리오를 구성하는 사건들 중 특정 시나리오(긍정적이든 부정적이든)가 현실화되기 위해서 '반드시 발생해야 할 사건들', '반드시 발생하지 않아야 할 사건들' 그리고 '회사가 영향을 미칠 수 있는 사건들'을 파악하여야 한다. 그리고 그 중에서 5~6개의 가장 핵심적인 사건들을 선택하여, 향후 그 사건들의 전개 과정을 모니터하면서 시나리오의 정확성 정도를 확인하거나, 필요에 따라서는 시나리오를 수정하게 된다. 또한 '회사가 영향을 미칠 수 있는 사건들'은 최대한 회사에 유리한 쪽으로 발생시킬 수 있는 방법을 연구하게 된다. 즉 IMF 기법은 경영진들이 환경에 대한 미래그림을 공유Shared Vision하고, 다가오는 미래를 무력하게 기다리는 것이 아니라 원하는 미래를 어떻게 하면 현실화시킬 수 있을지를 궁리하는 것이 가장 중요한 초점이다.[202]

전략적 방향성 설정

환경의 변화와 트렌드의 이동 방향을 이해했다면, 어떤 혁신을 얼마나 추구할 것인가를 설정해야 할 것이다. 어떤 영역에서 어떤 유형의 혁신을 이룰 것인가를 생각하기 앞서 자사의 혁신 상황과 역량을 평가하는 것이 선행되어야 한다. 다음과 같은 질문을 던질 수 있겠다.[203]

- 앞으로 5년간 우리의 성장 목표는 무엇인가?

- 성장 목표를 달성하기 위한 우리의 능력을 어느 정도 수준으로 얼마나 보유하고 있는가?

- 경쟁자와 비교할 때 우리는 혁신을 잘 추진하고 있는가?

- 다른 산업분야에서 세계적 수준인 혁신 기업과 비교할 때 우리는 혁신을 잘 추진하고 있는가?

- 앞으로 5년 안에 우리가 속한 시장과 산업이 엄청난 변화를 맞이하리라고 믿는 이유가 있는가? 그러한 변화에 우리가 잘 대응할 수 있을 것으로 생각하는가?

- 앞으로 5년 안에 우리의 사업수익이 20퍼센트 이상 감소한다면 어떠한 조건 때문일까? 그 같은 조건이 발생할 조짐이 있는가?

- 우리의 혁신 사업 포트폴리오 중 몇 퍼센트가 핵심 사업과 비슷한 유형의 혁신에 해당하는가?

혁신과 전략: 전략은 무엇인가

전략의 출발은 '제한된 자원'이다. 우리는 항상 성과를 내야 한다. 그런데 그 성과를 내기 위해 사용할 수 있는 자원(시간, 돈, 에너지, 인력)은 항상 필요보다 모자란다. 즉, 가지고 있는 자원을 활용하여 최대한의 성과, 경쟁자보다는 우월한 성과를 내야 한다.

우리는 사회전반에서 이탈리아 경제학자인 빌프레도 파레토가 제시했던 2080 법칙에 의해 설명될 수 있는 많은 현상들을 목격하게 된다. 2080 법칙은 '전체 결과의 80%는 전체 원인 중 20%에서 비롯됐다'는 것인데, 쉽게 예를 들면 20%의 조직원이 그 조직의 80%의 일을 수행하고 있으며, 20%의 운전자가 전체 교통위반의 80% 정도를 차지한다는 것이다. 어떤 회사의 매출이나 순익의 80%가 20%의 고객, 제품, 또는 지역에서 온다는 것이다. 전략수립에 있어서도 필요한 곳에 한정된 자원을 집중하여야 한다는 맥락에서 2:8 법칙은 중요한 시사점을 주고 있다. 또한 이 법칙은 실행에 있어서도 마찬가지로 놓쳐서는 안 될 가르침을 주고 있다.

따라서, 전략은 '우선순위의 선택'이다. '할 것과 하지 않을 것'의 선택이고, 우리가 많이 사용하는 '선택과 집중'도 같은 말이다. 선택하지 않으면 제한된 자원을 집중해서 성과를 낼 수 없기 때문이다. 선택을 뒤집으면 그 이면에는 포기가 있다. 현실적으로 더 어렵고 더 중요하다고 볼 수 있다. 전략은 결국 '포기할 것의 선택'이다.

그 결과, 전략을 의사결정의 룰rule of decision이라고 정의하기도 한다.[204] 무엇은 하고 무엇은 하지 않고, 어디는 가고, 어디는 가지 않고, 어떤 고객은 상대하고 어떤 고객은 잊어버리는 등에 대한 원칙을 세우는 것이다. 따라서 전략은 우리가 어릴 때 쇳가루와 자석을 가지고 놀던 때를 상상하면 그 역할을 이해할 수 있다. 따로따로 놀던 쇳가루들을 종이 위에 놓고 종이 반대편 아래에 자석을 갖다 대면 한 군데로 모이면서 자석을 움직이는 대로 따라 움직이던 실험이나 놀이를 했던 것이 기억날 것이다. 전략은 바로 그런 역할을 하는 것이다.

따라서, 명확한 전략이 없거나 전략이 있더라도 사람들에게 명확하게 전달이 되지 않았다면 그 조직은 각각의 사람들은 열심히 일을 하는데 조직 전체적으로는 왠지 두서가 없이 중구난방하는 듯한 인상을 주게 될 것이다. 나름 열심히 한다고는 하지만 '어디로는 가고, 어디로는 가지 않는다'는 원칙이 분명치 않기 때문이다.

전략의 5대 구성 요소

비즈니스든 전쟁이든 경쟁자를 이기고 성과를 내기 위해 가장 핵심적인 결정 요소는 '어디서 싸운다'는 것과 '거기서 어떻게 이긴다'는 것이다. 당신의 보스가 갑자기 '너의 전략은 무엇이냐'라고 기습적으로 묻는다면 어디서 싸우고 어떻게 이긴다는 설명을 할 수 있도록 생각을 정리해두는 것이 좋다.

'어디서'의 대상이 될 수 있는 것은 지역(국내, 국외, 미국, 유럽, 중국, 동남아시아 등), 사업의 종류(예: 가전, 자동차), 사업 세그먼트(자동차 사업 중에서도 프리미엄 세그먼트 혹은 이코노미 세그먼트 등), 타깃 고객(B2C, B2B, 상위 고객, 중간 고객, 하위 고객 등), 제품과 서비스 등등 다양할 수 있다.

'어떻게 이긴다'는 크게는 차별화 전략, 비용우위 전략, 또는 협력 전략 등으로 나눌 수 있다. 더 구체적으로는 어떤 고객에게, 어떤 제품과 서비스를 통해서 어떤 니즈needs를, 어떤 가격에 제공할 것인가 하는 가치 제안value proposition으로 표현할 수 있다.

위 두 가지가 가장 핵심적인 요소이지만, 완전한 것은 아니다. 제대로 모든 요소를 갖추려면 여기에 더해야 할 것들이 있다. '어디서 싸운다'와 '어떻게 이긴다'를 정하기 전에 이루고자 하는 '목표와 열망aspiration'을 정해야 한다. 그리고, '어떻게 이긴다'를 가능하게 하는데 필요한 '자원과 역량'이 무엇인지 알아야 한다. 그리고, 마지막으로 이 네 가지의 구도가 작동하기 위해 필요한 '실행 시스템'을 준비해야 한다. 사람, 조직, 문화, 인프라, 그리고 얼마나 의도한 대로 목표에 접근하고 있는지 실행 상황을 파악하게 해 줄 지표 등을 만들 필요가 있다.

즉, 전략은 다음의 다섯 가지 요소를 갖추고 있어야 완성되었다고 볼 수 있다.

① 목표와 열망의 선택(또는 포기)

② 싸울 곳의 선택(또는 포기)

③ 이기는 방법의 선택(또는 포기)

④ 전략을 구사하는 데 필요한 자원과 역량

⑤ 성과를 내기 위해 필요한 실행 시스템[205]

한 회사의 예를 들어 전략의 다섯 가지 요소를 정리해보자. 영국의 플랜트 건설회사 페트로팩Petro Fac은 오일·가스 설계·구매·시공 일괄 시공사 EPC이다. 이 회사는 1981년 설립돼 91년에야 EPC 사업에 뛰어든 역사가 얼마 되지 않은 회사지만 EPC 수주산업에서 새로운 길을 개척해 단기간에 강자로 우뚝 섰다. 우리 나라의 메이저 플랜트 회사를 비롯 테크닙 같은 거인이 버티고 있는 시장에 늦게 진입했지만 남다른 전략으로 자리를 잡은 것이다. 수주산업은 속성상 프로젝트가 주어질 때만 일을 할 수 있는 수동적인 업종이다. 그러나 페트로팩은 기다리는 대신 프로젝트를 발굴하고 만들어내는 길을 택했다. 우선 정교한 방법론과 기준에 따라 목표 국가를 골랐다. 판단의 기준이 될 현지 정보를 수집하기 위해 전 세계 20여 곳에 사무소를 운영하는 등 촘촘한 네트워크도 깔았다.

인사 정책도 남달랐다. 타깃 국가의 정보를 수집하고 또 적극적으로 프로젝트를 이끌어내기 위해 사우디아라비아·오만·말레이시아 등 주요 이슬람 산유국의 왕족 출신을 적극 고용했다. 영국 옥스퍼드대학에서 유학하고 있던 왕족이 주로 채용 대상이 됐다. 영국에 유학 온 중동 왕자들은 훗날 가문의 석유사업을 물려받기에 앞서 경영수업을 받고자 기꺼이 이 회사에 입사했다. 훗날 이 남다른 인맥이 중동 지역에서 영업과 마케팅에 큰 힘이 되었음은 물론이다.

페트로팩은 또 남들이 외면하는 100만 달러 이하, 소규모 입찰건에 주목했다. 소형 프로젝트를 그대로 수주하지 않고 다른 프로젝트를 덧붙이고 계약 유형을 바꿔 중대형 프로젝트로 탈바꿈시켰다. 이를 발주자에게 제안해 다시 수주하는 것을 주특기로 삼았다.

이 같은 '씨 뿌리는 영업'을 바탕으로 한 전략이 처음부터 성과를 낸 것은 아니다. 10여 년 전까지만 해도 이 회사는 한국 EPC 업체에 비해 한 수 아래로 취급받았고, 대형 프로젝트 수주 능력이 없는 업체로 여겨졌다. 그러나 뿌려둔 씨앗에서 결실이 나타나기 시작하며 2000년대 들어 무섭게 치고 올라왔다. 지금은 육상플랜트 EPC 부문에서 세계 최고의 성장성과 수익성을 내는 기업이 됐다. 페트로팩은 언제 프로젝트가 나올지, 발주자의 입만 쳐다보는 천수답 영업에서 선행 영업으로 게임의 룰을 바꿨다.[206] 이상, 페트로팩의 전략을 다섯 가지 요소로 정리해보면 다음과 같다.

① 목표/열망: EPC의 강자가 된다

② 어디서 싸운다: 중동 및 동남아 산유국 / 육상 화공 플랜트 / 대기업 경쟁자는 신경 쓰지 않는 100만 달러 이하의 소규모 프로젝트

③ 어떻게 이긴다: 선제안 전략(소규모 프로젝트 수주 후, 중대형 규모로 개발하여 역제안)

④ 필요한 역량과 자원: 정보력 / 커넥션 / 네트워크 / 씨 뿌리는 영업력

⑤ 실행 시스템: 영국 옥스포드대학에 유학 온 산유국 자제들 채용 / 촘촘한 영업 오피스 네트워크

혁신 유형 2×2 매트릭스 도출 과정

기존의 혁신 유형 분류

혁신은 언뜻 생각해도 그 새로운 정도나 현실에 주는 임팩트가 다른 것들이 많다. 혁신에 대해 이해하고 혁신을 체계적으로 관리하기 위해서는 막연하게 혁신이라는 것을 공략하려고 할 것이 아니라 어떤 특성을 가진 어떤 혁신들이 있는가를 이해하는 것이 선행되어야 한다. 그러기 위해서는 지금까지 많은 사람들이 연구하고 분류한 혁신의 유형들을 살펴보고 더 이상 고칠 필요가 없는 유용한 분류가 있다면 그것을 그대로 활용하면 되고, 그렇지 않다면 기존의 분류와 유형들을 통합할 수 있는 새로운 분류 프레임을 생각해내면 될 것이다. 따라서 일단 기존의 혁신 분류와 유형들을 살펴볼 필요가 있다.

전통적으로 혁신의 유형은 다음과 같이 나눌 수 있다.[207]

제품 혁신 vs. 프로세스 혁신

제품 혁신은 제품이나 서비스에 내재된다(예: Honda의 새로운 하이브리드 자동차). 프로세스 혁신은 조직이 사업을 수행하는 방법에 대한 혁신이다(예: 제품 생산 기술, 마케팅 기법). 주로 생산의 효율성이나 효과성을 높이기 위해 시작되는 경우가 많다. 제품 혁신이 프로세스 혁신에 비해 더 가시적이다. 그러나 두 가지 혁신 모두 조직의 경쟁력에 중요한 역할을 한다.

제품 혁신과 프로세스 혁신은 때때로 연결되어 나타난다. 새로운 공정은 신제품의 생산을 가능하게 할 수 있다. 또 신제품은 새로운 프로세스의 개발을 불러올 수도 있다.

점진적 혁신 vs. 급진적 혁신

급진적 혁신과 점진적 혁신은 현재 기술과의 차이 정도를 기준으로 나누어진다. 즉, 얼마나 새로운지 그리고 얼마나 다른지를 고려하여 급진성을 평가할 수 있다. 점진적 혁신은 그다지 새롭거나 독특하지 않을 수 있다. 이미 기업이나 산업에 잘 알려져 있을 수도 있고 기존 기술에 아주 작은 변화를 주거나 보완만 했을 수도 있다. 점진적 혁신의 예는 기존의 바bar 형태의 휴대폰에 플립flip을 다는 제품 혁신이나, 주말에 더 긴 무료통화 시간을 주는 등의 서비스 혁신이다. 무선이동통신은 급진적 혁신의 전형적인 예이며, 이 혁신이 최초로 도입되었을 때 전 세계적인 스케일로 볼 때도 그 이전까지 존재하고 있던 제품, 프로세스와는 완전히 다른, 새로운 것이었다.

혁신의 급진성 정도는 위험의 관점에서 판단할 수도 있다. 급진적 혁신은 대개 새로운 지식을 포함하고 있을 것이기 때문에 제품이나 서비스를 만드는 회사나 그것을 사고 사용하는 고객들 모두 그 새로운 혁신에 대한 경험의 정도가 다양할 것이다. 급진적인 혁신은 기술 실현성, 신뢰성, 원가 부담, 수요의 불확실성과 같은 여러 위험요소들이 점진적 혁신에 비해 훨씬 더 많을 것이다.

이러한 혁신의 급진성은 또한 상대적인 개념이기도 하다. 비교하는 상대가 어떤 것인가에 따라 다를 수 있고 시간의 흐름에 따라 바뀔 수도 있다. 처음에는 급진적이었던 혁신이 시간이 지날수록 기반지식이 대중화되면서 점진적인 것으로 분류될 수도 있다. 예를 들어 최초의 증기엔진은 기념비적인 혁신이었지만, 오늘날 증기엔진을 만드는 것은 매우 간단한 일이다. 또한 기업에게는 급진적인 혁신이 또 다른 기업에게는 점진적인 것일 수도 있다(예: Kodak 에게는 디지털카메라 출시가 급진적 혁신이지만 Sony에게는 점진적 혁신에 해당한다).

역량 강화competency-enhancing 혁신 vs. 역량 파괴적competency-destroying 혁신

기업이 보유하고 있는 기존의 지식이나 기술을 활용하여 이루어지는 혁신인가 또는 그것을 진부화시키는 혁신인가의 분류이다. 이것은 기업의 시각에서 보는 분류이기 때문에 상대적인 관점이다. 하나의 혁신이 어떤 기업에게는 그 기업이 가진 역량을 강화시키는 것인 반면 다른 기업에게는 그 기업의 역량을 무력화시키는 것일 수도 있다.

인텔의 마이크로프로세서들(286, 386, 486, 펜티엄, 펜티엄 II, 펜티엄 III, 펜티엄 IV)은 각각 이전 세대의 기술에 근거하여 만들어진 것이었다. 지속적으로 기술적인 혁신을 이루면서 진행하기는 했지만 모두 인텔이 기존에 가지고 있던 경쟁력을 활용하여 혁신의 가치를 높인 것으로 역량 강화적 혁신의 예이다.[208]

역량 파괴적 혁신의 예는 계산자를 대체한 전자계산기를 들 수 있다. 1600년대에서 1970년대 초반까지 오랜 시간 동안 복잡한 대수 수학문제를 풀기 위해 수학자들과 기술자들은 계산자slide rule를 사용했다. 17세기에 처음 만들어진 계산자는 작고 가벼운 장치로서 복잡한 대수 수학문제를 기계적으로 풀 수 있게 해주어서 다리를 건설할 때나 비행기에서 필요한 연료의 양을 구할 때에도 쓰였다. 대출 금액을 계산하거나 최적 구매수량을 결정하는 데에 쓸 수 있는 것도 있었다.

1950년대와 1960년대 동안 계산자 분야 제일의 제조업체는 미국의 K&E Keuffel & Esser라는 회사였다. 그러나 1970년대 초반에 전자계산기가 나오자 몇 년이 지나지 않아 계산자는 박물관에서나 전시되고 수집용으로만 팔리는 진부한 제품이 되었다. K&E은 전자계산기를 만드는 데 필요한 전기부품에 대한 지식이 전혀 없었다.[209] 휴렛팩커드Hewlett-Packard와 텍사스인스트루먼트Texas Instruments 같은 회사들에게는 값싼 휴대용 전자계산기가 역량을 강화시키는 것이었지만, K&E에게 전자계산기는 역량 파괴적인 혁신이었다.

존속적/현상유지적sustaining 혁신 vs. 파괴적disruptive 혁신

'역량 강화 혁신 – 역량 파괴 혁신'과 밀접한 관계가 있는 분류로, 혁신이 현상유지적인가 파괴적인가로 나누기도 한다. 현상유지적 혁신에서는 기존 회사가 경쟁에서 우세하다. 예를 들어, 고속 복사기 사업에서 훨씬 자원이 많은 대규모 회사 IBM, 코닥 등이 선두주자 제록스를 겨냥해서 더욱 우수한 성능의 고속 복사기를 개발해서 경쟁하려 했지만 제록스를 따라잡는데 실패했다. 메인 프레임 컴퓨터에서 RCA, GE, AT&T 등이 IBM을 공략했지만 실패한 것과 비슷한 스토리다.

파괴적 혁신에서는 기존 회사들이 무시할 수밖에 없거나(신시장 파괴new market disruption) 또는 피하려고 하는(로엔드 또는 저가 세그먼트 파괴low-end disruption) 제품과 시장을 타깃으로 하여 기존의 제품이나 기술과는 완전히 다르거나 또는 기존 회사가 매치시킬 수 없을 정도의 엄청나게 낮은 비용과 가격으로 공략함으로써, 오히려 기존의 회사가 열세에 처하면서 도저히 이길 수 없는 혁신의 경쟁 양상이 벌어진다.

예를 들어, 캐논Canon이 개인용 복사기로 제록스의 허를 찌른 것이나, 개인용 컴퓨터PC가 IBM 허를 찌른 것, 소니 트랜지스터 포켓 라디오 등은 새로운 시장을 노리면서 파괴적인 혁신을 이룬 경우이고, 철강산업에서 훨씬 낮은 비용으로 무장한 전기로 회사mini-mills들이 전통적인 일관 제철 고로 회사들에게 사업적인 매력이 없는 저가 세그먼트부터 조금씩 잠식해 들어간 경우, 소매업에서 디스카운트 소매점들이 출현하며 기존의 백화점이 대응할 수 없는 저비용-저가 세그먼트를 공략한 것은 로엔드 파괴 혁신의 예들이다.

로엔드 파괴 혁신이 미국 철강산업에서 일어난 예를 좀 더 자세히 살펴보자. 일관 제철소Integrated Mills는 신규 고로 제철소를 건설하는 비용이 약 10조 원대에 달한다. 용광로는 물론 대규모 롤링과 마무리 작업 시설을 갖추어야 한다. 그에 비해 소형 제철Mini-mills은 고철을 전기로(직경 20m x 높이 10m)에 녹여서 철강제품을 만들어내는데 고로에 비해 20% 낮은 비용으로 생산이 가능하지만 불균등한 품질로 건설에 쓰이는 철근rebar 시장에만 적합한 기술이었다.

월등히 낮은 가격으로도 마진을 낼 수 있는 비용구조를 갖춘 소형 제철소들이 철근 시장을 공략하자 일관 제철소는 경쟁이 극심한 이 사업에서 기꺼이 철수한다. 어차피 철근 시장은 고로 회사들에게는 전체 시장의 4%에 불과했고 마진도 7% 정도밖에 나오지 않는 비매력적인 시장이었다. 소형 제철소들은 마지막 일관 제철회사가 퇴출된 1979년까지 수익을 내다가, 소형 제철소들만 남아서 경쟁하게 되자 가격이 20% 폭락했다.

그러자 소형 제철소들은 철근보다 더 크고 더 고품질의 L자형 철재angle iron 시장을 잠식하기 시작했다. 기존 대형 철강회사들은 12%의 마진을 내주던 시장이었지만 전체 시장의 8% 정도 비중이었던 이 시장을 다시 포기하고, 소형 제철소들은 마지막 대규모 철강회사가 퇴출된 1984년까지 수익을 내다가 다시 가격이 20% 폭락하는 상황을 맞는다.

소형 제철소들은 다시 사업 기회를 찾아 더 고가 세그먼트로 진입을 하는데 건물과 교량 건축용으로 쓰이는 철제빔structural I beams 시장이 그 다음이었다. 18%의 마진으로 전체 시장의 24%를 차지하는 철제빔은 기술 전문가들이 소형 제철소들의 진입은 불가능한 영역으로 진단했지만, 그동안 축적된 경험과 기술을 바탕으로 소형 제철소들은 그중에서도 또 6인치 저가 시장부터 공격했다. 대형 철강회사들은 수익성이 높은 강판sheet steel 제품 시장으로 퇴각했다.

1990년도 중반, 철제빔 시장에서도 마지막 일관 제철소가 퇴출되면서 가격 붕괴가 일어났고, 소형 제철소들의 강자 뉴코어Nucor는 강판 사업을 공

략하기 시작했고, 뉴코어의 시장가치는 종합 제철회사를 추월하기에 이른
다. 결국, 전통적인 강자 US스틸US Steel과 베들레헴스틸Bethlehem Steel은
파산한다.[210]

부품 혁신 vs. 제품구조 혁신

제품이나 공정은 대부분 계층적인 시스템으로 이루어져 있다. 즉, 특정 제
품은 부품들의 시스템으로 이루어져 있고, 각각의 부품들은 더 세밀한 부
품들의 시스템으로 이루어져 있다.[211] 예를 들어, 자전거는 프레임, 휠, 타이
어, 안장, 브레이크 등의 부품으로 이루어진 시스템이고, 각각의 부품들은
모두 더 작은 부품들의 시스템이다. 안장은 금속과 플라스틱 프레임, 충전
물, 나일론 커버 등의 부품으로 이루어진 시스템이다.[212]

혁신은 개개 부품의 변화에서 올 수도 있고, 부품들이 결합되는 구조에서
일어날 수도 있고, 둘 다일 수도 있다. 하나 혹은 그 이상의 부품을 변화시
키지만 전체 시스템의 구조에는 크게 영향을 미치지 않는 혁신을 부품 혁신
component innovation 또는 모듈러 혁신modular innovation이라고 한다.[213][214]
자전거 안장의 쿠션감을 높이기 위한 새로운 충전물을 사용함으로써 오는 기
술의 혁신은 자전거라는 제품 전체의 구조적인 변화를 필요로 하지 않는다.

이에 비해 제품구조 혁신architectural innovation은 전체 시스템의 디자인
을 변화시키거나 각 부품 간 상호작용 방식을 바꾸는 것이다. 제품구조 혁
신은 부품 자체는 변화시키지 않고 시스템 안에서 각 부품 간의 연결방식을
새로 배열하는 것을 의미할 수도 있지만, 대부분 제품구조 혁신은 시스템
내에서 부품들 간에 상호작용하는 관계뿐 아니라 부품 자체도 변화시켜 디

자인을 바꿔서 시스템의 변화를 만들어내는 것이다. 제품구조 혁신은 산업 내의 경쟁자나 사용자들에게 근본적이고 복잡한 영향을 미친다.[215]

자전거 산업의 역사에서 큰 바퀴 자전거high-wheel bicycle에서 지금의 형태를 갖춘 안전 자전거safety bicycle로의 전환은 구조적 혁신으로 볼 수 있다. 자전거를 구성하는 많은 부품들이 변했고 탑승자가 추진력을 얻는 방법도 달라졌다. 1800년대 자전거는 기형적으로 큰 앞바퀴를 가지고 있었다. 기어가 없었기 때문에 페달이 자전거 앞바퀴에 직접 붙어 있었고, 바퀴의 지름이 클수록 한 번에 더 많은 거리를 이동할 수 있었다.

20세기 초 금속제련 기술이 발달하면서 작고 가벼운 체인과 톱니를 만들 수 있게 되었다. 체인의 등장은 기형적으로 큰 앞바퀴를 뒷바퀴와 같은 크기로 줄일 수 있게 했는데, 기어가 큰 앞바퀴의 역할을 대신해주었기 때문이다. 바퀴가 작아지자 충격을 흡수하는 바퀴살이 작아졌고, 서스펜션 시스템과 공기 타이어도 발전했다. 새로운 자전거는 더 가벼웠고 가격이 저렴했으며 사용도 편했다. 이런 구조적 혁신은 공기 타이어를 발명한 던롭Dunlop이나 3단 기어를 개발한 라레이Raleigh 같은 회사가 출현하게 했고, 자전거를 실용적인 이동수단으로 변화시켰다.[216]

점진적 혁신 vs. 진화적 혁신 vs. 혁명적 혁신

이제까지의 혁신 분류가 주로 생산자의 입장과 기술 차원에서 얼마나 새롭고, 얼마나 다르고, 얼마나 싼가를 기준으로 했다면, 사는 사람이 누구인가, 사는 사람이 받아들이는 가치라는 차원에서 혁신을 나누기도 한다.

기존 사용자를 대상으로 기존의 오퍼링offering(제품, 서비스, 효용, 가치 등

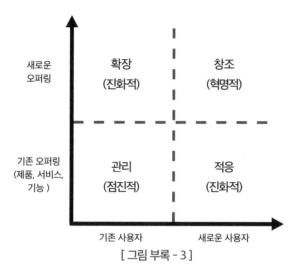

[그림 부록 - 3]

출처: Tim brown. 2009., Change by design, p. 161

을 포괄하는 개념)을 그대로 내놓는 것은 점진적incremental 혁신이다. 이 예는 슈퍼마켓에 진열대에서 쉽게 찾아볼 수 있다. 치약에 새로운 향flavor을 추가하는 것이 전형적인 점진적 혁신이다. 기존에 기업이 하는 것들을 유지하면서 관리manage하는 차원에서 가능한 혁신이다.

기존의 사용자를 대상으로 새로운 오퍼링을 내놓는 것은 이제까지 하던 것에서 더 확장extend함으로써 나오는 진화적evolutionary 혁신으로, 도요타의 '프리우스'가 연비의 혁신적 향상을 새로운 가치로 내놓은 것이 그 예이고, 새로운 사용자를 대상으로 기존의 오퍼링을 내놓는 것은 진화적 혁신 중에서도 적응형adapt 혁신으로 타타자동차Tata Motors의 마이크로 카 '나노Nano'가 획기적으로 낮은 가격을 통해 새로운 사용자를 끌어들인 것을 예로 든다.

그리고 마지막으로 새로운 사용자를 대상으로 새로운 오퍼링을 내놓는 것은 혁명적 혁신으로 창의적인 활동을 필요로 한다. 이 혁신의 결과로 새로운 시장이 형성된다. 소니의 워크맨이나 아이팟이 여기에 해당한다.[217]

새로운 혁신 유형 매트릭스

이제까지의 분류들은 대부분 2×2 매트릭스로 표현이 되기는 했지만 자세히 보면 다소 단면적인 분류를 했던 것으로 보인다. 예를 들어, 점진적-급진적 혁신, 그 사이에 있는 모듈 혁신 - 아키텍처 혁신, 또는 역량 향상형 혁신 - 역량 파괴적 혁신 등의 분류는 결국 제품을 만드는 사람의 입장과 기술적인 차원에서 얼마나 현상 유지적이냐 급격한 변화이냐를 중심으로 한 것으로 볼 수 있다.

반대로, 현상 유지적 - 파괴적 혁신, 점진적 - 진화적 - 혁명적 혁신 등의 분류는 사는 사람, 고객이 얻는 가치라는 기준으로 한 분류이다. 특히, 팀브라운Tim Brown의 분류(점진적 - 진화적 - 혁명적)는 사용자user와 오퍼링이라는 두 축을 기준으로 분류했다. 누구를 타깃으로 어떤 가치를 내놓는가 하는 고객 중심의 분류라 할 수 있다.

즉, 어떤 분류는 주로 생산자의 입장 또는 공급 측면supply side 위주로, 어떤 분류는 주로 구매자 또는 수요 측면demand side 위주로 혁신을 분류했다는 것이다. 물론, 그 사람들도 '당연히 우리는 양쪽을 다 고려했다'고는 할 것이다. 그러나 우리는 이 세상 모든 일은 수요와 공급의 관계로 돌아간다는 단순한 원칙을 명시적으로 고려할 필요가 있다고 생각한다.

그래서 우리는 기존의 분류 유형들을 통합한, 수요 사이드와 공급 사이드를 동시에 고려한 새로운 분류법을 고안했다. 앞에서 언급한 혁신의 유형들을 관련성 정도에 따라 한 곳에 모아보면 다음처럼 나타낼 수 있다. 결국 왼쪽에서 오른쪽으로 갈수록 급진성의 정도가 높은 혁신의 유형을 나타낸다.

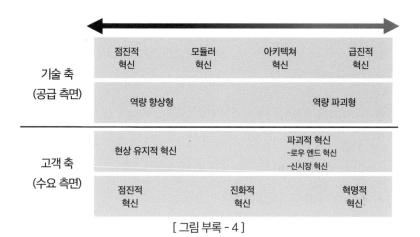

[그림 부록 - 4]

즉, 혁신의 유형을 분류하기 위한 기준은 고객 축과 기술 축을 통합해서 판단하되, 첫 번째 기준은 고객이 느끼는 가치가 얼마나 급진적revolutionary 인가 하는 것이고(Y축), 두 번째 기준은 고객에게 주는 가치를 창출하기 위한 방법이 얼마나 급진적인가 하는 것이다(X축). 그 결과물이 우리가 제안하는 2×2 매트릭스를 기반으로 하는 세 가지 유형(Type 1, Type 2, Type 3)의 혁신의 분류이다.

처음에는 공저자 중 김언수와 김봉선이 다소 단순하게 다음과 같이 2×2 매트릭스를 구성하며 시작했다. [그림 부록-5] 그런데, 이런 분류는 모든 2×2 매트릭스가 동일한 문제점을 안고 있듯이, 이 경우에 두 가지의 베타 영역

(한 가지는 높고, 다른 한 가지는 낮은 조합) 혁신 중 어떤 것이 더 바람직한가를 판단하기가 쉽지 않은 문제점이 있다.

따라서, 두개의 분리된 베타 영역을 하나로 연결하는 다음 그림과 같은 분류가 더 적절한 것으로 판단되었다. [그림 부록-6]

여기에 조준호 사장님은 감마에 해당하는 혁신이 많지 않을 것이고, 알파와 베타를 구분하는 10% 컷오프 포인트보다는 더 높은 조건이 적용되는 혁신 유형이 있을 것으로 보았다. 그리고, 그 분류 기준점을 세상을 바꾸는 포인트word changing point 또는 뉴 투 더 월드 포인트new to the world point로 제안하였고, X축과 Y축을 단순한 수요-공급 사이드에서 좀 더 내용을 표현할 수 있게 변경하면서 우리의 최종 혁신 유형 분류 프레임워크가 완성되었다. [그림 부록-7]의 최종 프레임워크는 공저자 조준호 사장님이 2019년 출간한 저서 《차이를 만드는 CEO의 생각도구》에서 공식적으로 소개된 바 있다. 세 가지 혁신 유형에 내용을 포함하는 이름을 붙이면 다음과 같다.

Type 1 : 유지형 혁신(Battlefield-sustaining Innavation)

Type 2 : 확장형 혁신(Battlefield-expanding Innavation)

Type 3 : 파괴형 혁신(Battlefield-destroying Innavation)

: 뉴 투 더 월드 혁신(New-To-The-World Innovation)

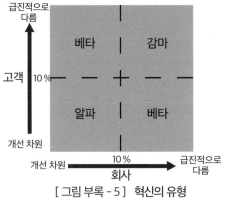

[그림 부록 - 5] 혁신의 유형

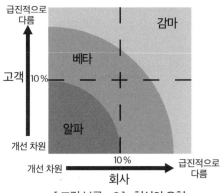

[그림 부록 - 6] 혁신의 유형

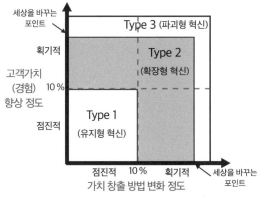

[그림 부록 - 7] 이노베이션의 유형

참고문헌

1 Anthony, S. D., Johnson, M. W., Sinfield, J. V., & Altman, E. J. 2008. The Innovator's Guide to Growth. Harvard Business Review Press: 22

2 살림 이스마일, 마이클 말론, 유리 반 헤이스트. 2016. 기하급수 시대가 온다. 이지연 역. 청림출판.

3 Schumpeter, J. A. 1934. The Theory of Economic Development: An Inquiry into Profits, Capital, Credits, Interest, and the Business Cycle. Piscataway: Transaction Publishers.

4 Isaacson, W. 2011. Steve Jobs. Simon & Schuster.

5 Wilson, M. 2013. The surprising evolution of the term "innovation". Fast Company. July 27: https://www.fastcompany.com/1672893/the-surprising-evolution-of-the-term-innovation

Godin, B. 2015. Innovation Contested: The Idea of Innovation Over the Centuries. Routledge.

6 Sinek, S. 2009. Start with Why: How Great Leaders Inspire Everyone to Take Action. Penguin.

7 김나미, 2018. Innovating by eliminating: Technological resource divestiture and firms' innovation performance. 고려대학교 경영대학원 박사학위 논문

8 Corstjens, M., Carpenter, G. S., & Hasan, T. M. 2018. Newton Versus Lorenz: Which Is the Better Model for Successful Innovation in Consumer Goods Companies?. MIT Sloan Management Review.

9 Khosla, S. 2018. Reevaluating Incremental Innovation. Harvard Business Review, 96(5), 22-25.

10 Day, G. S. 2007. Is it real? Can we win? Is it worth doing?: Managing Risk and Reward in an Innovation Portfolio. Harvard Business Review, 85(12), 110-120.

11 Schilling, M. A. 2012. Strategic Management of Technological Innovation (4th ed.) McGraw-Hill Education.

12 Cohen, M. D., March, J. G., & Olsen, J. P. 1972. A garbage can model of organizational choice. Administrative Science Quarterly, 17(1): 1-25.

13 Wikipedia, 2018-12-24

14 Quinn, J. B. 1980. Strategies for change: Logical incrementalism. Irwin Professional Publishing.

15 Christensen, C. M. & Raynor, M. E. 2003. The Innovator's Solution: Creating and Sustaining Successful Growth. Harvard Business Review Press.

16 Christensen, C. M. 1997. The Innovator's Dilemma: When New Technologies cause great firms to fail. Boston, Mass: Harvard Business School Press: 215

17 Weylman, C. R. 2013. The Power of Why: Breaking Out in a Competitive Marketplace, New Harvest.

18 Christensen, C. M. & Raynor, M. E. 2003. The Innovator's Solution: Creating and Sustaining Successful Growth. Harvard Business Review Press.

19 이경만의 지식비타민, 2017. 날짜 미상

20 김현철. 2015. 어떻게 돌파할 것인가: 저성장 시대 기적의 생존 전략. 다산북스.

21 Magretta, J. 2011. Understanding Michael Porter: The Essential Guide to Competition and Strategy. Harvard Business Review Press.

22 Magretta, J. 2011. Understanding Michael Porter: The Essential Guide to Competition and Strategy. Harvard Business Review Press: 151

23 김언수 & 김봉선. 2018. TOP을 위한 전략경영 5.0. 피앤씨미디어.

24 https://en.wikipedia.org/wiki/Nespresso (2020년 5월 5일 검색)

25 Nestle Annual Report 2011

26 조선일보. 2011/7/14.

27 Eisenmann, Thomas R. 2006. Managing Networked Businesses: Course Overview for Educators. Harvard Business School Course Overview Note, 807-104. (Revised October 2007.)

28 조준호. 2019. 차이를 만드는 CEO의 생각 도구. 지식노마드.

29 현장 개선과 혁신에 대한 설명 사례는 LG인화원 조준호 원장님 제공.

30 Kim, W. C. & Mauborgne, R. 2005. Blue Ocean Strategy: How to Create Uncontested

Market Space and Make Competition Irrelevant. Harvard Business Review Press.

31 김언수 & 김봉선. 2018. TOP을 위한 전략경영 5.0. 피앤씨미디어.

32 Kim, B., Kim, E., Miller, D. J., & Mahoney, J. T. 2016. The Impact of the Timing of Patents on Innovation Performance. Research Policy, 45(4), 914-928.

33 Christensen, C. M. & Raynor, M. E. 2003. The Innovator's Solution: Creating and Sustaining Successful Growth. Harvard Business Review Press.

34 Brown, T. 2009. Change by Design: How design thinking transforms organizations and inspires innovation. New York: Harper Business.

35 Kim, W. C. & Mauborgne, R. 2005. Blue Ocean Strategy: How to Create Uncontested Market Space and Make Competition Irrelevant. Harvard Business Review Press.

36 이경만의 지식비타민, 날짜 미상

37 Christensen, C. M. & Raynor, M. E. 2003. The Innovator's Solution: Creating and Sustaining Successful Growth. Harvard Business Review Press.

38 Slywotzky, A. J. 1995. Value Migration: How to Think Several Moves Ahead of the Competition (Management of Innovation and Change). Harvard Business Review Press.

39 Magretta, J. 2011. Understanding Michael Porter: The Essential Guide to Competition and Strategy. Harvard Business Review Press.

40 김언수 & 김봉선. 2018. TOP을 위한 전략경영 5.0. 피앤씨미디어.

41 Kim, W. C. & Mauborgne, R. 2005. Blue Ocean Strategy: How to Create Uncontested Market Space and Make Competition Irrelevant. Harvard Business Review Press.

42 Christensen, C. M. & Raynor, M. E. 2003. The Innovator's Solution: Creating and Sustaining Successful Growth. Harvard Business Review Press.

43 Diamandis, P. H. & Kotler, S. 2012. Abundance: The Future is Better than You Think. New York: Free Press.

44 살림 이스마일, 마이클 말론, 유리 반 헤이스트. 2016. 기하급수 시대가 온다. 이지연 역. 청림출판.

45 마티 케이건. 2012. 인스파이어드: 감동을 전하는 제품은 어떻게 만들어지는가. 배장열 역. 제이펍.

46 "G5 뼈아픈 얘기지만 실패 출시 후 첫 인정...TV·생활가전 선전에 LG전자 'G5 슬픔' 달랬다." 서울경제. 2016년 7월 28일 수정. 2018년 12월 1일 접속, https://www.sedaily.com/NewsView/1KZ1JS9OKF.

47 Skarzynski, P. & Gibson, R. 2008. Innovation to the Core: A Blueprint for Transforming the Way Your Company Innovates. Harvard Business Review Press.

48 Diamandis, P. H. & Kotler, S. 2015. Bold: How to Go Big, Achieve Success, and Impact the World. New York: Simon & Schuster.

49 아주경제, 2018-12-19

50 Kim, W. C. & Mauborgne, R. 2005. Blue Ocean Strategy: How to Create Uncontested Market Space and Make Competition Irrelevant. Harvard Business Review Press.

51 Kim, W. C. & Mauborgne, R. 2005. Blue Ocean Strategy: How to Create Uncontested Market Space and Make Competition Irrelevant. Harvard Business Review Press.

52 Kim, W. C. & Mauborgne, R. 2005. Blue Ocean Strategy: How to Create Uncontested Market Space and Make Competition Irrelevant. Harvard Business Review Press.

53 Lang. A. 2012. The Power of Why: Simple Questions That Lead to Success. Toronto, Ontario, Canada: HarperCollins.

54 Prahalad, C. K. 2006. The Innovation Sandbox. Strategy+Business, Booz Allen Hamilton, 44: 62-71.

55 Magretta, J. 2011. Understanding Michael Porter: The Essential Guide to Competition and Strategy. Harvard Business Review Press.

56 Shih, W. & Kaufman, S. 2014. Netflix in 2011. Harvard Business School Case 615-007

57 Shih, W. & Kaufman, S. 2014. Netflix in 2011. Harvard Business School Case 615-007

58 Christensen, C. M. & Raynor, M. E. 2003. The Innovator's Solution: Creating and Sustaining Successful Growth. Harvard Business Review Press.

59 Wikipedia

60 Chandler, A. Local Motors Secures Over $1 Billion In Financing For Olli Customers. South Florida Business Journal. last modified Jan. 2, 2018, accessed Dec. 1, 2019, https://www.bizjournals.com/southflorida/prnewswire/press_releases/Florida/2018/01/02/LA79087.

61 Hamel, G. & Zanini, M. 2018. The end of bureaucracy. Harvard Business Review, November-December.

62 서울대학교 공과대학. 2015. 축적의 시간. 지식노마드.

63 Nelson, R. R. & Winter. S. G. 1982. An Evolutionary Theory of Economic Change. Harvard University Press.

64 Rosenkopf, L. & Nerkar, A. 2001. Beyond Local Search: Boundary-Spanning, Exploration, and Impact in the Optical Disk Industry. Strategic Management Journal, 22(4), 287-305.

65 He, Z. L., Lim, K., & Wong, P. 2006. Entry and competitive dynamics in the mobile telecommunications market. Research Policy, 35(8), 1147–1165.

66 Volberda, H. W., Foss, N. J., & Lyles, M. A. 2010. Absorbing the concept of absorptive capacity: How to realize its potential in the organization field. Organization Science, 21(4), 931-951.

67 Kim, B., Kim, E., & Foss. N. J. 2016. Balancing absorptive capacity and inbound open innovation for sustained innovative performance: An attention-based view. European Management Journal, 34(1), 80-90.

68 에릭 리스. 2012. 린 스타트업. 이창수, 송우일 공역. 인사이트(insight).

69 Ribchin, I. When Lean startups can be dangerous. VentureBeat. Oct. 4, 2015. https://venturebeat.com/2015/10/04/when-lean-startups-can-be-dangerous/

70 Kern, E. Marc Andreessen: Not every startup should be a Lean Startup or embrace the pivot. Gigaom. Dec. 3, 2012. https://gigaom.com/2012/12/03/marc-andreessen-not-every-startup-should-be-a-lean-startup-or-embrace-the-pivot/

71 정지훈. 작게 시작해 성공하는 린스타트업, 만능은 아냐. 테크M 제41호(2016년 9월).

72 Furr, N., Dyer, J. H., & Nel, K. 2019. When Your Moon Shots Don't Take Off How science fiction and other unconventional tools can fire imagination and lead to breakthrough growth. Harvard Business Review, 97(1), 112-117.

73 스티브 존슨. 2012. 탁월한 아이디어는 어디서 오는가: 700년 역사에서 찾은 7가지 혁신 키워드. 서영조 역. 한국경제신문사.

74 Anthony, S. D., Johnson, M. W., Sinfield, J. V., & Altman, E. J. 2008. The Innovator's Guide to Growth. Harvard Business Review Press: 175

75 Anthony, S. D., Johnson, M. W., Sinfield, J. V., & Altman, E. J. 2008. The Innovator's Guide to Growth. Harvard Business Review Press: 177

76 조준호. 2019. 차이를 만드는 CEO의 생각 도구. 지식노마드.

77 Haidt, J. 2006. The happiness hypothesis: Finding modern truth in ancient wisdom. Basic Books.

78 김경일, 2013. 지혜의 심리학. 진성북스

79 Anthony, S. D., Johnson, M. W., Sinfield, J. V., & Altman, E. J. 2008. The Innovator's Guide to Growth. Harvard Business Review Press: 20

80 로저 마틴. 디자인 씽킹 바이블: 비느지스의 디자인. 현호영 역. 유엑스리뷰: 108-114

81 Inamdar, M. & Rothaermel, F. T. 2017. The Walt Disney Company. Harvard Business School Case MH0-044.

82 Lang. A. 2012. The Power of Why: Simple Questions That Lead to Success. Toronto, Ontario, Canada: HarperCollins.

83 살림 이스마일, 마이클 말론, 유리 반 헤이스트. 2016. 기하급수 시대가 온다. 이지연 역. 청림출판: 266

84 Hamel, G. & Zanini, M. 2018. The end of bureaucracy. Harvard Business Review, 96(6), 51-59.

85 Rosenkopf, L. & Nerkar, A. 2001. Beyond Local Search: Boundary-Spanning, Exploration, and Impact in the Optical Disk Industry. Strategic Management Journal, 22(4), 287-305.

86 윤종록. 2015. 이매지노베이션. 크레듀 하우.

87 Rosenkopf, L. & Nerkar, A. 2001. Beyond Local Search: Boundary-Spanning, Exploration, and Impact in the Optical Disk Industry. Strategic Management Journal, 22(4), 287-305.

88 Nonaka, I., & Takeuchi, H. 1995. The Knowledge-Creating Company: How Japanese Companies Create the Dynamics of Innovation. Oxford university press.

89 윤종록. 2015. 이매지노베이션. 크레듀 하우: 129-130

90 윤종록. 2015. 이매지노베이션. 크레듀 하우: 121

91 Schilling, M. A. 2017. 기술경영과 혁신전략. 김길선 역. McGraw-Hill Education.

92 나카노 아키라. 2010. (클레이튼 크리스텐슨의) 파괴적 혁신. 고은진 역. 비즈니스맵:한국물가정보.

93 Johansson, F. 2006. Medici Effect: What You Can Learn from Elephants and Epidemics. Harvard Business Review Press.

94 Hargadon, A., & Sutton, R. I. 1997. Technology brokering and innovation in a product development firm. Administrative Science Quarterly, 42(4), 716-749.

95 Kim, B., Kim, E., & Foss. N. J. 2016. Balancing absorptive capacity and inbound open innovation for sustained innovative performance: An attention-based view. European Management Journal, 34(1), 80-90.

96 Markman, A. 2012. Smart Thinking: Three Essential Keys to Solve Problems, Innovate, and Get Things Done. New York: Perigee Book.

97 Gick, M. L. & Holyoak, K. J. 1980. Analogical problem solving. Cognitive Psychology, 12(3), 306-355.

98 Fiske, S. T. & Taylor, S. E. 1984. Social Cognition. New York: McGraw-Hill.

99 Maier, N. 1931. Reasoning in humans. II. The solution of a problem and its appearance in consciousness. Journal of Comparative Psychology, 12(2), 181-194.

100 Duncker, K. 1945. On problem solving. Psychological Monographs (L. S. Lees, Trans.), 58(5), i-113.

101 March, J. G., & Olsen, J. P. 1976. Organizational choice under ambiguity. Ambiguity and choice in organizations, 2, 10-23.

102 Ocasio, W. 1997. Towards an Attention-Based View of the Firm. Strategic Management

Journal, 18(Summer Special Issue), 187-206

103 Zahra, S. A., & George, G. 2002. Absorptive capacity: a review, reconceptualization, and extension. Academy of Management Review, 27, 185-203.

104 Forsfuri A., & Tribo J. A. 2008. Exploring the antecedents of potential absorptive capacity and its impact on innovation performance. Omega, 36(2), 173-187.

105 Todorova, G., & Durisin, B. 2007. Absorptive capacity: Valuing a reconceptualization. Academy of Management Review, 32(3), 774-786.

106 Fang, R., Duffy, M. K., & Shaw, J. D. 2011. The organizational socialization process: Review and development of a social capital model. Journal of Management, 37, 127-152.

107 Hamel, G., & Prahalad, C. K. 1994. Competing for the future. Boston: Harvard Business School Press.

108 Tsai, W. 2001. Knowledge transfer in intraorganizational networks: Effects of network position and absorptive capacity on business unit innovation and performance. Academy of Management Journal, 44, 996-1004.

109 Kim, B., Kim, E., Kim, Y., and Cho, J.Y. 2018. Where to find innovative ideas: interdependence-building mechanisms and boundary-spanning exploration. Knowledge Management Research & Practice, 16, 376-387.

110 윤종록. 2015. 이매지노베이션. 크레듀 하우: 65.

111 Amabile, T. M. & Khaire, M. 2008. Creativity and the role of the leader. Harvard Business Review, 86(10), 100-109.

112 Kelley, D. & Kelley, T. 2013. Creative confidence: Unleashing the Creative Potential Within Us All. New York: Crown Business: 182-190.

113 Amabile, T. M. & Khaire, M. 2008. Creativity and the role of the leader. Harvard Business Review, 86(10), 100-109.

114 Kern, E. Marc Andreessen: Not every startup should be a Lean Startup or embrace the pivot. Gigaom. Last modified Dec. 3, 2012, accessed Dec. 15, 2019, https://gigaom.com/2012/12/03/marc-andreessen-not-every-startup-should-be-a-lean-startup-or-embrace-the-pivot/

115 윤종록. 2015. 이매지노베이션. 크레듀 하우: 123.

116 Inamdar, M. & Rothaermel, F. T. 2017. The Walt Disney Company. Harvard Business School Case MH0-044.

117 Dalio, R. 2017. Principles: Life and Work. New York: Simon & Schuster

118 브라이언 피츠패트릭, 벤콜린스-서스먼. 2013. 협업의 기술. 장현희 역. 제이펍: 1, 21.

119 심재우. 2014. 1% 위대한 기업은 어떻게 일하는가. 베가북스

120 심재우. 2014. 1% 위대한 기업은 어떻게 일하는가. 베가북스

121 박기찬. 2013. 세계적인 기업들의 사내 커뮤니케이션. 한국경제매거진. 제894호.

122 라즐로 복. 2015. 구글의 아침은 자유가 시작된다. 알에이치코리아

123 안호천. "성공한 기업에 '협업'과 '소통' 있다", <전자신문>, 2014-1-1.

124 수잰 M. 존슨 빅버그, 킴 크라이스트포트. 2017. 개척자, 조종자, 통합자, 수호자 (장효선 옮김). 하버드비즈니스리뷰 코리아

125 Lafley, A. G. & Martin, R. L. 2013. Playing to win: How strategy really works. Harvard Business Review Press.

126 Grant, A. 2013. Give and take: Why helping others drives our success. Penguin Books.

127 Amabile, T. M. & Khaire, M. 2008. Creativity and the role of the leader. Harvard Business Review, 86(10), 100-109.

128 김경일, 2013. 지혜의 심리학. 진성북스.

129 김경일, 2015, 이끌지 말고 따르게 하라. 진성북스

130 Lang. A. 2012. The Power of Why: Simple Questions That Lead to Success. Toronto, Ontario, Canada: HarperCollins.

131 Sinek, S. 2009. Start with Why: How Great Leaders Inspire Everyone to Take Action. Penguin.

132 클레이튼 크리스텐슨. 2013. 이노베이터 DNA: 성공하는 혁신가들의 5가지 스킬. 세종서적.

133 윤종록. 2015. 이매지노베이션. 크레듀 하우.

134 Yang, D., Preston, J. L., & Hernandez, I. 2012. Polarized Attitudes Toward the Ground Zero Mosque are Reduced by High-Level Construal. Social Psychological and Personality Science, 4(2): 244-250.

135 Sinek, S. 2009. Start with Why: How Great Leaders Inspire Everyone to Take Action. Penguin.

136 김주환. 2013. 그릿 GRIT: 잠재력을 실력으로, 실력을 성적으로, 결과로 증명하는 공부법. 쌤앤파커스.

137 김주환. 2011. 회복 탄력성: 시련을 행운으로 바꾸는 유쾌한 비밀. 위즈덤하우스.

138 Haidt, J. 2006. The happiness hypothesis: Finding modern truth in ancient wisdom. Basic Books.

139 Sinek, S. 2009. Start with Why: How Great Leaders Inspire Everyone to Take Action. Penguin.

140 Lang. A. 2012. The Power of Why: Simple Questions That Lead to Success. Toronto, Ontario, Canada: HarperCollins.

141 Stacy Perman. 2005. Spies, Inc.: Business Innovation from Israel's Masters of Espionage.

Upper Saddle River, NJ: Prentice Hall

142 윤종록. 2015. 이매지노베이션. 크레듀 하우.

143 윤종록. 2015. 이매지노베이션. 크레듀 하우: 132

144 Stacy Perman. 2005. Spies, Inc.: Business Innovation from Israel's Masters of Espionage. Upper Saddle River, NJ: Prentice Hall.

145 Dunker, K. 1926. A qualitative study of productive thinking. Pedagogical Seminary and Journal of Genetic Psychology, 33: 642-708

146 Duncker, K. 1945. On problem solving. Psychological Monographs, 58(5)

147 Pink, D. 2011. Drive: The surprising truth about what motivates us. New York: Riverhead Books.

148 Amabile, T. M. 1996. Creativity in Context: Update to the Social Psychology of Creativity. Boulder, CO: Westview Press.

149 Pink, D. 2011. Drive: The surprising truth about what motivates us. New York: Riverhead Books.

150 Csikszentmihalyi, M. 1996 Creativity: Flow and the Psychology of Discovery and Invention. New York: Harper-Collins.

151 애드 캣멀, 에이미 월러스. 2014. 창의성을 지휘하라: 지속 가능한 창조와 혁신을 이끄는 힘. 윤태경 역. 와이즈 베리.

152 호소야 이사오. 2008. 지두력. 홍성민 역. 이레.

153 애드 캣멀, 에이미 월러스. 2014. 창의성을 지휘하라 - 지속 가능한 창조와 혁신을 이끄는 힘. 와이즈베리: 264-302.

154 Brown, T. 2019. Change by design: How design Thinking Transforms Organizations and Inspires Innovation. New York: HarperCollins: 239.

155 Kelley, T., & Kelley, D. (2013). Creative confidence: Unleashing the creative potential within us all. Currency: 182-190.

156 Grant, A. 2013. Give and take: Why helping others drives our success. Penguin Books.

157 Brown, T. 2009. Change by Design: How design thinking transforms organizations and inspires innovation. New York: Harper Business: 89

158 Brown, T. 2009. Change by Design: How design thinking transforms organizations and inspires innovation. New York: Harper Business: 102

159 애드 캣멀, 에이미 월러스. 2014. 창의성을 지휘하라 - 지속 가능한 창조와 혁신을 이끄는 힘. 와이즈베리: 264-302.

160 마티 케이건. 2012. 인스파이어드: 감동을 전하는 제품은 어떻게 만들어지는가. 배장열 역. 제이펍.

161 김언수. 2020. 2020 소비 트렌드 다이제스트. 『고우경제』, 신춘호에 실렸던 글 발췌 및 축약

162 김나연 외. 2019. 『2020 팔리는 라이프스타일 트렌드』. 한스 미디어.

163 대학내일연구소. 2019. 『밀레니얼-Z세대 트렌드 2020』. 위즈덤 하우스.

164 염한결 외. 2019. 『2020 트렌드 노트』. 북스톤.

165 김난도 외. 2019. 『트렌드 코리아 2020』. 미래의 창.

166 곽나래. 2019. 『90년대생 소비 트렌드 2020』. 더 퀘스트.

167 코트라. 2019. 『2020 한국이 열광할 세계 트렌드』. 알키.

168 Furlong, M. 2007. Turning Silver into Gold: How to Profit in the New Boomer Marketplace. Upper Saddle River, NJ: FT Press.

169 Magretta, J. 2012. Understanding Michael Porter: The Essential Guide to Competition and Strategy, Harvard Business Review Press.

170 Robert, M. 1993. Strategy Pure and Simple. McGraw-Hill.

171 Bellezza, S. & Berger, J. 2020. The mystery of the $2,000 Ikea shopping bag. Harvard Business Review, February 18.

172 Porter, M. E. 1985. Competitive Advantage, Free Press.

173 Thales S. Teixeira & Greg Piechota, 2019. Unlocking the Customer Value Chain

174 Cusumano, M. A., Gawer, A., & Yoffie, D. B. 2019. The Business of Platforms, New York: HarperCollins: 218.

175 Cusumano, M. A., Gawer, A., & Yoffie, D. B. 2019. The Business of Platforms, New York: HarperCollins: 8.

176 Manjoo, F. 2017. The Frightful Five want to rule entertainment. They are hitting limits. New York Times, October 11.

177 플랫폼 사업자도 책임: 배달의 민족 '면피약관' 고쳤다. 한국경제. 2020/06/09.

178 Huston, C. 2016. Driverless cars could cost 35 cents per mile for the Uber consumer. Marketwath, September 19: https://www.marketwatch.com/story/demand-for-driverless-cars-could-boost-uber-to-2016-09-19 (2020/6/9 검색).

179 Thomas, J. S. H. & Gallagher, S. P. 2018. Say goodbye to independent contractors: The new 'ABC' test of employee status. HR Defense, May 7.

180 Cusumano, M. A., Gawer, A., & Yoffie, D. B. 2019. The Business of Platforms, New York: HarperCollins: 109.

181 Campbell, A., Goold, A., & Alexander, M. 1995. Corporate Strategy: The Quest for

Parenting Advantage. Harvard Business Review, March - April: 120~132.

182 Maney, K. 1995. Megamedia Shakeout. New York: John Wiley & Sons: 8.

183 Kahn, R. & Cerf, V. 2000. Al Gore and the Internet. The Register, October 2.

184 https://en.wikipedia.org/wiki/Al_Gore_and_information_technology#cite_note-cerfkahn-3

185 Cusumano, M. A., Gawer, A., & Yoffie, D. B. 2019. The Business of Platforms, New York: HarperCollins.

186 Hillel Aron, 2014. Christmas shopper alert! How eBay, Amazon and Alibaba fuel the world's top illegal industry - The counterfeit products market. LA Weekly, December 3: https://www.laweekly.com/christmas-shopper-alert-how-ebay-amazon-and-alibaba-fuel-the-worlds-top-illegal-industry-the-counterfeit-products-market/

187 마셜 W. 밴 앨스타인, 상지트 폴 초더리, 제프리 G. 파커. 2017. 플랫폼 레볼루션. 이현경 옮김. Bookie Publishing House: 69.

188 수닐 굽타. 2018. 루이비통도 넷플릭스처럼. 김수진 옮김. 프리렉: 202-204.

189 마셜 W. 밴 앨스타인, 상지트 폴 초더리, 제프리 G. 파커. 2017. 플랫폼 레볼루션. 이현경 옮김. Bookie Publishing House: 265-267

190 Hamel, G. & Zanini, M. 2018. The end of bureaucracy. Harvard Business Review, November-December issue.

191 Kaplan, R. S. & Norton, D. P. 2006. How to implement a new strategy without disrupting your organization. Harvard Business Review, March Issue.

192 Kates, A & Galbraith, J. R. 2007. Designing Your Organization. San Francisco, CA: Jossey-Bass

193 윤종록. 2015. 이매지노베이션. 크레듀 하우.

194 Edler, R. 1995. If I Knew Then What I Know Now. New York: Berkley Books.

195 오마에 겐이치, 2011. 난문쾌답(難問クェダブ): 답이 없는 시대 필요한 것들(Dosatsuryoku No Genten Professional, Ni Okuru Kotova). 홍성민역. 흐름출판: 144.

196 Malnight, T. W., Buche, I., & Dhanaraj, C. 2019. Put purpose at the core of your strategy. Harvard Business Review, September-October: 70-79.

197 Scott D. Anthony, S. D., Johnson, M. W., Altman, E. J. & Sinfield, J. V. 2008. The Innovator's Guide to Growth: Putting Disruptive Innovation to Work, Harvard Business Press: 351.

198 Dyer, J., Gregersen, H., Christensen, C. 2011. Innovator's DNA. Harvard Business Press: 231 & 301 통합, 채점 체계 수정.

199 살림 이스마일, 마이클 말론, 유리 반 헤이스트. 2016. 기하급수 시대가 온다. 이지연 역. 청림출판.

200 Magretta, J. 2011. Understanding Michael Porter: The Essential Guide to Competition and Strategy. Harvard Business Review Press.

201 Yoffie, D. B., & Cusumano, M. A. 2015. Strategy Rules: Five Timeless Lessons from Bill Gates, Andy Grove, and Steve Jobs. HarperBusiness.

202 김언수, 김봉선. 2018. Top을 위한 전략경영 5.0. 피앤씨미디어: 129-131. 재인용

203 스콧 앤서니 , 마크 존슨, 조셉 신필드, 엘리자베스 알트먼. 파괴적 혁신 실행메뉴얼. 이성호, 김길선 역. 옥당: p.84 활용 및 수정

204 Ansoff, H. I. 1968. Corporate Strategy. Penguin Books.

205 A.G. 래플리, 로저 마틴. 2013. 승리의 경영전략. 김주권-박광태-박상진 옮김. 진성북스 인용 및 수정.

206 중앙일보, 2014/6/23: B2

207 Melissa A. Schilling. 2017. 기술경영과 혁신전략. 김길선 역. McGraw-Hill Education:54

208 Melissa A. Schilling. 2017. 기술경영과 혁신전략. 김길선 역. McGraw-Hill Education.

209 Scuria-Fontana, C. 1990. The Slide Rule Today: Respect for the Past: History of the Slide Rule, Mechanical Engineering-CIME, July: 122-124.

210 Christensen, C. M. & Raynor, M. E. 2003. The Innovator's Solution: Creating and Sustaining Successful Growth. Harvard Business Review Press.

211 Simon, H. 1962. The Architecture of Complexity," Proceedings of the American Philosophical Society. 106(6), 467-82

212 Melissa A. Schilling. 2017. 기술경영과 혁신전략. 김길선 역. McGraw-Hill Education.

213 Fleming L & Sorenson, O. 2003. Navigating the Technology Landscape of Innovation, MIT Sloan Management Review, 44(2), 15.

214 Schilling, M. A. 2000. Towards a General Modular Systems Theory and Its Application to Interfirm Product Modularity, Academy of Management Review, 25(2), 312-334.

215 Henderson, R. & Clark, K. 1990. Architectural Innovation: The Reconfiguration of Existing Product Technologies and the Failure of Established firms. Administrative Science Quarterly, 35, 9-30.

216 Melissa A. Schilling. 2017. 기술경영과 혁신전략. 김길선 역. McGraw-Hill Education.

217 Brown, T. 2009. Change by Design: How design thinking transforms organizations and inspires innovation. New York: Harper Business: 161-163.

진성북스
도서목록

사람이 가진 무한한 잠재력을 키워가는 **진성북스**는
지혜로운 삶에 나침반이 되는 양서를 만듭니다.

앞서 가는 사람들의 두뇌 습관

스마트 싱킹

아트 마크먼 지음 | 박상진 옮김
352쪽 | 값 17,000원

숨어 있던 창의성의 비밀을 밝힌다!

인간의 마음이 어떻게 작동하는지 설명하고, 스마트해지는데 필요한 완벽한 종류의 연습을 하도록 도와준다. 고품질 지식의 습득과 문제 해결을 위해 생각의 원리를 제시하는 인지 심리학의 결정판이다! 고등학생이든, 과학자든, 미래의 비즈니스 리더든, 또는 회사의 CEO든 스마트 싱킹을 하고자 하는 누구에게나 이 책은 유용하리라 생각한다.

● 조선일보 등 주요 15개 언론사의 추천
● KBS TV, CBS방영 및 추천

나의 잠재력을 찾는 생각의 비밀코트

지혜의 심리학

김경일 지음
352쪽 | 값 16,500원

창의적으로 행복에 이르는 길!

인간의 타고난 심리적 특성을 이해하고, 생각을 현실에서 실행하도록 이끌어주는 동기에 대한 통찰을 통해 행복한 삶을 사는 지혜를 명쾌하게 설명한 책. 지혜의 심리학을 선택한 순간, 미래의 밝고 행복한 모습은 이미 우리 안에 다가와 가뿐히 자리잡고 있을 것이다. 수많은 자기계발서를 읽고도 성장의 목표를 이루지 못한 사람들의 필독서!

● OtvN <어쩌다 어른> 특강 출연
● KBS 1TV 아침마당<목요특강> "지혜의 심리학" 특강 출연
● YTN사이언스 <과학, 책을 만나다> "지혜의 심리학" 특강 출연
● 2014년 중국 수출 계약 | 포스코 CEO 추천 도서

세계 초일류 기업이 벤치마킹한
성공전략 5단계

승리의 경영전략

AG 래플리, 로저마틴 지음
김주권, 박광태, 박상진 옮김
352쪽 | 값 18,500원

전략경영의 살아있는 메뉴얼

가장 유명한 경영 사상가 두 사람이 전략이란 무엇을 위한 것이고, 어떻게 생각해야 하며, 왜 필요하고, 어떻게 실천해야 할지 구체적으로 설명한다. 이들은 100년 동안 세계 기업회생역사에서 가장 성공적이라고 평가받고 있을 뿐 아니라, 직접 성취한 P&G의 사례를 들어 전략의 핵심을 강조하고 있다.

● 경영대가 50인(Thinkers 50)이 선정한 2014 최고의 책
● 탁월한 경영자와 최고의 경영 사상가의 역작
● 월스트리스 저널 베스트 셀러

"이 검사를 꼭 받아야 합니까?"

과잉진단

길버트 웰치 지음 | 홍영준 옮김
391쪽 | 값 17,000원

병원에 가기 전 꼭 알아야 할 의학 지식!

과잉진단이라는 말은 아무도 원하지 않는다. 이는 걱정과 과잉진료의 전조일 뿐 개인에게 아무 혜택도 없다. 하버드대 출신 의사인 저자는, 의사들의 진단욕심에 비롯된 과잉진단의 문제점과 과잉신단의 합리적인 이유를 함께 제시함으로써 질병예방의 올바른 패러다임을 전해준다.

● 한국출판문화산업 진흥원 『이달의 책』 선정도서
● 조선일보, 중앙일보, 동아일보 등 주요 언론사 추천

새로운 시대는 逆(역)으로 시작하라!

콘트래리언

이신영 지음
408쪽 | 값 17,000원

위기극복의 핵심은 역발상에서 나온다!

세계적 거장들의 삶과 경영을 구체적이고 내밀하게 들여다본 저자는 그들의 성공핵심은 많은 사람들이 옳다고 추구하는 흐름에 '거꾸로' 갔다는 데 있음을 발견했다. 모두가 실패를 두려워할 때 도전할 줄 알았고, 모두가 아니라고 말하는 아이디어를 성공적인 아이디어로 발전시켰으며 최근 15년간 3대 악재라 불린 위기 속에서 기회를 찾고 성공을 거두었다.

● 한국출판한문화산업 진흥원 '이달의 책' 선정도서
● KBS 1 라디오 <오한진 이정민의 황금사과> 방송

비즈니스 성공의 불변법칙
경영의 멘탈모델을 배운다!

퍼스널 MBA

조쉬 카우프만 지음 | 이상호, 박상진 옮김
756쪽 | 값 23,500원

"MASTER THE ART OF BUSINESS"

비즈니스 스쿨에 발을 들여놓지 않고도 자신이 원하는 시간과 적은 비용으로 비즈니스 지식을 획기적으로 높이는 방법을 가르쳐 주고 있다. 실제 비즈니스의 운영, 개인의 생산성 극대화, 그리고 성과를 높이는 스킬을 배울 수 있다. 이 책을 통해 경영학을 마스터하고 상위 0.01%에 속하는 부자가 되는 길을 따라가 보자.

● 아마존 경영 & 리더십 트레이닝 분야 1위
● 미국, 일본, 중국 베스트 셀러
● 경영 명저 100권을 녹여 놓은 책

백 마디 불통의 말, 한 마디 소통의 말

당신은 어떤 말을 하고 있나요?

김종영 지음
248쪽 | 값 13,500원

리더십의 핵심은 소통능력이다. 소통을 체계적으로 연구하는 학문이 바로 수사학이다. 이 책은 우선 사람을 움직이는 힘, 수사학을 집중 조명한다. 그리고 소통의 능력을 필요로 하는 우리 사회의 리더들에게 꼭 필요한 수사적 리더십의 원리를 제공한다. 더 나아가서 수사학의 원리를 실제 생활에 어떻게 적용할 수 있는지 일러준다. 독자는 행복한 말하기와 아름다운 소통을 체험할 것이다.

● SK텔레콤 사보 <Inside M> 인터뷰
● MBC 라디오 <라디오 북 클럽> 출연
● 매일 경제, 이코노믹리뷰, 경향신문 소개
● 대통령 취임 2주년 기념식 특별연설

경쟁을 초월하여 영원한 승자로 가는 지름길

탁월한 전략이 미래를 창조한다

리치 호워드 지음 | 박상진 옮김
300쪽 | 값 17,000원

이 책은 혁신과 영감을 통해 자신들의 경험과 지식을 탁월한 전략으로 바꾸려는 리더들에게 실질적인 프레임워크를 제공해준다. 저자는 탁월한 전략을 위해서는 새로운 통찰을 결합하고 독자적인 경쟁 전략을 세우고 헌신을 이끌어내는 것이 중요하다고 강조한다. 나아가 연구 내용과 실제 사례, 사고 모델, 핵심 개념에 대한 명쾌한 설명을 통해 탁월한 전략가가 되는 데 필요한 핵심 스킬을 만드는 과정을 제시해준다.

● 조선비즈, 매경이코노미 추천도서
● 저자 전략분야 뉴욕타임즈 베스트 셀러

진정한 부와 성공을 끌어당기는 단 하나의 마법

생각의 시크릿

밥 프록터, 그레그 레이드 지음 | 박상진 옮김
268쪽 | 값 13,800원

성공한 사람들은 그렇지 못한 사람들과 다른 생각을 갖고 있는 것인가? 지난 100년의 역사에서 수많은 사람을 성공으로 이끈 성공 철학의 정수를 밝힌다. <생각의 시크릿>은 지금까지 부자의 개념을 오늘에 맞게 더 구체화시켰다. 지금도 변하지 않는 법칙을 따라만 하면 누구든지 성공의 비밀에 다가갈 수 있다. 이 책은 각 분야에서 성공한 기업가들이 지난 100년간의 성공 철학을 어떻게 이해하고 따라했는지 살펴보면서, 그들의 성공 스토리를 생생하게 전달하고 있다.

● 2016년 자기계발분야 화제의 도서
● 매경이코노미, 이코노믹리뷰 소개

앞서 가는 사람들의 두뇌 습관

스마트 싱킹

아트 마크먼 지음
박상진 옮김
352쪽 | 값 17,000원

보통 사람들은 지능이 높을수록 똑똑한 행동을 할 것이라 생각한다. 하지만 마크먼 교수는 연구를 통해 지능과 스마트한 행동의 상관관계가 그다지 크지 않음을 증명한다. 한 연구에서는 지능검사 결과, 높은 점수를 받은 아이들을 35년 동안 추적하여 결국 인생의 성공과 지능지수는 그다지 상관없다는 사실을 밝히기도 했다. 중요한 것은 스마트한 행동으로 이끄는 것은 바로 '생각의 습관'이라는 것이다. 스마트한 습관은 정보와 행동을 연결해 행동을 합리적으로 수행하도록 하는 일관된 변환(consistent mapping)으로 형성된다. 곧 스마트 싱킹은 실천을 통해 행동으로 익혀야 한다는 뜻이다. 스마트한 습관을 창조하여 고품질 지식을 습득하고, 그 지식을 활용하여 새로운 문제를 창의적으로 해결해야 스마트 싱킹이 가능한 것이다. 그러려면 끊임없이 '왜'라고 물어야 한다. '왜'라는 질문에서 우리가 얻을 수 있는 것은 사물의 원리를 설명하는 인과적 지식이기 때문이다. 스마트 싱킹에 필요한 고품질 지식은 바로 이 인과적 지식을 통해 습득할 수 있다. 이 책은 일반인이 고품질 지식을 얻어 스마트 싱킹을 할 수 있는 구체적인 방법을 담고 있다. 예를 들어 문제를 글로 설명하기, 자신에게 설명해 보기 등 문제해결 방법과 회사와 가정에서 스마트한 문화를 창조하기 위한 8가지 방법이 기술되어 있다.

● 조선일보 등 주요 15개 언론사의 추천
● KBS TV, CBS방영 및 추천

새로운 리더십을 위한 지혜의 심리학

이끌지 말고 따르게 하라

김경일 지음
328쪽 | 값 15,000원

이 책은 '훌륭한 리더', '존경받는 리더', '사랑받는 리더'가 되고
싶어하는 모든 사람들을 위한 책이다. 요즘 사회에서는 존경보
다 질책을 더 많이 받는 리더들의 모습을 쉽게 볼 수 있다. 저자
는 리더십의 원형이 되는 인지심리학을 바탕으로 바람직한 리
더의 모습을 하나씩 밝혀준다. 현재 리더의 위치에 있는 사람뿐
만 아니라, 앞으로 리더가 되기 위해 노력하고 있는 사람이라면
인지심리학의 새로운 접근에 공감하게 될 것이다. 존경받는 리
더로서 조직을 성공시키고, 나아가 자신의 삶에서도 승리하기를
원하는 사람들에게 필독을 권한다.

- OtvN <어쩌다 어른> 특강 출연
- 예스24 리더십 분야 베스트 셀러
- 국립중앙도서관 사서 추천 도서

세계를 무대로 미래의 비즈니스를 펼쳐라

21세기 글로벌 인재의 조건

시오노 마코토 지음 | 김성수 옮김
244쪽 | 값 15,000원

세계 최고의 인재는 무엇이 다른가? 이 책은 21세기 글로벌 시대
에 통용될 수 있는 비즈니스와 관련된 지식, 기술, 그리고 에티켓
등을 자세하게 설명한다. 이 뿐만 아니라 재무, 회계, 제휴 등의
업무에 바로 활용가능한 실무적인 내용까지 다루고 있다. 이 모
든 것들이 미래의 주인공을 꿈꾸는 젊은이들에게 글로벌 인재가
되기 위한 발판을 마련해주는데 큰 도움이 될 것이다. 저자의 화
려한 국제 비즈니스 경험과 감각을 바탕으로 비즈니스에 임하는
자세와 기본기, 그리고 실천 전략에 대해서 알려준다.

하버드 경영대학원 마이클 포터의 성공전략 지침서

당신의 경쟁전략은
무엇인가?

조안 마그레타 지음 | 김언수, 김주권, 박상진 옮김
368쪽 | 값 22,000원

이 책은 방대하고 주요한 마이클 포터의 이론과 생각을 한 권으로
정리했다. <하버드 비즈니스리뷰> 편집장 출신인 조안 마그레타
(Joan Magretta)는 마이클 포터와의 협력으로 포터교수의 아이디
어를 업데이트하고, 이론을 증명하는 수많은 생생하고 명확한 사례
들을 알기 쉽게 설명한다. 전략경영과 경쟁전략의 핵심을 단기간
에 마스터하기 위한 사람들의 필독서이다.

- 전략의 대가, 마이클 포터 이론의 결정판
- 아마존 전략분야 베스트 셀러
- 일반인과 대학생을 위한 전략경영 필독서

성과기반의 채용과 구직을 위한 가이드

100% 성공하는
채용과 면접의 기술

루 아들러 지음 | 이병철 옮김
352쪽 | 값 16,000원

기업에서 좋은 인재란 어떤 사람인가? 많은 인사담당자는 스펙
만 보고 채용하다가는 낭패하기 쉽다고 말한다. 최근 전문가
들은 성과기반채용 방식에서 그 해답을 찾는다. 이는 개인의 역
량을 기초로 직무에서 성과를 낼 수 있는 요인을 확인하고 검증
하는 면접이다. 이 책은 세계의 수많은 일류 기업에서 시도하고
있는 성과기반채용에 대한 개념, 프로세스, 그리고 실패방법을
다양한 사례로 설명하고 있다.

- 2016년 경제경영분야 화제의 도서

인생의 고수가 되기 위한 진짜 공부의 힘

김병완의 공부혁명

김병완 지음
236쪽 | 값 13,800원

공부는 20대에게 세상을 살아갈 수 있는 힘과 자신감 그리고 내
공을 길러준다. 그래서 20대 때 공부에 미쳐 본 경험이 있는 사
람과 그렇지 못한 사람은 알게 모르게 평생 큰 차이가 난다. 진
짜 청춘은 공부하는 청춘이다. 공부를 하지 않고 어떻게 100세
시대를 살아가고자 하는가? 공부는 인생의 예의이자 특권이다.
20대 공부는 자신의 내면을 발견할 수 있게 해주고, 그로 인해
진짜 인생을 살아갈 수 있게 해준다. 이 책에서 말하는 20대 청
춘이란 생물학적인 나이만을 의미하지 않는다. 60대라도 진짜
공부를 하고 있다면 여전히 20대 청춘이고 이들에게는 미래에
대한 확신과 풍요의 정신이 넘칠 것이다.

대담한 혁신상품은 어떻게 만들어지는가?

신제품 개발 바이블

로버트 쿠퍼 지음 | 류강석, 박상진, 신동영 옮김
648쪽 | 값 28,000원

오늘날 비즈니스 환경에서 진정한 혁신과 신제품개발은 중요한
도전과제이다. 하지만 대부분의 기업들에게 야심적인 혁신은 보
이지 않는다. 이 책의 저자는 제품혁신의 핵심성공 요인이자 세
계최고의 제품개발 프로세스인 스테이지-게이트(Stage-Gate)에
대해 강조한다. 아울러 올바른 프로젝트 선택 방법과 스테이지-
게이트 프로세스를 활용한 신제품개발 성공 방법에 대해서도 밝
히고 있다. 신제품은 기업번영의 핵심이다. 이러한 방법을 배우
고 기업의 실적과 시장 점유율을 높이는 대담한 혁신을 성취하
는 것은 담당자, 관리자, 경영자의 마지노선이다.

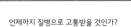

난치병 치유의 길

언제까지 질병으로 고통받을 것인가?

앤서니 윌리엄 지음 | 박용준 옮김
468쪽 | 값 22,000원

이 책은 현대의학으로는 치료가 불가능한 질병으로 고통 받는 수많은 사람들에게 새로운 치료법을 소개한다. 저자는 사람들이 무엇으로 고통 받고, 어떻게 그들의 건강을 관리할 수 있는지에 대한 영성의 목소리를 들었다. 현대 의학으로는 설명할 수 없는 질병이나 몸의 비정상적인 상태의 근본 원인을 밝혀주고 있다. 당신이 원인불명의 증상으로 고생하고 있다면 이 책은 필요한 해답을 제공해 줄 것이다.

● 아마존 건강분야 베스트 셀러 1위

실용 글쓰기 정석

기초가 탄탄한 글의 힘

황성근 지음 | 252쪽 | 값 13,500원

글쓰기는 인간의 기본 능력이자 자신의 능력을 발휘하는 핵심적인 도구이다. 글은 이론만으로 잘 쓸 수 없다. 좋은 글을 많이 읽고 체계적인 연습이 필요하다. 이 책에서는 기본 원리와 구성, 나아가 활용 수준까지 글쓰기의 모든 것을 다루고 있다. 이 책은 지금까지 자주 언급되고 무조건적으로 수용되던 기존 글쓰기의 이론들을 아예 무시했다. 실제 글쓰기를 할 때 반드시 필요하고 알아두어야 하는 내용들만 담았다. 책의 내용도 외울 필요가 없고 소설 읽듯하면 바로 이해되고 그 과정에서 원리를 터득할 수 있도록 심혈을 기울인 책이다. 글쓰기에 대한 깊은 고민에 빠진 채 그 방법을 찾지 못해 방황하고 있는 사람들에게 필독하길 권한다.

의사들의 120세 건강 비결은 따로 있다

질병의 근본 원인을 밝히고 남다른 예방법을 제시한다

마이클 그레거 지음 | 홍영준, 강태진 옮김
❶ 질병원인 치유편 | 564쪽 | 값 22,000원
❷ 질병예방 음식편 | 340쪽 | 값 15,000원

미국 최고의 영양 관련 웹사이트인 http://NutritionFacts.org를 운영 중인 세계적인 영양전문가이자 내과의사가 과학적인 증거로 치명적인 질병으로 사망하는 원인을 규명하고 병을 예방하고 치유하는 식습관에 대해 집대성한 책이다. 저자는 영양과 생활방식의 조정이 처방약, 항암제, 수술보다 더 효과적일 수 있다고 강조한다. 우수한 건강서로서 모든 가정의 구성원들이 함께 읽고 실천하면 좋은 '가정건강지킴이'로서 손색이 없다.

● 아마존 식품건강분야 1위   ● 출간 전 8개국 판권계약

승리의 경영전략

세계 초일류 기업이 벤치마킹한
성공전략 5단계

AG 래플리, 로저마틴 지음
김주권, 박광태, 박상진 옮김
352쪽 | 값 18,500원

이 책은 전략의 이론만을 장황하게 나열하지 않는다. 매일 치열한 생존경쟁이 벌어지고 있는 경영 현장에서 고객과 경쟁자를 분석하여 전략을 입안하고 실행을 주도하였던 저자들의 실제 경험과 전략 대가들의 이론이 책속에서 생생하게 살아 움직이고 있다. 혁신의 아이콘인 A.G 래플리는 P&G의 최고책임자로 다시 돌아왔다. 그는 이 책에서 P&G가 실행하고 승리했던 시장지배의 전략을 구체적으로 보여줄 것이다. 생활용품 전문기업인 P&G는 지난 176년 끊임없이 혁신을 해왔다. 보통 혁신이라고 하면 전화기, TV, 컴퓨터 등 우리 생활에 커다란 변화를 가져오는 기술이나 발명품 등을 떠올리곤 하지만, 소소한 일상을 편리하게 만드는 것 역시 중요한 혁신 중에 하나라고 할 수 있다. 그리고 그러한 혁신은 체계적인 전략의 틀 안에서 지속적으로 이루어질 수 있다. 월 스트리트 저널, 워싱턴 포스트의 베스트셀러인 <Plating to Win: 승리의 경영전략>은 전략적 사고와 그 실천의 핵심을 담고 있다. 리플리는 10년간 CEO로서 전략 컨설턴트인 로저마틴과 함께 P&G를 매출 2배, 이익은 4배, 시장가치는 100조 이상으로 성장시켰다. 이 책은 크고 작은 모든 조직의 리더들에게 대담한 전략적 목표를 일상 속에서 실행하는 방법을 보여주고 있다. 그것은 바로 사업의 성공을 좌우하는 명확하고, 핵심적인 질문인 '어디에서 사업을 해야 하고', '어떻게 승리할 것인가'에 대한 해답을 찾는 것이다.

● 경영대가 50인(Thinkers 50)이 선정한 2014 최고의 책
● 탁월한 경영자와 최고의 경영 사상가의 역작
● 월스트리스 저널 베스트 셀러

회사를 살리는 영업 AtoZ

세일즈 마스터

이장석 지음 | 396쪽 | 값 17,500원

영업은 모든 비즈니스의 꽃이다. 오늘날 경영학의 눈부신 발전과 성과에도 불구하고, 영업관리는 여전히 비과학적인 분야로 남아 있다. 영업이 한 개인의 개인기나 합법과 불법을 넘나드는 묘기의 수준에 남겨두는 한, 기업의 지속적 발전은 한계에 부딪히기 마련이다. 이제 편법이 아닌 정석에 관심을 쏟을 때다. 본질을 망각한 채 결과에 올인하는 영업직원과 눈앞의 성과만으로 모든 것을 평가하려는 기형적인 조직문화는 사라져야 한다. 이 책은 영업의 획기적인 리엔지니어링을 위한 AtoZ를 제시한다. 디지털과 인공지능 시대에 더 인정받는 영업직원과 리더를 위한 필살기다.

나와 당신을 되돌아보는, 지혜의 심리학

어쩌면 우리가
거꾸로 해왔던 것들

김경일 지음 | 272쪽 | 값 15,000원

저자는 이 책에서 수십 년 동안 심리학을 공부해오면서 사람들로부터 가장 많은 공감을 받은 필자의 말과 글을 모아 엮었다. 수많은 독자와 청중들이 '아! 맞아. 내가 그랬었지'라며 지지했던 내용들이다. 다양한 사람들이 공감한 내용들의 방점은 이렇다. 안타깝게도 세상을 살아가는 우리 대부분은 '거꾸로'하고 있는지도 모른다. 이 책은 지금까지 일상에서 거꾸로 해온 것을 반대로, 즉 우리가 '거꾸로 해왔던 수많은 말과 행동들'을 조금이라도 제자리로 되돌아보려는 노력의 산물이다. 이런 지혜를 터득하고 심리학을 생활 속에서 실천하길 바란다.

유능한 리더는 직원의 회복력부터 관리한다

스트레스 받지 않는
사람은 무엇이 다른가

데릭 로저, 닉 페트리 지음
김주리 옮김 | 308쪽 | 값 15,000원

이 책은 흔한 스트레스 관리에 관한 책이 아니다. 휴식을 취하는 방법에 관한 책도 아니다. 인생의 급류에 휩쓸리지 않고 어려움을 헤쳐 나갈 수 있는 능력인 회복력을 강화하여 삶을 주체적으로 사는 법에 관한 명저다. 엄청난 무게의 힘든 상황에서도 감정적 반응을 재설계하도록 하고, 스트레스 증가 외에는 아무런 도움이 되지 않는 자기 패배적 사고 방식을 깨는 방법을 제시한다. 깨어난 순간부터 자신의 태도를 재조정하는 데 도움이 되는 사례별 연구와 극복 기술을 소개한다.

기후의 역사와 인류의 생존

시그널

벤저민 리버만, 엘리자베스 고든 지음
은종환 옮김 | 440쪽 | 값 18,500원

이 책은 인류의 역사를 기후변화의 관점에서 풀어내고 있다. 인류의 발전과 기후의 상호작용을 흥미 있게 조명한다. 인류 문화의 탄생부터 현재에 이르기까지 역사의 중요한 지점을 기후의 망원경으로 관찰하고 해석한다. 당시의 기후조건이 필연적으로 만들어낸 여러 사회적인 변화를 파악한다. 결코 간단하지 않으면서도 흥미진진한, 그리고 현대인들이 심각하게 다뤄야 할 이 주제에 대해 탐구를 시작하고자 하는 독자에게 이 책이 좋은 길잡이가 되리라 기대해본다.

상위 7% 우등생 부부의 9가지 비결

사랑의 완성
결혼을 다시 생각하다

그레고리 팝캑 지음
민지현 옮김 | 396쪽 | 값 16,500원

결혼 상담 치료사인 저자는 특별한 부부들이 서로를 대하는 방식이 다른 모든 부부관계에도 도움이 된다고 알려준다. 그리고 성공적인 부부들의 삶과 그들의 행복비결을 밝힌다. 저자 자신의 결혼생활 이야기를 비롯해 상담치료 사례와 이에대한 분석, 자가진단용 설문, 훈련 과제 및 지침 등으로 구성되어 있다. 이 내용들은 오랜 결혼 관련 연구논문으로 지속적으로 뒷받침되고 있으며 효과가 입증된 것들이다. 이 책을 통해 독자들은 자신의 어떤 점이 결혼생활에 부정적으로 작용하며, 긍정적인 변화를 위해서는 어떤 노력을 해야 하는지 배울 수 있다.

언어를 넘어 문화와 예술을 관통하는 수사학의 힘

현대 수사학

요아힘 크나페 지음
김종영, 홍설영 옮김 | 480쪽 | 값 25,000원

이 책의 목표는 인문학, 문화, 예술, 미디어 등 여러 분야에 수사학을 접목시킬 현대 수사학이론을 개발하는 것이다. 수사학은 본래 언어적 형태의 소통을 연구하는 학문이라서 기초이론의 개발도 이 점에 주력하였다. 그 결과 언어적 소통의 관점에서 수사학의 역사를 개관하고 정치 수사학을 다루는 서적은 꽤 많지만, 수사학 이론을 현대적인 관점에서 새롭고 포괄적으로 다룬 연구는 눈에 띄지 않는다. 이 책은 수사학이 단순히 언어적 행동에만 국한하지 않고, '소통이 있는 모든 곳에 수사학도 있다'는 가정에서 출발한다. 이를 토대로 크나페 교수는 현대 수사학 이론을 체계적으로 개발하고, 문학, 음악, 이미지, 영화 등 실용적인 영역에서 수사학적 분석이 어떻게 가능한지를 총체적으로 보여준다.

고혈압, 당뇨, 고지혈증, 골관절염...
큰 병을 차단하는 의사의 특별한 건강관리법

몸의 경고

박제선 지음 | 336쪽 | 값 16,000원

현대의학은 이제 수명 연장을 넘어, 삶의 질도 함께 고려하는 상황으로 바뀌고 있다. 삶의 '길이'는 현대의료시스템에서 잘 챙겨주지만, '삶의 질'까지 보장받기에는 아직 갈 길이 멀다. 삶의 질을 높이려면 개인이 스스로 해야 할 일이 있다. 진료현장의 의사가 개인의 세세한 건강을 모두 신경 쓰기에는 역부족이다. 이 책은 아파서 병원을 찾기 전에 스스로 '예방'할 수 있는 영양요법과 식이요법에 초점 을 맞추고 있다. 병원에 가기 두렵거나 귀찮은 사람, 이미 질환을 앓고 있지만 심각성을 깨닫지 못하는 사람들에게 가정의학과 전문의가 질병 예방 길잡이를 제공하는 좋은 책이다.

감정은 인간을 어떻게 지배하는가

감정의 역사

롭 보디스 지음 | 민지현 옮김 | 356쪽 |
값 16,500원

이 책은 몸짓이나 손짓과 같은 제스처, 즉 정서적이고 경험에 의해 말하지 않는 것들을 설득력 있게 설명한다. 우리가 느끼는 시간과 공간의 순간에 마음과 몸이 존재하는 역동적인 산물이라고 주장하면서, 생물학적, 인류학적, 사회 문화적 요소를 통합하는 진보적인 접근방식을 사용하여 전 세계의 정서적 만남과 개인 경험의 변화를 설명한다. 감정의 역사를 연구하는 최고 학자 중 한 명으로, 독자들은 정서적 삶에 대한 그의 서사적 탐구에 매혹당하고, 감동받을 것이다.

UN 선정, 미래 경영의 17가지 과제

지속가능발전목표란 무엇인가?

딜로이트 컨설팅 엮음 | 배정희, 최동건 옮김 |
360쪽 | 값 17,500원

지속가능발전목표(SDGs)는 세계 193개국으로 구성된 UN에서 2030년까지 달성해야 할 사회과제 해결을 목표로 설정됐으며, 2015년 채택 후 순식간에 전 세계로 퍼졌다. SDGs의 큰 특징 중 하나는 공공, 사회, 개인(기업)의 세 부문에 걸쳐 널리 파급되고 있다는 점이다. 그러나 SDGs가 세계를 향해 던지는 근본적인 질문에 대해서는 사실 충분한 이해와 침투가 이뤄지지 않고 있다. SDGs는 단순한 외부 규범이 아니다. 단순한 자본시장의 요구도 아니다. 단지 신규사업이나 혁신의 한 종류도 아니다. SDGs는 과거 수십 년에 걸쳐 글로벌 자본주의 속에서 면면이 구축되어온 현대 기업경영 모델의 근간을 뒤흔드는 변화(진화)에 대한 요구다. 이러한 경영 모델의 진화가 바로 이 책의 주요 테마다.

"비즈니스의 성공을 위해
꼭 알아야하는 경영의 핵심지식"

퍼스널 MBA

조쉬 카우프만 지음
이상호, 박상진 옮김
756쪽 | 값 25,000원

지속가능한 성공적인 사업은 경영의 어느 한 부분의 탁월성만으로는 불충분하다. 이는 가치창조, 마케팅, 영업, 유통, 재무회계, 인간의 이해, 인적자원 관리, 전략을 포함한 경영관리 시스템 등 모든 부분의 지식과 경험 그리고 통찰력이 갖추어 질 때 가능한 일이다. 그렇다고 그 방대한 경영학을 모두 섭렵할 필요는 없다고 이 책의 저자는 강조한다. 단지 각각의 경영원리를 구성하고 있는 멘탈 모델(Mental Model)을 제대로 익힘으로써 가능하다.

세계 최고의 부자인 빌게이츠, 워런버핏과 그의 동업자 찰리 멍거(Charles T. Munger)를 비롯한 많은 기업가들이 이 멘탈모델을 통해서 비즈니스를 시작하고, 또 큰 성공을 거두었다. 이 책에서 제시하는 경영의 핵심개념 248가지를 통해 독자들은 경영의 멘탈모델을 습득하게 된다.

필자는 지난 5년간 수천 권이 넘는 경영 서적을 읽었다. 수백 명의 경영 전문가를 인터뷰하고, 포춘지 선정 세계 500대 기업에서 일을 했으며, 사업도 시작했다. 그 과정에서 배우고 경험한 지식들을 모으고, 정제하고, 잘 다듬어서 몇 가지 개념으로 정리하게 되었다. 이들 경영의 기본 원리를 이해한다면, 현명한 의사결정을 내리는 데 유익하고 신뢰할 수 있는 도구를 얻게 된다. 이러한 개념들의 학습에 시간과 노력을 투자해 마침내 그 지식을 활용할 수 있게 된다면, 독자는 어렵지 않게 전 세계 인구의 상위 1% 안에 드는 탁월한 사람이 된다. 이 책의 주요내용은 다음과 같다.

● 실제로 사업을 운영하는 방법
● 효과적으로 창업하는 방법
● 기존에 하고 있던 사업을 더 잘 되게 하는 방법
● 경영 기술을 활용해 개인적 목표를 달성하는 방법
● 조직을 체계적으로 관리하여 성과를 내는 방법

노자, 궁극의 리더십을 말하다

2020 대한민국을 통합 시킬 주역은 누구인가?

안성재 지음 | 524쪽 | 값 19,500원

노자는 "나라를 다스리는 것은 간단하고도 온전한 원칙이어야 지, 자꾸 복잡하게 그 원칙들을 세분해서 강화하면 안된다!"라 고 일갈한다. 법과 제도를 세분해서 강화하지 않고 원칙만으로 다스리는 것이 바로 대동사회다. 원칙을 수많은 항목으로 세분 해서 통제한 것은 소강사회의 모태가 되므로 경계하지 않으면 안된다. 이 책은 [도덕경]의 오해와 진실 그 모든 것을 이야기 한다. 동서고금을 아우르는 지혜가 살아넘친다. [도덕경] 한 권 이면 국가를 경영하는 정치지도자에서 기업을 경영하는 관리 자까지 리더십의 본질을 꿰뚫을 수 있을 것이다.

나의 경력을 빛나게 하는 인지심리학

커리어 하이어

아트 마크먼 지음 | 박상진 옮김 | 340쪽 |
값 17,000원

이 책은 세계 최초로 인지과학 연구 결과를 곳곳에 배치해 '취 업-업무 성과-이직'으로 이어지는 경력 경로 전 과정을 새로 운 시각에서 조명했다. 또한, 저자인 아트 마크먼 교수가 미 국 텍사스 주립대의 '조직의 인재 육성(HDO)'이라는 석사학 위 프로그램을 직접 개설하고 책임자까지 맡으면서 '경력 관 리'에 대한 이론과 실무를 직접 익혔다. 따라서 탄탄한 이론 과 직장에서 바로 적용할 수 있는 실용성까지 갖추고 있다. 특히 2부에서 소개하는 성공적인 직장생활의 4가지 방법들 은 이 책의 백미라고 볼 수 있다.

한국기업, 글로벌 최강 만들기 프로젝트 1

넥스트 이노베이션

김언수, 김봉선, 조준호 지음 | 396쪽 |
값 18,000원

넥스트 이노베이션은 혁신의 본질, 혁신의 유형, 각종 혁신의 사 례들, 다양한 혁신을 일으키기 위한 약간의 방법론들, 혁신을 위 한 조직 환경과 디자인, 혁신과 관련해 개인이 할 수 있는 것들, 향후의 혁신 방향 및 그와 관련된 정부의 정책의 역할까지 폭넓 게 논의한다. 이 책을 통해 조직 내에서 혁신에 관한 공통의 언어 를 생성하고, 새로운 혁신 프로젝트에 맞는 구체적인 도구와 프로 세스를 활용하는 방법을 개발하기 바란다. 나아가 여러 혁신 성공 및 실패 사례를 통해 다양하고 창의적인 혁신 아이디어를 얻고 실행에 옮긴다면 분명 좋은 성과를 얻을 수 있으리라 믿는다.

하버드 경영 대학원 마이클 포터의 성공전략 지침서

당신의 경쟁전략은 무엇인가?

조안 마그레타 지음
김언수, 김주권, 박상진 옮김
368쪽 | 값 22,000원

마이클 포터(Michael E. Porter)는 전략경영 분야의 세계 최고 권위자다. 개별 기업, 산업구조, 국가를 아우르는 연 구를 전개해 지금까지 17권의 저서와 125편 이상의 논문 을 발표했다. 저서 중 『경쟁전략(Competitive Strategy)』 (1980), 『경쟁우위(Competitive Advantage)』(1985), 『국 가경쟁우위(The Competitive Advantage of Nations)』 (1990) 3부작은 '경영전략의 바이블이자 마스터피스'로 공인받고 있다. 경쟁우위, 산업구조 분석, 5가지 경쟁요인, 본원적 전략, 차별화, 전략적 포지셔닝, 가치사슬, 국가경 쟁력 등의 화두는 전략 분야를 넘어 경영학 전반에 새로운 지평을 열었고, 사실상 세계 모든 경영 대학원에서 핵심적 인 교과목으로 다루고 있다. 이 책은 방대하고 주요한 마 이클 포터의 이론과 생각을 한 권으로 정리했다. <하버드 비즈니스리뷰> 편집장 출신인 저자는 폭넓은 경험을 바탕 으로 포터 교수의 강력한 통찰력을 경영일선에 효과적으 로 적용할 수 있도록 설명한다. 즉, "경쟁은 최고가 아닌 유 일무이한 존재가 되고자 하는 것이고, 경쟁자들 간의 싸움 이 아니라, 자사의 장기적 투하자본이익률(ROIC)을 높이 는 것이다." 등 일반인들이 잘못 이해하고 있는 포터의 이 론들을 명백히 한다. 전략경영과 경쟁전략의 핵심을 단기 간에 마스터하여 전략의 전문가로 발돋움 하고자 하는 대 학생은 물론 전략에 관심이 있는 MBA과정의 학생들을 위 한 필독서이다. 나아가 미래의 사업을 주도하여 지속적 성 공을 꿈꾸는 기업의 관리자에게는 승리에 대한 영감을 제 공해 줄 것이다.

● 전략의 대가, 마이클 포터 이론의 결정판
● 아마존전략 분야 베스트 셀러
● 일반인과 대학생을 위한 전략경영 필독서

글로벌 비즈니스 인문학 여행(가제)

미국편① D.C에서 시애틀까지

박상진, 손세호 지음

출장 중에 또는 일정을 끝내고 미국 50개 주, 500개 도시를 직접 횡단하면서 구석구석을 경험한 프로비즈니스맨과 미국 역사학자가 들려주는 '글로벌 비즈니스+인문학 시리즈'의 첫 번째 편이다. 이 책은 기존에 나와 있는 여행정보 도서나 에세이와는 다르다. 비즈니스맨이라면 꼭 알아야 하는 각 도시를 대표하는 기업 설명은 물론, 경영, 경제, 문화, 역사, 문학, 지리 등 풍부한 인문학적 맥락으로 여행의 묘미를 한껏 끌어올린다. 이미 잘 알려진 대도시 중심의 여행 책이 다루지 않은, 광활한 대지의 저 외진 곳에서 유유히 역사를 이어가고 있는 아담한 타운까지 자세히 소개한다. 두 발로 직접 체험하면서 생생하게 들려주는 현장의 스토리는 독자에게 함께 여행하는 듯한 감동을 주기에 충분하다. 1, 2차 세계대전을 거치면서 20세기 세계 유일의 초강대국이 된 미국은 21세기에도 그 위상을 이어갈 전망이다. 그렇다면 다음 세대의 비즈니스맨들은 미국에서 무엇을 배우고, 무엇을 버릴 것인가. 출장에 덧붙여 여행의 즐거움을 맛보고, 인문학적 시각으로 미래를 통찰해보는 묘미가 가득한 책이다.

100일 만에 끝내는 찐영어(가제)

이용 지음

찐영어는 영어로 의사소통하기 위해 배우는 '진짜 영어'라는 뜻이다. 이는 새로운 영어 공부법으로 듣고, 외우고, 말하기 연습을 종합적으로 할 수 있도록 고안되었다. 본문 소설 속 총 단어 수는 1,642개로 그중 96.8%의 단어 수가 미국 일상에서 '가장 많이 사용되는 단어'에 포함되어 있다. 따라서 각 에피소드를 통해 각 상황에 적합한 단어와 문장을 자연스럽게 익힐 수 있다. 또한 1,000단어에 대한 정의와 활용법을 부록에 자세히 수록해 놓았다. 가장 많이 나오는 5,000단어는 찐 영어 홈페이지(lunchbox.link)에서 찾아볼 수 있다. 이 책에 등장하는 단어와 문장을 숙지하면 어떠한 실제 상황에서도 당황하지 않고 영어를 무리 없이 구사할 수 있을 것이다. 영어는 하루아침에 완성되지 않지만, 교재와 교육방법에 따라서 그 시간을 획기적으로 단축할 수 있다. 이 책을 선택하는 순간 영어회화는 시작된다.

200년 독일의 역사(가제)

제임스 하위스 지음

독일은 세계 4위의 경제규모를 갖춘 명실상부 유럽 최대 강국이다. 우수 기술인력 양성, 산학연 협력, 장기적 안목의 기업 경영, 글로벌 기업 경영, 훌륭한 강소기업의 활약은 국민의 높은 생활수준과 광범위한 사회보장 제도, 여러 과학기술 분야에서 선도적인 위치를 차지하고 있다. 이처럼 다른 나라의 존경과 두려움의 대상인 국가 독일. 그들은 개혁, 세계대전, 베를린 장벽 붕괴와 같은 세계적인 사건의 진원지였다. 1871년까지는 현대 국가로의 모습을 드러내지 않았지만, 오늘날 독일은 자유 민주주의의 표준을 찾는 강대국이다. 이미 수십만 명의 독자를 사로잡은 이 놀랍도록 간결한 독일의 역사에서 저자는 "과거가 현재에 대한 빛을 비추지 않는 한 과거를 연구할 필요가 없다."라고 말한다. 이제 우리 두가 독일의 실제 역사를 이해할 때이다.

"질병의 근본 원인을 밝히고 남다른 예방법을 제시한다"

의사들의 120세 건강비결은 따로 있다

마이클 그레거 지음
홍영준, 강태진 옮김
❶ 질병원인 치유편 값 22,000원 | 564쪽
❷ 질병예방 음식편 값 15,000원 | 340쪽

우리가 미처 몰랐던 질병의 원인과 해법
질병의 근본 원인을 밝히고 남다른 예방법을 제시한다

건강을 잃으면 모든 것을 잃는다. 의료 과학의 발달로 조만간 120세 시대도 멀지 않았다. 하지만 우리의 미래는 '얼마나 오래 살 것인가?'보다는 '얼마나 건강하게 오래 살 것인가?'를 고민해야하는 시점이다. 이 책은 질병과 관련된 주요 사망 원인에 대한 과학적 인과관계를 밝히고, 생명에 치명적인 병을 예방하고 건강을 회복시킬 수 있는 방법을 명쾌하게 제시한다. 수천 편의 연구결과에서 얻은 적절한 영양학적 식이요법을 통하여 건강을 획기적으로 증진시킬 수 있는 과학적 증거를 밝히고 있다. 15가지 주요 조기 사망 원인들(심장병, 암, 당뇨병, 고혈압, 뇌질환 등등)은 매년 미국에서만 1백 6십만 명의 생명을 앗아간다. 이는 우리나라에서도 주요 사망원인이다. 이러한 비극의 상황에 동참할 필요는 없다. 강력한 과학적 증거가 뒷받침된 그레거 박사의 조언으로 치명적 질병의 원인을 정확히 파악하라. 그리고 장기간 효과적인 음식으로 위험인자를 적절히 예방하라. 그러면 비록 유전적인 단명요인이 있다 해도 이를 극복하고 장기간 건강한 삶을 영위할 수 있다. 이제 인간의 생명은 운명이 아니라, 우리의 선택에 달려있다. 기존의 건강서와는 차원이 다른 이 책을 통해서 '더 건강하게, 더 오래 사는' 무병장수의 시대를 활짝 열고, 행복한 미래의 길로 나아갈 수 있을 것이다.

● 아마존 의료건강분야 1위
● 출간 전 8개국 판권계약

120세 건강과 인문학 독서클럽

1. 취지

세상이 빠르게 변화하고 있습니다. 눈부신 기술의 진보 특히, 인공지능, 빅데이터, 초연결 그리고 유전의학과 정밀의료의 발전은 우리를 지금까지 없었던 새로운 세상으로 안내하고 있습니다. 앞으로 산업과 직업, 일과 건강관리의 변혁은 피할 수 없게 되었습니다.

이러한 변화에 따라 <120세 건강과 인문학>은 '건강은 건강할 때 지키자'라는 취지에서 신체적 건강, 정신적 건강, 사회적 건강이 조화를 이루는 건강한 삶을 찾아 나가자는 클럽입니다. 인간의 한계수명이 120세로 늘어난 지금 급격한 고령인구의 증가는 국가 의료재정에 큰 부담이 되리라 예측되고 있습니다. 건강을 지키는 것 자체가 사회와 국가에 커다란 기여를 하는 시대에 살고 있는 것입니다.

우리의 목표는 분명합니다. 스스로 자신의 건강을 지키면서 능동적인 사회활동의 기간을 충분히 연장하는 것입니다. 전문가로부터 최신의학이 전해주는 건강과학을 배우고, 5년 동안 불멸의 동서양 고전 100권을 함께 읽으며 '건강한 마음'을 위한 인문학적 소양을 넓혀 삶의 의미를 찾아볼 것입니다. 의학과 인문학의 조화를 통해 건강한 인간으로 사회에 선한 영향력을 발휘하고, 주체적인 삶을 살기 위한 지혜를 모색해가고자 합니다.

건강과 인문학을 위한 실천의 장에 여러분을 초대합니다.

2. 2020년 프로그램 일정표

월	읽을 책 (Main-Text)	건강강의	일정	월	읽을 책 (Main-Text)	건강강의	일정
1월	베니스의 상인 - 윌리엄셰익스피어	스마트 웰에이징	1/8 1/22	7월	코스모스 - 칼세이건	신장질환 예방관리	7/89 7/22
2월	신화의 힘 - 조지프 캠벨	왜, 의학 인문학인가?	2/12 2/26	8월	적과 흑 - 스탕달	유방암 예방관리	8/12 8/26
3월	군주론 - 니콜로 마키아벨리	심혈관질환 예방관리	3/11 3/25	9월	아들러의 인간이해 - 알프레드 아들러	전립선암 예방관리	9/9 9/23
4월	오주석의 한국의 미 특강	소화기암 예방관리	4/8 4/22	10월	미적 교육론 - 프리드리히 실러	우울증 예방관리	10/7 10/21
5월	하늘과 바람과 별과 시 - 윤동주	당뇨병 예방관리	5/13 5/27	11월	2020년 노벨문학상 수상작가 작품특강		11/11 11/25
6월	사기 - 사마천	간질환 예방관리	6/10 6/24	12월	순수 이성비판 -임마누엘 칸트	감염병 예방과 면역력 향상	12/9 12/19

※ 건강(의학) 강의 주제는 사정에 따라 변경 될 수 있습니다.

3. 2018~2019년 도서목록

	2018년도	2019년도
1월	신년모임과 창립모임 / 건강(의학)	사랑의 기술 / 에리히 프롬
2월	생각의 시대 / 김용규	열하일기 / 박지원
3월	어린 왕자 / 생텍쥐페리	국가 / 플라톤
4월	삼국유사 / 일연	광장 / 최인훈
5월	인생 / 위화	건축과 도시의 인문학 / 김석철
6월	서양미술사 / E.H 곰브리치	선악의 저편 / 니체
7월	아리스토텔레스의 수사학 / 아리스토텔레스	거의 모든것 의 역사 / 빌 브라이슨
8월	일리아스 / 호메로스	그리스인 조르바 / 니코스 카잔차키스
9월	정신분석입문 / 프로이트	파우스트 / 괴테
10월	철학의 위안 / 알랭 드 보통	원형과 무의식 / 칼 융
11월	노벨문학상 수상자 작품	관객모독 / 페터 한트케 방랑자들 / 올가 토카르추크
12월	총, 균, 쇠 / 젤러드 다이아몬드	가라마조프家의 형제들 / 도스토예프스키

4. 회원 모집 안내

1) **둘째 주 수요일**은 해당 책의 개관과 토론 주제를 발표하고,
   적극적인 토론 참여를 통해 생각의 범위를 확장해나가는 시간입니다

2) **넷째 주 수요일**은 해당 책에 대한 전문가의 종합적 특강과 질의응답으로
   책 한 권을 전체적으로 이해하는 시간입니다.

3) 자세한 내용은 〈120세 건강과 인문학〉 네이버 밴드에서 확인할 수 있습니다.
   https://band.us/@heathandhumanities

참가　독서와 건강에 관심이 많으신 분은 누구나 참여할 수 있습니다.

회비　30만 원(6개월) - 저녁식사, 강의자료 등 포함

일시　매월 2, 4주 수요일(18:00 ~ 22:00)

장소　서울시 강남구 영동대로85길 38, 10층(진성빌딩)

문의　02-3452-7762

"책읽기는 충실한 인간을 만들고, 글쓰기는 정확한 인간을 만든다."
프랜시스 베이컨(영국의 경험론 철학자, 1561~1626)

기업체 교육안내 <탁월한 전략의 개발과 실행>

월스트리트 저널(WSJ)이 포춘 500대 기업의 인사 책임자를 조사한 바에 따르면, 관리자에게 가장 중요한 자질은 <전략적 사고>로 밝혀졌다. 750개의 부도기업을 조사한 결과 50%의 기업이 전략적 사고의 부재에서 실패의 원인을 찾을 수 있었다. 시간, 인력, 자본, 기술을 효과적으로 사용하고 이윤과 생산성을 최대로 올리는 방법이자 기업의 미래를 체계적으로 예측하는 수단은 바로 '전략적 사고'에서 시작된다.

전략적 사고
부서를 초월한 업무능력
성과도출 능력
전반적 리더십
핵심재무/회계의 이해
<관리자의 필요 자질>

새로운 시대는 새로운 전략!

- 세계적인 저성장과 치열한 경쟁은 많은 기업들을 어려운 상황으로 내몰고 있다. 산업의 구조적 변화와 급변하는 고객의 취향은 경쟁우위의 지속성을 어렵게 한다. 조직의 리더들에게 사업적 혜안(Acumen)과 지속적 혁신의지가 그 어느 때보다도 필요한 시점이다.
- 핵심기술의 모방과 기업 가치사슬 과정의 효율성으로 달성해온 품질대비 가격경쟁력이 후발국에게 잠식당할 위기에 처해있다. 산업구조 조정만으로는 불충분하다. 새로운 방향의 모색이 필요할 때이다.
- 기업의 미래는 전략이 좌우한다. 장기적인 목적을 명확히 설정하고 외부환경과 기술변화를 면밀히 분석하여 필요한 역량과 능력을 개발해야 한다. 탁월한 전략의 입안과 실천으로 차별화를 통한 지속가능한 경쟁우위를 확보해야 한다. 전략적 리더십은 기업의 잠재력을 효과적으로 이끌어 낸다.

<탁월한 전략> 교육의 기대효과

① 통합적 전략교육을 통해서 직원들의 주인의식과 몰입의 수준을 높여 생산성의 상승을 가져올 수 있다.
② 기업의 비전과 개인의 목적을 일치시켜 열정적으로 도전하는 기업문화로 성취동기를 극대화할 수 있다.
③ 차별화로 추가적인 고객가치를 창출하여 장기적인 경쟁우위를 바탕으로 지속적 성공을 가져올 수 있다.

- 이미 발행된 관련서적을 바탕으로 <탁월한 전략>의 필수적인 3가지 핵심 분야(전략적 사고, 전략의 구축과 실행, 전략적 리더십)를 통합적으로 마스터하는 프로그램이다.

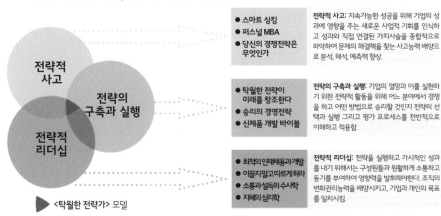

● 스마트 싱킹
● 퍼스널 MBA
● 당신의 경쟁전략은 무엇인가

전략적 사고: 지속가능한 성공을 위해 기업의 성과에 영향을 주는 새로운 사업적 기회를 인식하고 성과와 직접 연결된 가치사슬을 종합적으로 파악하여 문제의 해결책을 찾는 사고능력 배양으로 분석, 해석, 예측력 향상.

● 탁월한 전략이 미래를 창조한다
● 승리의 경영전략
● 신제품 개발 바이블

전략의 구축과 실행: 기업의 열망과 이를 실현하기 위한 전략적 활동을 위해 어느 분야에서 경쟁을 하고 어떤 방법으로 승리할 것인지 전략의 선택과 실행 그리고 평가 프로세스를 전반적으로 이해하고 적용함.

● 최적의인재채용과개발
● 이끌지말고따르게하라
● 소통과설득의수사학
● 지혜의심리학

전략적 리더십: 전략을 실행하고 가시적인 성과를 내기 위해서는 구성원들과 원활하게 소통하고 동기를 부여하여 영향력을 발휘해야한다. 조직의 변화관리능력을 배양시키고, 기업과 개인의 목표를 일치시킴.

전략적 사고
전략의 구축과 실행
전략적 리더십

▶ <탁월한 전략가> 모델

특강 및 교육 신청 문의: 진성북스, 02-3452-7762